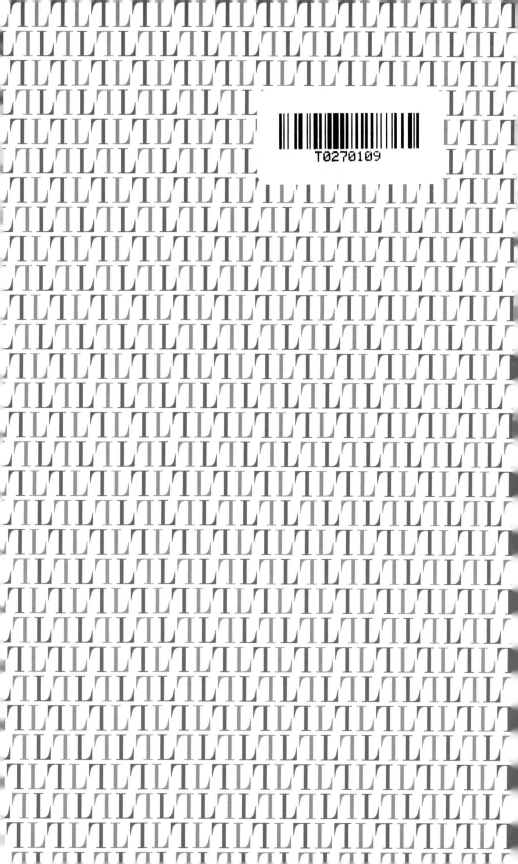

T0270109

Mapas corporales

Claudia de la Garza · Eréndira Derbez

Mapas corporales

Historias, relatos y conceptos que nos atraviesan

Lumen

ensayo

El papel utilizado para la impresión de este libro ha sido fabricado a partir de madera
procedente de bosques y plantaciones gestionadas con los más altos estándares ambientales,
garantizando una explotación de los recursos sostenible con el medio ambiente y beneficiosa para las personas.

Mapas corporales
Historias, relatos y conceptos que nos atraviesan

Primera edición: octubre, 2023

D. R. © 2023, Claudia de la Garza y Eréndira Derbez

D. R. © 2023, derechos de edición mundiales en lengua castellana:
Penguin Random House Grupo Editorial, S. A. de C. V.
Blvd. Miguel de Cervantes Saavedra núm. 301, 1er piso,
colonia Granada, alcaldía Miguel Hidalgo, C. P. 11520,
Ciudad de México

penguinlibros.com

D. R. © 2023, Eréndira Derbez, por las ilustraciones
D. R. © 2023, Amalia Ángeles y Mariana Alfaro, por el diseño de interiores

ISBN: 978-607-383-024-9

Impreso en México – *Printed in Mexico*

Las definiciones pertenecen
a les definidores, no a les definides.

Toni Morrison, *Beloved*

ÍNDICE

INTRODUCCIÓN

EL CUERPO ES UN LUGAR donde se inscriben significados que son mediados socialmente; por ello, podemos decir que nuestros cuerpos también están conformados por historias. Los modos de ver, pensar y entender el cuerpo humano, a pesar de ser una realidad tangible, varían considerablemente de un lugar a otro, de una época a otra. Nuestros cuerpos son un territorio maleable, flexible, cambiante, que se presenta y es percibido de múltiples maneras de acuerdo con el lugar y la posición en donde se sitúa. Y, sin duda, casi siempre son el centro de interés en las discusiones contemporáneas sobre salud, política, economía, moda, arte, diseño, arquitectura... ¿Por qué los cuerpos tienen tanta importancia?

El cuerpo es un espacio multidimensional; es decir, podemos pensarlo desde el punto de vista kinésico, sensorial, emotivo, representacional, discursivo, como productor de sentidos... es un universo inacabable.

Somos cuerpo; sentimos dolor y placer, calor y frío a través de él; nos enfermamos, crecemos y envejecemos. Sus características influyen en gran medida en la manera en que experimentamos el mundo, nuestras posibilidades de ser y estar en él. Más aún, permanentemente nos relacionamos con otros cuerpos: desde aquellos microorganismos que viven en nosotres y nos ayudan a funcionar, hasta la interacción humana, imprescindible también, que produce una espiral de reconocimiento y aprendizaje. Todos los diferentes elementos en nuestro planeta están conectados y dependen unos de otros. Somos un cuerpo junto con otros cuerpos. Juntes. Solo así existimos. El cuerpo como nexo y punto de partida.

El cuerpo es, además, una superficie de comunicación: en proceso constante, nos aporta identidad, la cual nos sujeta. Pero también posee una potencia disruptiva, como lugar de encuentro, para la acción y la subversión de las normas. No hay innovación cultural o política que no se exprese a través del cuerpo, ni práctica económica que no lo cruce.[1] El cuerpo humano ha sido objeto de estudio de diversas disciplinas y enfoques. Se han escrito numerosas páginas sobre su historia y sus representaciones, y, aun así, nos descubrimos en cada etapa, en cada proceso, en cada experiencia.

Podemos afirmar que cada cuerpo que ha habitado este planeta es único. Sin embargo, esta avasalladora diversidad no parece tener eco en nuestras representaciones corporales, en las expectativas e inquietudes que nos provocan. ¿Por qué deseamos convertirnos en ese cuerpo ideal e inalcanzable? ¿Siempre ha sido así? ¿Cómo se han transformado dichos modelos corporales y por qué? Reflexionar sobre el cuerpo deja al descubierto una serie de inconsistencias y contradicciones, y también nos permite reconocer los huecos, los intersticios por donde podemos dinamitar los discursos normativos que en gran medida nos colocan en una condición de vulnerabilidad y sumisión; en una búsqueda interminable por ser personas "adecuadas", por la aceptación.

---

1 Bryan S. Turner, *Regulating Bodies: Essays in Medical Sociology* (Londres: Routledge, 1992).

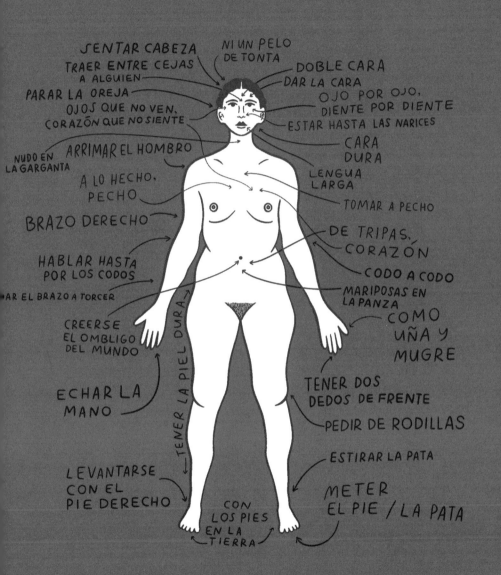

Este libro es un ejercicio cartográfico que busca facilitar el abordaje y la problematización del cuerpo como un territorio conflictivo, una encrucijada en donde convergen discursos, normas, genes, deseos; violencias que lo impactan, lo fragmentan, lo moldean; todos los cuales transforman sus formas inestables, provisionales, como las fronteras de un país, con respecto a las relaciones sociales, políticas, económicas. Al hablar del cuerpo como un territorio, nos referimos a que es un espacio impactado por diversos problemas, un lugar en donde se inscriben una serie de normas y discursos culturales que lo fraccionan y establecen sus regiones y bordes, mapas a través de los cuales nos leemos y leemos a las demás personas. Claro, hay que reconocer que estas regiones corporales no funcionan de la misma manera: existen zonas más tranquilas, en donde los significados suelen transitar sin mayor conflicto, y otras más problemáticas, que funcionan como enclaves poblados de connotaciones morales, políticas, sexuales, comerciales, raciales... espacios reservados e íntimos que, en ocasiones, pueden convertirse en terrenos placenteros y gozosos, y en otras, en sitios dolorosos, que producen miedo, vergüenza, culpa y muchas interrogantes. Por ejemplo, generalmente, no miramos de la misma manera un codo o un dedo del pie que un seno, un testículo o una nalga.

Nuestros cuerpos son geografías singulares, en donde trazamos demarcaciones de acuerdo con nuestros procesos, experiencias y el contexto espaciotemporal que habitamos: nuestro entorno está conformado por los discursos e intereses del Estado, de los grandes monopolios empresariales, de las instituciones médicas, de las corporaciones educativas, de los medios de comunicación y el internet, de nuestras familias, amistades y personas con quienes compartimos espacios; es decir, una multiplicidad de voces que intervienen nuestro cuerpo con sus normas, sus recomendaciones, sus leyes, sus ideales, sus productos. Es por esto por lo que el cuerpo está en el centro de las discusiones filosóficas de nuestro tiempo, pero también de las conversaciones y disputas en la arena pública: las redes sociales cibernéticas están inundadas de mensajes y modelos sobre cómo debe ser nuestro cuerpo, qué comer, cuándo, qué ejercicios hacer, cómo maquillarnos y peinarnos, qué ropa usar.

Un mapa es una representación visual que nos permite cruzar conocimientos de distintas disciplinas y perspectivas, a través del cual podemos comprender y señalar algunos aspectos de la realidad. No se trata de imágenes realistas, sino ideológicas, instrumentos que sirven para conocer, pero también para dominar una región. Cada parte del cuerpo es una marca geográfica que da cuenta de las formas dominantes de entender el mundo impuestas por medio de prácticas colonizantes y de explotación, pero también cobija una potencia disruptiva, creativa, novedosa, lúdica, rebelde; un ímpetu de apropiarnos de nuestro cuerpo y resistir. En esta cartografía corporal proponemos reunir y revisar algunas de las lecturas que se han dado al cuerpo, sobre sus partes, sus atributos físicos, sus emociones, sus deseos, con el fin de desarmar, desnaturalizar, deconstruir y situar sus efectos en nuestra forma de mirarnos, de vivir nuestras relaciones afectivas, nuestra manera de conocer, de habitar nuestro entorno, de entender el mundo. Observar cómo se han transformado las palabras y significados referidos a aquellas regiones que, lejos de ser neutrales o universales, son territorios liminales en donde se hilvanan historias, recuerdos, biografías, los cuales a su vez marcan nuestro futuro, lo pautan y definen sus caminos.

Nuestros cuerpos son heterogéneos: no hay un solo cuerpo ni mucho menos uno correcto. Hay gente alta, otra más baja; hay personas delgadas y las hay gordas; de piel y pelo de distintos colores y texturas. Precisamente la heterogeneidad nos vuelve personas únicas. Sin embargo, en el momento en el que nuestro cuerpo se vuelve parte de la sociedad, se codifica, comienza a ser leído desde una perspectiva. Por ello nuestros cuerpos no son neutrales: están cargados de significados impuestos desde que nacemos. Del mismo modo, también aprendemos a codificar otros cuerpos a partir de una serie de convenciones, estándares y etiquetas para catalogarlos. Mientras crecemos, nuestros cuerpos comienzan a adquirir significados que los racializan o les atribuyen un género determinado,[2] nos convertimos en hombres, mujeres, negres, indies, blanques, hispanes, europees. Estas clasificaciones implican jerarquías sociales (lo que supone formas de poder), que son constructos culturales y operan de manera distinta, de acuerdo con el contexto en que nos encontramos.

Por ejemplo, hoy día, en términos generales, los cuerpos femeninos están —un poco— menos sometidos de lo que estaban. Se han modificado los modelos morales heredados en los que resultaba mal visto "mostrar demasiada piel", tener una pareja de distinta condición social o étnica, así como creencias opuestas a las que prevalecieron en generaciones anteriores o que siguen operando en comunidades tradicionales.

Nuestra visión del cuerpo arrastra la herencia de la filosofía cartesiana que lo conceptualizaba dividido en dos: el organismo por un lado y la mente por otro. Este pensamiento dualista está relacionado también con una serie de oposiciones binarias: cultura/naturaleza, femenino/masculino o sujeto/objeto. Estas han estructurado la cultura de género en nuestra sociedad, pero también los imaginarios raciales y étnicos, que generan tanto discursiva como verbalmente los ideales de belleza y seducción, así como las normas y exigencias sociales de moralidad y modestia que han servido para regular y censurar los cuerpos.

La asociación de lo masculino con la mente y la razón, y de lo femenino con el cuerpo y la naturaleza, ha redundado en prácticas que enfatizan el cuerpo de las mujeres, haciendo de

---

2 A grandes rasgos, podemos decir que el género es un código de conducta que nos da derechos y obligaciones de acuerdo con el sexo con el que nacimos. Al ser un constructo social, cada sociedad le otorga diferentes atributos. La mayoría de las sociedades identifican un género masculino y uno femenino, pero también existen algunas donde hay más de dos géneros como las personas muxes en Oaxaca, rae-rae en Hawái o winkte en Canadá y Estados Unidos, por mencionar solo algunos ejemplos.

este un objeto del deseo y de la mirada masculina. Del mismo modo, con los procesos de colonización y esclavismo de las potencias europeas sobre otros continentes, se consideró que las personas blancas eran racionales en contraste con las personas racializadas.[3] Por otra parte, cuando se piensa el cuerpo en una lógica binaria; es decir, que el cuerpo debe ser necesariamente femenino o masculino, se excluye a toda persona que no entre en los parámetros para definir esas categorías. Esto conduce a que cualquier persona intersex sea considerada "no sana" o "deforme", y su cuerpo sea desde el nacimiento medicalizado. Cuando se construye la idea de un cuerpo blanco como el cuerpo modelo por excelencia, los otros cuerpos y las personas que los tienen comienzan a ser consideradas menos valiosas y sus vidas menos importantes.

La lucha feminista "por el derecho a decidir sobre nuestros cuerpos" desde la década de los sesenta colocó los temas de la identidad y la autonomía en el centro de la discusión política. Reclamar el poder sobre nuestros cuerpos significa exigir el control sobre los cuidados médicos y la regulación de nuestra sexualidad, sobre las maneras en que nuestros cuerpos son imaginados y representados en la cultura.

Existen diversos ejemplos que muestran lo problemático que son los sesgos raciales a lo largo de la historia de la medicina, como la ginecología. Como explica Deirdre Cooper Owens, en el caso estadounidense, la medicina reproductiva estuvo muy influida por el racismo y no era "un campo neutral" en cuanto a valores, pese a la vehemencia con que los médicos afirmaban su objetividad. Las mujeres esclavizadas sufrieron continuamente la experimentación ginecológica porque eran consideradas biológicamente inferiores a las mujeres blancas y tenían, supuestamente, una mayor tolerancia al dolor, motivo por el cual pensaban que podrían manipular sus cuerpos y, además, hacerlo sin anestesia. Por ejemplo, el médico inglés

---

3 Val Plumwood, "Dualism: the Logic of Colonisation", en *Feminism and the Mastery of Nature* (Londres: Feminism for Today/Routledge, 2003).

Charles White (1728-1813) consideraba que las personas negras "soportaban las operaciones quirúrgicas mucho mejor" y que lo que "para un blanco sería causa de un dolor insoportable, un negro casi lo ignoraría". Asimismo, el desarrollo de la ginecología en Estados Unidos obedece a una coyuntura económica: tras la prohibición de la importación de esclaves nacides en África en 1808, les esclavistas empezaron a trabajar con médicos en la salud reproductiva de las mujeres para que así pudieran tener hijes: su salud era monetariamente valiosa.[4]

El racismo médico no es una cosa del pasado, sino que prevalece hasta nuestra época. Un ejemplo reciente es que, tras la pandemia de covid-19, se volvieron más evidentes las consecuencias de los sesgos racistas y gordofóbicos que permean toda la práctica médica, incluso con utensilios como los oxímetros. Estos aparatos hacen lecturas inexactas en las pieles de pigmentación oscura, lo que muestra cómo los sesgos raciales suponen riesgos graves para la salud e incluso la muerte de les pacientes. Cuando estes señalaban que no podían respirar correctamente, sus síntomas eran subestimados por no registrar una baja oxigenación en un aparato que es, por *default*, incapaz de detectar el problema.[5]

Del mismo modo, los discursos gordofóbicos permearon nuestra relación con la pandemia alrededor del globo, pues se trató de manera estigmatizante a las personas gordas. Se las consideró sujetos culpables y sancionables por experimentar complicaciones médicas, esto sin tener en cuenta hasta qué punto pueden acceder a los recursos que necesitan para tener cuerpos delgados. Se partió del supuesto de que la pérdida de peso es un objetivo realista y alcanzable para la mayoría de las personas cuando en realidad esto no es así: no todas las personas pueden bajar de peso mediante cambios en la dieta y la

---

4 Deirdre Cooper Owens, *Medical Bondage: Race, Gender, and the Origins of American Gynecology* (Athens, Georgia: University of Georgia Press, 2017), 1-32, 108.

5 NHS Race and Health Observatory, "Pulse Oximeter Bias Highlighted in Rapid Review", 14 de abril de 2021, https://www.nhsrho.org/publications/pulse-oximeter-bias-highlighted-in-rapid-review/. Acceso mayo, 2023.

actividad física, ni tampoco todas las personas en una sociedad desigual con graves condiciones de violencia económica pueden costear dietas ni gimnasios especiales.[6]

La experiencia de vivir y tener un cuerpo es muy distinta para cada quien, ya que no todos los cuerpos ni las circunstancias son iguales. Aunque podamos tener rasgos compartidos el agotamiento causado por la gordofobia generalizada, el pagar cantidades importantes de dinero en productos de higiene menstrual, etcétera, es importante reconocer nuestras diferencias y evitar una mirada esencialista.[7]

El binarismo femenino-masculino

Realmente no existe una manera única de ser mujer por más que haya retóricas con intención de uniformarnos en lógicas dualistas que, al ser tan estrictas, invisibilizan nuestra enorme diversidad. Así como las categorías *mujer* y *hombre* son constructos sociales, las sociedades las conforman las personas, y las personas son muy diversas. Hay quienes dicen que la capacidad de gestar y menstruar son las características esenciales de una mujer. Entonces, ¿al llegar a la menopausia se deja de ser mujer? ¿Las mujeres que requieren una histerectomía,[8] al

---

6 Cat Pausé, George Parker y Lesley Gray, "Resisting the Problematisation of Fatness in Covid-19: In Pursuit of Health Justice", *International Journal of Disaster Risk Reduction* 54 (2021).

7 El esencialismo de género atribuye cualidades fijas a hombres y a mujeres con el argumento de que son parte de su naturaleza. Consultar más adelante la sección "Conceptos para pensar nuestra corporalidad".

8 Cirugía en la que se extrae el útero.

momento de la operación, dejan de ser mujeres, al menos, en cierta medida? Hay mujeres que no menstrúan por el uso de anticonceptivos hormonales: ¿dejan de ser mujeres o son menos mujeres durante el periodo de medicación? Las mujeres trans, al no menstruar, ¿no son mujeres?

Hay personas que insisten en que únicamente quienes tienen cromosomas sexuales XX son mujeres y quienes tienen cromosomas sexuales XY son hombres. La naturaleza tampoco es binaria: ¿qué pasa con quienes tienen otra estructura del cromosoma sexual, como el síndrome de Klinefelter (XYY) o Turner (X)?[9] ¿Qué pasa, por ejemplo, con quienes nacen sin útero, pero sí con vulva? El síndrome de Mayer-Rokitansky-Küster-Hauser, también conocido como aplasia mülleriana, ocurre en una de cada 5 000 mujeres.[10] Sucede cuando nacen con un útero muy pequeño o con ausencia total de útero, cérvix y vagina, pero sí tienen ovarios y genitales externos (vulva), y desarrollan senos y vello púbico. ¿Al no poder menstruar y no tener capacidad de gestar dejan de ser mujeres, son "menos" mujeres?

Lo que nos indican los más recientes estudios científicos es que el sexo es un espectro. La biología, hoy en día, nos muestra que la realidad es mucho más amplia y compleja que el binomio femenino/masculino.[11] Además, como Oyèrónkẹ Oyěwùmí recalca, ni la categoría de *mujer* ni la categoría de *subordinación* son universales.[12] En su libro *La invención de las mujeres* (1997), la socióloga nos explica cómo el sistema opresivo de género fue impuesto en la sociedad yoruba de Nigeria con la colonización. Por lo cual podemos inferir que

---

9 M. Namiki y E Koh, "Disorders of Sex Chromosome", *Nihon Rinsho 55*, núm. 11 (noviembre de 1997): 2963-2968.

10 L. J. Arce-Segura *et al.*, "Síndrome de Mayer-Rokitansky-Küster-Hauser: a propósito de un caso", *Medicina de Familia. Semergen 42*, núm. 5 (2016): e50-e52.

11 Amanda Montañez, "Beyond XX and XY", *Scientific American 317*, núm. 3 (septiembre de 2017): 50-51. Las autoras agradecen a Alejandra Rangel Junquera, médica especializada en genética y en salud pública, por su asesoría.

12 Oyèrónkẹ Oyěwùmí, "African Gender Scholarship: Concepts, Methodologies and Paradigms", en *Conceptualizing Gender: The Eurocentric Foundations of Feminist Concepts and the Challenge of African Epistemologies* (Dakar, Senegal: Codesria, 2004), 2-3.

no se puede hablar de patriarcado[13] para analizar todas las sociedades. En otras palabras, el género no era realmente un principio organizador de la sociedad yoruba antes de la colonización occidental. Con la colonización se impone la idea de raza (en este contexto, para justificar una supuesta inferioridad de les africanes frente a les europees) y la inferioridad de las mujeres; se las excluye de posiciones de liderazgo y de los espacios económicos, como la toma de decisiones sobre la tierra.[14]

Existen algunas críticas de los feminismos en las que se señala que se ha abandonado la experiencia del cuerpo de las personas, particularmente sus características sexuales, y hay quienes se preocupan por una invisibilización de las experiencias del embarazo, la menstruación, la menopausia, etcétera. Si bien creemos que es importante reflexionar sobre nuestra corporalidad, no podemos negar que existen diferentes corporalidades y que van más allá de una experiencia binaria. Todas las experiencias están atravesadas por lo social. Por ejemplo: el hecho de que una persona que menstrúa no pueda pedir el día en el trabajo porque está sufriendo de cólicos (una vivencia física) es una experiencia social, y en ella su ambiente laboral es ajeno a su bienestar. Esto afecta su salud física y emocional.

Del mismo modo, que las mujeres trans latinoamericanas tengan una esperanza de vida que ronda alrededor de los 35 años, de acuerdo con datos de la Organización de las Naciones Unidas, también es una experiencia social. El hecho de que México sea, después de Brasil, el segundo país en América Latina donde más transfeminicidios se cometen, y que la mayoría

---

13 A grandes rasgos, podemos decir que el *patriarcado* es un sistema de pensamiento que se manifiesta y se sostiene en normas sociales, leyes, tradiciones, prácticas y creencias que permean distintas instituciones, como el Estado, la Iglesia, la escuela y la familia. El sistema patriarcal mantiene la subordinación de las mujeres al privilegiar a quienes son considerados masculinos sobre aquellas personas consideradas como femeninas (por ejemplo, los hombres que son leídos como "afeminados" son considerados inferiores). Al permear las estructuras sociales mantiene profundas dinámicas de desigualdad que son leídas como "naturales" o propias del "sexo débil".

14 Oyèrónkẹ Oyěwùmí, *La invención de las mujeres* (Bogotá: En la Frontera, 2018).

de estos crímenes permanezcan impunes, es una experiencia social: no es algo "natural", propio de nuestro país o nuestra región.[15] Evidentemente la muerte o la enfermedad como tal son experiencias biológicas: el cuerpo se deteriora, los órganos dejan de funcionar, las células dejan de reproducirse, etcétera. Pero las circunstancias que llevan a la enfermedad o al sufrimiento (la falta de acceso a un sistema de salud público, a una dieta balanceada, a espacios recreativos para hacer deporte, por mencionar algunas) obedecen a condiciones sociales. Que la esperanza de vida de una mujer trans sea tan reducida es, pues, resultado de fenómenos sociales y económicos, de una violencia estructural que, si bien es misógina, también es transfóbica.[16]

Tras la pandemia de covid-19 también quedó en evidencia cómo un virus, un agente biológico infeccioso, puede suponer consecuencias diferentes de acuerdo con la experiencia social. La situación socioeconómica y, con ello, el poder adquisitivo de las personas tienen todo que ver con cómo se vive —o se evita— una enfermedad. Quienes contaban con acceso a servicios de salud y la opción de trabajar desde su casa tuvieron menos posibilidades de enfermar o sufrir complicaciones en comparación con quienes padecían comorbilidades por falta de servicios de salud o, simplemente, de acceso a una dieta nutritiva. Del mismo modo, los países más poderosos económicamente tuvieron acceso más rápido a la vacunación contra el virus a diferencia de los más empobrecidos.

En estos ejemplos se puede reconocer cómo operan las diferencias sociales en el establecimiento de las fronteras del cuerpo. Transitar por los territorios del cuerpo nos permi-

---

15 Vania Pigeonutt, "Vivir trans en México", *Pie de Página*, 4 de noviembre de 2019, https:// piedepagina.mx/vivir-trans-en-mexico/. Acceso mayo, 2023.

16 ONU SIDA, "Mujeres trans: sus vidas, sus derechos y el VIH", 1 de noviembre de 2020, http:// onusidalac.org/1/images/ONUSIDA-INFO-1NOV2020-MUJERES-TRANS-E.pdf; Comisión Interamericana de Derechos Humanos, "Con el motivo del Día Internacional de la Visibilidad Transgénero, la CIDH y experto de la ONU urgen a los Estados a garantizar el ejercicio pleno de los derechos humanos de las personas transgénero", 29 de marzo de 2018, https://www.oas.org/ es/cidh/prensa/comunicados/2018/069.asp. Acceso junio, 2023.

te aproximarnos a distintas formas de percibirlo a través del tiempo y del espacio; entender los cambios y desplazamientos en la manera en que imaginamos sus límites para descubrir que esas diferencias —que parecen separarnos de manera irreconciliable— no están contenidas en él. Así como el cuerpo está en constante tránsito y metamorfosis, los significados y atributos que les asignamos a nuestros cuerpos también son nómadas.

Por último, nos es importante reconocer nuestro lugar de enunciación, nuestra *posicionalidad*. Quienes escribimos e ilustramos este libro somos mujeres cisgénero, habitantes de ciudades grandes, complejas y diversas. Aunque hemos vivido en múltiples ocasiones violencia de género, reconocemos que tenemos acceso a espacios educativos como universidades, cierto reconocimiento institucional y cuerpos relativamente hegemónicos que nos permiten trasladarnos por el mundo sin mayores retos. La manera en la que habitamos nuestro cuerpo es muy distinta a la de otras mujeres, y no pretendemos hablar en nombre de ellas. Este libro es un esfuerzo para participar en debates y conversaciones sobre diversidad corporal; combatir con argumentos la transfobia, el racismo y la cisheteronorma desde nuestra pequeña frontera. Queremos que este libro sea una caja de herramientas que brinde información sobre el cuerpo al recurrir a la historia de la ciencia, los estudios de género y las ciencias sociales, y compartir lo que hemos estudiado durante los últimos años.

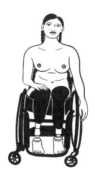

Mapas corporales

PIEL

LA PIEL, NUESTRO ÓRGANO MÁS GRANDE. Nos cubre completamente. Es la superficie visible de quienes somos, una suerte de frontera entre nuestro cuerpo y todo lo que no es nuestro cuerpo. También es la zona erógena por excelencia, a través de la cual percibimos las cosas a nuestro alrededor. Gracias al sentido del tacto reconocemos la brisa, la temperatura, la humedad, otras pieles. A través de la piel percibimos el mundo y somos percibides por él. Se trata de una geografía compleja, llena de honduras y accidentes, que se va transformando cada día con nuevas marcas, huellas, estrías, arrugas y cicatrices, como escrituras que dan testimonio de nuestra historia. La piel revela una serie de procesos por los que transitamos: materialidad y significación, límites y posibilidades, pensamientos y afectos, diferencias e identidades.[17]

---

17 Sara Ahmed y Jackie Stacey, *Thinking through the Skin* (Londres/Nueva York: Routledge, 2004), 15.

Texturas e historias

Al ser el área más expuesta y visible de nuestro cuerpo, la piel constituye el lugar de proyección psíquica de nuestra identidad, un terreno para la autorrepresentación abierto a la interpretación de quienes nos miran. El psicoanalista Didier Anzieu, en su libro *The Skin Ego* (1989), explica que "ego de la piel" se refiere a la imagen mental que desarrollamos desde la infancia temprana para representarnos como una entidad definida y distinta a lo que nos rodea a partir de nuestra experiencia de la superficie del cuerpo.[18]

Aunque se dice que no hay que juzgar un libro por su cubierta, la realidad es que, en un primer momento, somos leídes y, al mismo tiempo, leemos a las personas por la superficie de su cuerpo, un sistema de interpretación enmarcado en un tiempo y espacio determinados, donde nos orientamos, en gran medida, a partir de las inscripciones sobre la piel. Existen marcas autodeterminadas como los tatuajes, las perforaciones y otras huellas que representan signos y mensajes, con las cuales creamos nuestra autobiografía. Sin embargo, estas conviven con otro tipo de inscripciones involuntarias, dejadas por el paso del tiempo, por las características y procesos corporales, así como por el entorno físico: color de piel, enfermedades, nutrición, alergias, exposición al sol, entre muchas otras. En busca de controlar estos mensajes cruzados, se ha desplegado una serie de técnicas dermatológicas y productos de cuidado de la piel de lo más variado, que incluyen todo tipo de cremas y lociones aclarantes, antimanchas y antiedad; radiofrecuencia facial, masoterapia, *lifting, peeling*, láser y un largo etcétera. Los filtros en las redes sociales que borran las marcas y líneas de expresión y, de paso, blanquean a sus usuaries también contribuyen a la obsesión actual por hacer de nuestra piel una especie de tabla

---

18 Charlotte Mathieson, "Stimulated by These Agents to Vigorous Action: The Language of Suntanning and Materiality of Skin in Victorian Culture", *European Journal of English Studies 26*, núm. 1 (abril de 2022): 125-126.

rasa, evocando esa piel blanca, tersa y joven, considerada sinónimo de pureza a lo largo de la historia occidental. Un atributo ideal que tanto en el pasado como en el presente ha servido como un marcador de distinción, que excluye a las personas por su racialidad y su condición económica. Pero, aun con todos los tratamientos habidos y por haber, las marcas de nuestra piel son parte de nosotres.

Dentro/fuera

La exigencia de una piel bella, joven y lozana ha sido principalmente una imposición hacia el cuerpo de las mujeres. En el Renacimiento europeo,[19] por ejemplo, el cuidado de belleza de la piel se concentraba en las zonas que no cubría la ropa: cara, cuello, pechos y manos. La piel femenina debía ser extremadamente blanca por su asociación con la luna, la pureza y la castidad, en oposición a lo masculino, relacionado con el sol. Los retratos de la época suelen atribuir a los varones una tez más oscura y "viril", porque sus actividades los solían llevar lejos de casa, mientras que las mujeres acomodadas permanecían en su hogar, delicadas y hermosas.[20] Es revelador observar cómo se ha mirado al cuerpo femenino de manera sistemática, donde la piel funciona como un velo más que oculta lo que ocurre debajo. Los procesos del organismo femenino son tratados como tabú, mientras que la piel codifica significados desde la superficie. Por su parte, el cuerpo masculino, paradigmático histórica y culturalmente, caracterizado por músculos poderosos y venas que sobresalen, revela sus funciones: sus marcas y cicatrices dan cuenta de la vida de acción que ha llevado.[21]

---

19 Usualmente se ubica el Renacimiento como un periodo que empieza en el siglo XV, pero es importante considerar que esta segmentación por periodos temporales es solo una generalización aproximada.

20 Sara F. Matthews Grieco, "El cuerpo, apariencia y sexualidad", en *La historia de las mujeres: Del Renacimiento a la Edad Moderna*, ed. Georges Duby y Michelle Perrot (Barcelona: Taurus, 2006), 94-95.

21 Claudia Benthien, *Skin: On the Cultural Border between Self and the World* (Nueva York: Columbia University, 2002), 86-87.

Los seres que viven en nuestra piel

Todes les habitantes de este planeta estamos interconectades, y nuestra piel es un ejemplo perfecto. Aunque la concibamos como una suerte de envoltorio externo del cuerpo, realmente no es como una bolsa hermética; más bien, es una capa porosa. Nuestro cuerpo entero es permeable; está lleno de orificios y cavidades por donde segregamos fluidos y excreciones, y por donde entran una gran variedad de microorganismos que son indispensables para que funcionemos (ver el capítulo "Estómago" más adelante). En cada centímetro cuadrado de la superficie de la piel hay unas 10 000 bacterias. Si tomamos una muestra más profunda, por ejemplo, al nivel de los folículos pilosos, se encuentran aproximadamente 1 000 000 de bacterias por centímetro cuadrado. De hecho, tomando en cuenta los microorganismos que habitan en la boca, la nariz, el tracto digestivo y los genitales, se estima que el cuerpo humano alberga unos 100 billones de microorganismos, o sea, 10 veces el número total de células humanas en nuestro organismo. Aun así, en términos de dimensiones, solo ocupan un espacio mínimo: son tan pequeños que constituyen del 1 al 3% de nuestra masa corporal.[22]

La mayoría de estos seres son bacterias que generan vitaminas y sustancias antiinflamatorias, nos ayudan a digerir carbohidratos complejos, entre otras funciones que no podríamos llevar a cabo sin ellos. El ecosistema de la piel humana es tan variado que, como el investigador David N. Fredricks explica, la axila, por ejemplo, puede ser tan diferente de la piel del torso como lo es una selva de un desierto.[23] Entre los pequeños organismos que se instalan en nuestros poros están los ácaros (*Demodex folliculorum* y *Demodex brevis*), seres microscópicos de ocho patas que viven en nuestra piel, cabello, pezones y pes-

---

22 Guillermo Cárdenas Guzmán, "El microbioma humano", *¿Cómo ves?*, núm. 167, octubre de 2012, https://www.comoves.unam.mx/numeros/articulo/167/el-microbioma-humano. Acceso mayo, 2023.

23 David N. Fredricks, "Microbial Ecology of Human Skin in Health and Disease", *Journal of Investigative Dermatology Symposium Proceedings* 6, núm. 3 (diciembre de 2001): 167-169.

tañas, y se alimentan de nuestro sebo sin ser vistos ni molestar a nadie,[24] como parte de nuestro microbioma. A nivel microscópico creamos alianzas y trabajamos en colectividad con otras especies para que nuestro cuerpo permanezca sano.

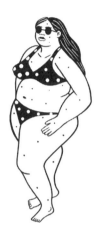

Marcas: Lunares, verrugas, estrías, cicatrices

Muchos tipos de marcas cruzan nuestra piel: algunas de ellas han sido consideradas bellas y sensuales; otras, dignas de orgullo y respeto; otras más, nos harán correr a le especialista si aparecen, cada una invistiéndonos de significados. Por ejemplo, los lunares.

Los lunares son tumores benignos que aparecen en la piel, que todas las personas tenemos como un condicionante genético, aunque hay personas que tienen más lunares que otras. Algunes los tenemos al nacer y muchos más van apareciendo conforme pasan los años.[25] Los lunares han sido pensados como un rasgo

24 Fernando Guzmán, "La grasa, banquete de ácaros de la piel humana", *Gaceta UNAM*, 30 de septiembre de 2019, www.gaceta.unam.mx/la-grasa-banquete-de-acaros-de-la-piel-humana/. Acceso mayo, 2023.

25 Judith Domínguez Cherit, "El ABCD de los lunares", *+ Salud*, Facultad de Medicina de la UNAM, 28 de noviembre de 2017, http://www.massaludfacmed.unam.mx/index.php/lunares-todos-tenemos-uno/. Acceso mayo, 2023.

de belleza en distintos momentos de la historia (en francés "lunar" se dice *grain de beauté*, cuya traducción literal es "grano de belleza"), incluso se han convertido en una verdadera obsesión. Por ejemplo, en el siglo XVII se extendió la moda francesa del uso de lunares postizos, los llamados *mouches* ("moscas" en francés). Solían tener formas muy variadas: corazones, lunas o estrellas; podían ser pequeños recortes de terciopelo, tafetán o seda que se pegaban al rostro, o podían pintarse con kohl (un maquillaje oscuro hecho de galena molida). Hubo muchas personas que criticaron esta moda, principalmente religiosos que consideraban que el artificio de las mujeres para verse más bellas era una cuestión de vanidad y pecado, pero en muchas ocasiones, más que un adorno arbitrario, se usaban más bien para cubrir las cicatrices y marcas causadas por la viruela. Eran tan populares que funcionaban también como una forma de comunicación, un lenguaje silencioso. A partir de su ubicación en el rostro de la usuaria, tomaba distintos significados: por ejemplo, un lunar colocado en la mejilla derecha de una mujer significaba "estoy casada".[26]

En la Nueva España eran conocidos como *chiqueadores* y se colocaban en las sienes de las mujeres. Solían ponerse hierbas medicinales bajo el círculo de terciopelo para quitar dolores de cabeza e incluso ahuyentar las "malas energías". En algunos retratos novohispanos sorprende su gran tamaño en las caras de las mujeres, aunque también podían ubicarse como adorno en el pecho y el cuello.[27]

El gusto por los lunares ha reaparecido en distintos momentos de la historia, generalmente con una carga de erotismo sobre quienes los exhiben. Por ejemplo, el lunar que Marilyn Monroe dibujaba en su mejilla se transformó en un rasgo icónico. Por otra parte, hay quienes experimentan estas marcas como un

---

26 Fernando Guzmán Aguilar, "Entre lunares y verrugas te veas", *Gaceta UNAM*, 31 de julio de 2020, www.gaceta.unam.mx/entre-lunares-y-verrugas-te-veas/. Acceso junio, 2023.

27 María José Rodilla León, *De belleza y misoginia: Los afeites en las literaturas medieval, áurea y virreinal* (México: UAM-Iztapalapa, 2021), 188-189.

defecto, como la modelo de los años noventa Cindy Crawford, quien ha relatado que de niña no le gustaba el lunar que tiene sobre el labio: era motivo de burla e incluso, al inicio de su carrera, le pidieron que se lo removiera.[28] No imaginaba entonces que, años más tarde, ese lunar se convertiría en su sello distintivo.

Otra marca cutánea que posee un poderoso significado en distintas culturas es la verruga. Esas pequeñas protuberancias, carnosas y granulosas, generalmente causadas por un virus y vinculadas con estados emocionales, son llamadas también "mezquinos" o verrugas vulgares. Para les nahuas prehispánicas, eran signos del carácter mezquino de quien las tenía; incluso su nombre, *tzotzócat*, significaba "mugre", como si un rasgo antisocial del carácter produjese impureza y suciedad. También se llamaba así a las personas avaras.[29] En el *Diccionario enciclopédico de la medicina tradicional mexicana* se describen algunas creencias que explican su causa. Por ejemplo, en los Altos de Chiapas, se atribuyen al temor de una persona de ser contagiada por otra que las padece; les tzotziles dicen que es una herencia dejada por Jesucristo, quien tuvo muchas en su paso por la Tierra; para les mazahuas son provocadas por la envidia, y en varias regiones del país se cree que, si señalas al arcoíris, muy probablemente aparecerán en tu dedo.[30] La mayoría de estas explicaciones están cruzadas por valoraciones morales que entienden la aparición de una verruga como una especie de castigo en respuesta a una actitud socialmente reprochable.

Existen manchas y marcas en la piel muy diversas. Algunas la habitan desde que nacemos y quienes nos rodean les atribuyen distintos significados. Al sureste de México, en Yucatán, por

28 J. M. Rodríguez, "Cindy Crawford, la historia de su icónico lunar", *Elle*, 8 de abril de 2020, www.elle.com/es/star-style/noticias-famosos/a32080349/cindy-crawford-lunar-historia-belleza/. Acceso mayo, 2023.

29 Alfredo López Austin, *Cuerpo humano e ideología: Las concepciones de los antiguos nahuas* (México: UNAM-Instituto de Investigaciones Antropológicas, 2004), 2T: TI, 33.

30 "Mezquinos", Biblioteca Digital de la Medicina Tradicional Mexicana, UNAM, 2009, www.medicinatradicionalmexicana.unam.mx/demtm/termino.php?l=1&t=mezquinos. Acceso mayo, 2023.

ejemplo, las marcas de nacimiento pueden indicar la pertenencia de le bebé a la etnia maya: "La mayoría al nacer traían *waaj* sobre el trasero y abundante pelo lacio en la cabeza". El *waaj* es una marca de nacimiento frecuente en población de origen asiático, negro o amerindio. En el contexto particular de Yucatán, se dice que quien nace con esa marca, es de origen maya. Además, "el chile" es otra marca de nacimiento de color rojizo y forma alargada que aparece en el cuello, también asociada con el origen maya. Hoy en día estas huellas en la piel pueden vivirse como un símbolo de orgullo e identidad dentro de la comunidad, pero también han sido motivo de discriminación racial.[31]

Las cicatrices, por su parte, poseen un profundo valor simbólico: se trata de huellas de heridas, de batallas libradas, recordatorios de momentos de violencia o de accidentes, hondos cortes que permanecen en nuestra piel. En algunas culturas, se realizan escarificaciones como una práctica ritual y de distinción: consiste en hacer pequeñas heridas en la piel de manera controlada, a través de diversas técnicas, para que sus huellas posean las dimensiones deseadas. Actualmente, esta práctica se lleva a cabo también con fines puramente decorativos. Podríamos emprender una taxonomía de estas señales: las que son accidentales, las que son voluntarias, las obtenidas con fines rituales, las que tienen un carácter iniciático, las que se observan desde lejos, las que son invisibles.

---

31 Jimena Guadalupe de los Santos Alamilla, *Transitar nuevos caminos: Voces de mujeres mayas en textos de Ana Patricia Martínez Huchim y Marisol Ceh Moo* (tesis de maestría en Estudios de Género, El Colegio de México, 2018), 75.

Tatuajes

Un tatuaje es una marca indeleble fijada en el cuerpo mediante la inyección de un pigmento. La palabra *tatuaje* se incorpora al español a través del francés *tatouage*; esta proviene del inglés *tattoo*, que a su vez viene del idioma samoano[32] *tatau*, y significa "marcar" o "golpear". El primer registro del vocablo *tattoo* en inglés está en el diario del capitán James Cook (1728-1779), quien hace referencia a los tatuajes del pueblo tahitiano. Las máquinas de tatuar modernas se basan en el diseño patentado por el tatuador neoyorquino Samuel O'Reilly en 1891, el cual es bastante similar al bolígrafo grabador eléctrico de Thomas Edison patentado en 1876. Estas máquinas usan agujas que se mueven de arriba abajo a diferentes velocidades, generalmente entre 50 y 3 000 vibraciones por minuto, para penetrar la piel hasta aproximadamente 1 mm y depositar los pigmentos. Cuando se hace un tatuaje, el cuerpo reconoce los pigmentos inyectados como sustancias extrañas no tóxicas y responde a ellas. Algunas células del sistema inmunológico, como los macrófagos, se encargan de "engullir" las pequeñas cantidades de pigmento y tratar de contenerlas en el área del tatuaje. Estas células, una vez llenas de pigmento, se mueven menos y quedan relativamente fijas en la capa media de la piel. Es por ello por lo que los diseños de los tatuajes en general no se desvanecen con el tiempo. Sin embargo, con el paso de los años, la apariencia del tatuaje puede verse afectada por diversos factores como el envejecimiento, la exposición solar, los cambios de peso, entre otros.

Hoy en día los tatuajes son cada vez más aceptados en nuestras sociedades, aunque los prejuicios persisten.[33] Hasta hace pocos años eran muy mal vistos y estigmatizados. Actualmente

---

32 Esta lengua se habla en Samoa, en la Samoa Americana y en Nueva Zelanda.

33 En El Salvador, por ejemplo, existe una grave crisis de derechos humanos en la que que miles de personas están siendo detenidas sin que se cumplan requisitos legales, únicamente por ser percibidas por las autoridades como "criminales", y uno de estos motivos es tener tatuajes. Amnistía Internacional, "El Salvador: El presidente Bukele sumerge al país en una crisis de derechos humanos luego de tres años de gobierno", 2 de junio de 2022, https://www.amnesty.org/es/latest/news/2022/06/el-salvador-president-bukele-human-rights-crisis/. Acceso mayo, 2023.

es común encontrarse a personas de distintas clases sociales, géneros y edades con tatuajes visibles; estrellas de cine, de la música e incluso personalidades de la política.

Pero los tatuajes no son de ningún modo una costumbre nueva o una "moda reciente"; son más bien una práctica milenaria.

La evidencia más antigua del tatuaje viene en figuritas de arcilla con la cara pintada o grabada que datan del año 5000 a. C. en Japón. El ser humano más antiguo que se conoce con tatuajes conservados en su piel momificada es un hombre de la Edad de Bronce (3300 a. C.) apodado Ötzi. Fue hallado fortuitamente por dos senderistas alemanes, en 1991, en un glaciar de los Alpes de Ötztal, cerca de la frontera entre Austria e Italia. Un dato muy interesante de esta momia es que la ubicación de muchos de sus tatuajes coincide con los puntos de la acupuntura tradicional china, en concreto los que se usan para tratar el dolor de espalda y las molestias estomacales. Las radiografías posteriores revelaron que este humano tenía artritis en la cadera, las rodillas, los tobillos y la columna vertebral, y tenía huevos de tricocéfalo en el estómago, conocidos por causar dolores abdominales. Por lo tanto, es posible que los tatuajes de Ötzi tuvieran una función terapéutica y que la acupuntura tenga una historia algo más compleja de lo que se cree.

A lo largo del tiempo y de las culturas, los tatuajes han tenido formas y significados muy diferentes. Hay vastos ejemplos: en Egipto se han encontrado momias con tatuajes que datan del Reino Medio (2160-1994 a. C.). En la Grecia antigua (siglos VIII-VI a. C.) aprendieron el tatuaje de la civilización persa y lo usaban para comunicarse entre espías. En la antigua Roma marcaban a las personas esclavizadas y prisioneras para poder identificarlas si intentaban escapar.[34] En la cultura moche de

---

34 Esta práctica tampoco es temporalmente tan lejana: durante el nazismo a las personas detenidas en los campos de concentración también se les tatuaba una serie de números en el brazo. Debido a la tasa de mortalidad en los campos, era imposible identificar los cuerpos después de que se les quitaba la ropa por lo que las autoridades de las SS iniciaron la práctica del tatuaje. "Tatuajes y números: el sistema para identificar prisioneros en Auschwitz", *Enciclopedia del*

Perú se encontró una momia de *c.* 450 con tatuajes en el cuerpo. Durante las cruzadas, algunos europees se tatuaron una cruz en las manos o los brazos para indicar su deseo de un entierro cristiano en caso de no regresar (1095-1291).[35]

Bronceado

En un mundo con una historia colonial en la que potencias europeas conquistaron otras geografías, las pieles claras se han considerado por mucho tiempo y en muchos lugares más atractivas que las pieles oscuras al ser asociadas con las élites políticas y económicas. Aunque esta percepción ha ido cambiando y cada vez es más común ver en medios de comunicación, pasarelas y revistas de moda a personas de distintos fenotipos, persisten muchos estereotipos racistas sobre la

Holocausto, United States Holocaust Memorial Museum, s. f., http://encyclopedia.ushmm.org/content/es/article/tattoos-and-numbers-the-system-of-identifying-prisoners-at-auschwitz. Acceso mayo, 2023.

35 Lars Krutak y Aaron Deter-Wolf (eds.), *Ancient Ink* (Seattle: University of Washington Press, 2020); Jarrett A. Lobell y Eric A. Powell, "Ancient Tattoos", *Archaeology 66*, núm. 6 (diciembre de 2013): 41-46; Amy Olson, "A Brief History of Tattoos", *Wellcome Collection*, 13 de abril de 2010, wellcomecollection.org/articles/W9m2QxcAAF8AFvE5; McGill Office for Science and Society, "What Is The History of Tattoos?", 20 de marzo de 2017, www.mcgill.ca/oss/article/history-you-asked/what-history-tattoos. Acceso julio, 2023.

belleza. No obstante, existe un caso interesante que, en cierta medida, contrarresta el deseo por una piel blanca: el bronceado. El uso de camas o productos para broncearse demuestra cómo los atributos que consideramos atractivos en una persona son mediados por el contexto social, y que en cada época y geografía estos varían.

Durante muchos años la piel sin broncear fue considerada atractiva en los países europeos (así como sucede hoy en día en ciertos países asiáticos)[36] porque era propia de la nobleza: entre más pálida era la piel significaba que estaba menos tiempo expuesta al sol. En cambio, las personas que trabajaban en las calles o, particularmente, en el campo solían tener la piel más bronceada a causa de las jornadas laborales "de sol a sol". Como Phillip Vannini y Aaron M. McCright lo explican, las damas europeas del siglo XVIII usaban sombrillas y maquillaje en polvo para lucir una piel pálida, y fue en la segunda década del siglo XX que la piel bronceada empezó a connotar un estilo de vida acomodado. Quienes tenían acceso a clubes deportivos y tiempo libre podían jugar al tenis, al golf, o practicar natación, por lo que el bronceado se convirtió en un atributo de clase. Del mismo modo, cuando el turismo comenzó a ser una práctica común entre las clases medias y acomodadas, el bronceado empezó a significar estatus: las personas bronceadas tenían los medios para disfrutar del ocio y viajar. Esto también influyó en el mundo de la moda, con la creación de mallas oscuras para simular el bronceado en las piernas.

En Estados Unidos el gusto por el bronceado se generalizó gracias a la idealización del estilo de vida del sur de California que encarnaban artistas de Hollywood en los cuarenta, pero, desde décadas antes, ya había comenzado a popularizarse. El primer anuncio de una lámpara de bronceado apareció en 1923 en la revista *Vogue*, y el auge del bronceado artificial en Esta-

---

36 Oliver Holmes, "Thai Ad with 'White Makes You Win' Message Lambasted for Racism", *The Guardian*, 8 de enero de 2016, https://www.theguardian.com/world/2016/jan/08/thai-advert-white-makes-you-win-skin-whitening-lambasted-for-racism. Acceso mayo, 2023.

dos Unidos y Europa occidental se consolidó en la década de los ochenta.[37]

Hoy en día, aunque se sigue aspirando a un fenotipo de piel blanca en muchos lugares, y existen cientos de productos en el mercado para aclarar la piel, el bronceado sigue suponiendo para ciertos sectores un atributo de belleza; incluso aunque atente contra la salud. A propósito de ello, en 2012 la marca sueca H&M, tras promocionar una colección de trajes de baño, tuvo que retirar sus anuncios porque la modelo, de tez originalmente blanca, llevaba un color de piel sumamente oscuro, posiblemente obtenido por medio de Photoshop y maquillaje corporal. La situación causó tal revuelo que la asociación sueca contra el cáncer lanzó un comunicado al respecto para alertar de los peligros del abuso del bronceado.[38]

---

37 Phillip Vannini y Aaron M. McCright, "To Die For: The Semiotic Seductive Power of the Tanned Body", *Symbolic Interaction 27*, núm. 3 (verano de 2004): 309-332.

38 Ana Ureña, "H&M pide disculpas por su moreno caribeño", *ABC*, 11 de mayo de 2012, https://www.abc.es/estilo/moda/abci-polemica-moreno-disculpas-201205110000_noticia.html. Acceso mayo, 2023.

pócimas mágicas, nuestro sentido del olfato no funciona así: la memoria y las emociones, los aspectos culturales y las experiencias individuales son básicos en la manera en que codificamos los estímulos olfativos: es decir, nuestra forma de recibir y disfrutar o rechazar olores está permeada también por nuestras propias vivencias que nos marcaron desde la infancia y por nuestro contexto social.[47]

Evocaciones

Los olores son poderosos estimulantes del sistema nervioso, por lo cual las sensaciones olfativas pueden generar emociones y reacciones fuertes. Por esta razón, el olor y las fragancias han sido sagradas para muchas culturas alrededor del mundo, y se les han atribuido poderes purificadores con la cualidad de refinar y elevar el espíritu. En algunos casos, se han usado para inducir un estado de éxtasis e inspiración, o para ahuyentar energías malignas.[48] Por ejemplo, uno de los olores que han pervivido desde la época prehispánica en México es el del sahumerio de copal, que hoy en día se puede encontrar en los pasillos de les hierberes en los mercados tradicionales.[49]

La experiencia olfativa no solo es un fenómeno fisiológico, sino que es parte de un contexto sociocultural que nos permite orientarnos en situaciones en que la vista no puede guiarnos; evocar momentos vividos (como las madalenas a Proust en *En busca del tiempo perdido*); o incluso, a través de los registros y relatos del pasado, reconstruir los olores del cuerpo en otros tiempos. En realidad nuestro sudor es inodoro y son las bacterias que se encuentran en nuestro cuerpo —como en las

---

47 Stephanie Rosenbloom, "Skin Deep: Can a Fragrance Attract Romance", *The New York Times*, 13 de julio de 2011, www.nytimes.com/2011/07/14/fashion/skin-deep-can-a-fragrance-attract-romance.html. Acceso mayo, 2023.

48 Squicciarino, *El vestido habla*, 64.

49 "A través del olfato revisan la historia de México en la UNAM", boletín UNAM-DGCS 596, 20 de julio de 2021, https://www.dgcs.unam.mx/boletin/bdboletin/2021_596.html. Acceso mayo, 2023.

axilas o en la zona genital— las responsables de los olores al descomponerse por el contacto con nuestro sudor. De modo que nuestro olor corporal depende de nuestro entorno y de los productos que consumimos. Podemos imaginar, pues, a qué olían los cuerpos de nuestres antepasades prehispániques indagando en sus costumbres, sus rutinas de cuidado y belleza, sus enfermedades y sus dinámicas para organizar los espacios que habitaban.

Combate contra el sudor

Existe toda una historia detrás de la preocupación por controlar el sudor y neutralizar los olores corporales por medio de prácticas muy variadas; en algunas épocas, inverosímiles. Por ejemplo, para les antigües egipcies la mejor estrategia era aplicar aceites aromáticos y bolas de incienso, algarrobo y avena en las axilas después de un buen baño.[50] Sin embargo, la costumbre del baño —que hoy damos por sentada— no siempre fue la primera opción. Fue gracias a la presencia árabe en España, durante la Edad Media,[51] que muchas medidas de higiene se propagaron de manera generalizada por Europa, entre ellas el uso del jabón (aunque los sectores más pobres de la población no tuvieron acceso a este).[52]

Como consecuencia de las pestes que diezmaron a la población en la Europa renacentista, surgió una desconfianza al agua como agente de contagio. La costumbre de acudir al baño público y el vapor se consideraba peligrosa, ya que abría los poros de la piel, lo que la dejaba permeable y vulnerable ante las epidemias de sífilis y otras enfermeda-

---

50 Bronwyn Cosgrave, *Historia de la moda: Desde Egipto hasta nuestros días* (Barcelona: Gustavo Gil, 2012), 26.

51 Comúnmente se ubica la Edad Media entre el siglo v y el xv. No obstante, estas categorías, aunque nos son útiles, son arbitrarias. Por eso es importante tomarlas con matices, ya que son generalizaciones de periodos históricos complejos.

52 Roberta Milliken (ed.), *A Cultural History of Hair in the Middle Ages* (Londres: Bloomsbury, 2021), 76-77.

des. Esto, aunado a razones morales, debido a la asociación de los baños con la prostitución y a la creciente censura del cuerpo desnudo, condujo a buscar maneras alternativas de limpieza. Se recurrió, entonces, al frotado de las zonas corporales visibles (cara, pecho y manos) y al uso de polvos y perfumes. Las toallas perfumadas para frotar las axilas, cara y brazos eran frecuentes, pero el mayor poder purificador se le atribuyó a las camisas blancas, prendas que tanto hombres como mujeres usaban bajo la ropa, como una segunda piel, pues se creía que absorbían las impurezas y el sudor, lo que evitaba los malos olores y las enfermedades. Mientras más blanca era la camisa, supuestamente mayores eran sus poderes. Así, esta clase de prendas no estaban a disposición de todas las personas: mientras las clases aristocráticas adquirían numerosas camisas de hilo y seda, les trabajadores y artesanos solo podían aspirar a conseguir camisas de cáñamo, menos blancas y efectivas.[53]

También los perfumes proliferaron en aquella época: de manera tan abundante que no solo se usaban en la piel de las personas, sino que se perfumaba el aire y hasta a las mascotas. Los aromas eran indispensables para contrarrestar los olores corporales, y en la corte francesa del siglo XVII funcionaban como sustituto del baño. Se usaban pomadas elaboradas con ámbar gris y benjuí, que se colgaban de los cinturones o de cadenas en el cuello. Era común que las damas de la corte ocultaran bolsitas hechas de tafetán de seda ligero con polvos perfumados que colocaban entre sus ropas o en las capas de crinolinas bajo sus faldas para disimular olores. En el Palacio de Versalles de las fuentes brotaba agua de azahar y por el recinto se esparcían cojines perfumados.[54]

---

53 Matthews Grieco, "El cuerpo, apariencia y sexualidad", 76-83.

54 Cosgrave, *Historia de la moda*, 139, 156.

La visión higienista que se introduce con la Ilustración[55] trajo de regreso el baño y nuevas estrategias: se comenzaron a comercializar distintos tipos de desodorantes en crema y en polvo con cloruro de zinc, así como protectores para colocar en las axilas y evitar las manchas de sudor en la ropa. Un asunto que se trataba con gran discreción, de acuerdo con los anuncios en las revistas del siglo XIX, pues el envío de estos productos se hacía con gran confidencialidad.[56]

Resulta curiosa e incluso cómica la manera en la que los estereotipos de género han marcado por generaciones la industria de los perfumes, desodorantes y lociones de baño. Aunque usen ingredientes parecidos, los perfumes diseñados para mujeres tienden a ser más dulces y son publicitados con flores o enfrascados en botellas coloridas, mientras que los dirigidos a hombres son enfrascados en botellas oscuras o azules y anuncian un olor supuestamente a bosque o leña. Asimismo, en la publicidad de desodorantes masculinos los hombres que anuncian estos productos aparecen como muy atractivos para las mujeres que aparecen en la pantalla, como si se tratara de recalcar la heterosexualidad de estos hombres que cuidan su higiene y sus olores.

La industria de los desodorantes también se ha transformado. Fue en el siglo XX cuando se introdujeron los antitranspirantes fabricados con aluminio. Hasta entonces, les fabricantes se habían dirigido principalmente al público femenino; a partir de la década de los treinta, comenzó a publicitarse también el deso-

---

55 La Ilustración es un movimiento intelectual y cultural con epicentro en las clases burguesas europeas. Se ubica generalmente a mediados del siglo XVIII y dura hasta los primeros años del siglo XIX. Aunque fue preponderantemente masculinizado —sus exponentes son hombres como Immanuel Kant (1724-1804), John Locke (1632-1704), El barón de Montesquieu (1689-1755), Voltaire (1694-1778), Jean-Jacques Rousseau (1712-1778), David Hume (1711-1776), Denis Diderot (1713-1784), entre otros—, existieron mujeres con importantes ideas que, en muchos casos, fueron silenciadas en sus contextos e ignoradas por la historiografía hasta los años recientes, como Olympe de Gouges (1748-1793), Mary Wollstonecraft (1759-1797) o Émilie du Châtelet (1706-1749), quienes buscaban "iluminar" el mundo y sacarlo del oscurantismo en que la religión y el absolutismo lo tenían sumido, mediante el conocimiento y la razón.

56 Sarah Everts, "How Advertisers Convinced Americans They Smelled Bad", *Smithsonian Magazine*, 2 de agosto de 2012, https://www.smithsonianmag.com/history/how-advertisers-convinced-americans-they-smelled-bad-12552404/. Sobre este tema también recomendamos escuchar el pódcast de April Calahan y Cassidy Zachary: "Fashion Mistery #9. Don't Sweat it!", *Dressed: The History of Fashion*, abril de 2019, https://open.spotify.com/episode/1lEmJ5639 650jrGVdynS1. Acceso junio, 2023.

dorante para los varones.[57] Hoy los productos de belleza que antes eran un símbolo de lujo de las clases altas se han convertido en una prolongación necesaria de la higiene, en gran medida, debido a la publicidad: tenemos aerosoles, *roll-on*, geles, barras, y una multitud de opciones y marcas abocadas a disfrazar el olor y evitar la transpiración. Aunque no hay pruebas concluyentes de que los antitranspirantes con aluminio sean causantes de cáncer, muches especialistas recomiendan evitar su uso, ya que se considera poco segura la exposición a productos antitranspirantes con concentraciones del 20% de clorhidrato de aluminio.[58]

La obsesión colectiva con la higiene, de acuerdo con el sociólogo francés Jean Baudrillard, es la más represiva de las obsesiones actuales, al pretender exorcizar a los cuerpos de sus funciones de excreción y secreción, definiéndolos desde una perspectiva negativa.[59] Es precisamente esta intención de eliminar y controlar los olores corporales la que ha llevado al desarrollo de los productos de higiene íntima para ocultar el olor de la vulva y la vagina, lo cual, de acuerdo con especialistas, no es recomendable, puesto que modifica el pH de los genitales y desequilibra la flora bacteriana que protege nuestro cuerpo, por lo que puede causar infecciones. Nuestra vagina no necesita ningún perfume; al contrario, es importante familiarizarnos con su olor cotidiano porque, si cambia considerablemente, es probable que nos esté avisando de alguna infección que hay que atender.[60]

Get *funky*

El encuentro olfativo entre personas de distintas culturas ha implicado conflicto en distintos contextos y ha sido un motivo

---

57 Museo del Objeto, "La historia del desodorante", 12 de marzo de 2018, www.elmodo.mx/2018/desodorante-noticia/. Acceso junio, 2023.

58 M. Namer *et al.*, "L'utilisation de déodorants/antitranspirants ne constitue pas un risque de cancer du sein", *Bulletin du Cancer 95*, núm. 9 (2008): 871-880.

59 Jean Baudrillard, *La sociedad del consumo* (Barcelona: Plaza & Janés, 1974), 202.

60 Agradecemos a la doctora Natalia Tello por sus comentarios sobre este tema. El duchado vaginal puede acarrear riesgos. Puedes consultar tus dudas sobre este tema en "Ducha vaginal", Oficina para la Salud de la Mujer, http://espanol.womenshealth.gov/a-z-topics/douching. Acceso mayo, 2023.

para la exclusión y la discriminación. Por ejemplo, la antropóloga alemana Claudia Liebelt analiza las estrategias de adaptación que desarrollan muchas personas que migran de Turquía a Berlín. En su trabajo señala que la ansiedad que les produce la posibilidad de ser señalades como migrantes "apestoses" les lleva a renunciar a sus costumbres alimenticias y volverse hipervigilantes de los olores que emiten.[61] Tal parece que nuestra incomprensión de las personas que conocemos comienza en nuestra incapacidad de abrirnos a otros estímulos.

De este modo, podemos decir que nuestro olor corporal está estrechamente vinculado a procesos de distinción y reconocimiento identitario, cómo nos presentamos frente a las demás personas de forma adecuada y agradable.[62] Hace 100 años en Estados Unidos, por ejemplo, como parte de la narrativa racista y de las conductas discriminatorias contra las personas negras, se usaba con frecuencia el adjetivo peyorativo *funky*. El historiador Robert Farris Thompson explica que la palabra *funk*, traducida desde el inglés como "mal olor corporal", tiene su origen semántico en *lu-fuki*, en la lengua ki-kongo, la cual era usada por les músiques de jazz como reconocimiento a la entereza del arte de una persona y al trabajo hecho para alcanzar sus metas. Para el autor estadounidense, en el contexto del jazz afroamericano, la palabra *funk* es algo así como "la vuelta a lo fundamental".[63] El movimiento musical funk, heredero del jazz, del blues, del góspel y otras tradiciones musicales afroamericanas, se apropió del insulto y le infundió su propio significado, lo subvirtió al hacer convivir la protesta con el orgullo, y la preservación de sus raíces con la energía y la fuerza.

---

61 Claudia Liebelt, "Fragrant Desires, Perfume and the 'Smelly Immigrant Trope' in Berlin", Transformation, Hope and the Commons, 17.a Conferencia Bienal EASA 2022, Queen's University Belfast, 2022, nomadit.co.uk/conference/easa2022/paper/64982. Acceso junio, 2023.

62 Un ejemplo de la influencia que tienen los olores en la vida cotidiana y las dinámicas de clase es la historia de la película *Parasite* (2019), del surcoreano Bong Joon-ho, en el que las diferencias entre el olor de sus personajes es una parte importante de la trama.

63 Robert Farris Thompson, *Flash of the Spirit: African & Afro-American Art & Philosophy* (Nueva York: Random House, 1984), 104-105.

PELO

EL PELO ES UN IMPORTANTE marcador social. La forma en que lo llevamos (con rizos, lacio, largo, corto, teñido, planchado, con base, trenzado, peinado, rapado, con extensiones, peluca, tupé, etcétera) en muchas ocasiones dice algo sobre cómo queremos que nos lean socialmente, cómo nos posicionamos frente al mundo. Por supuesto, es solamente un pequeño rasgo de quiénes somos; sin embargo, es uno que puede tomar una gran relevancia en ocasiones específicas. Por ejemplo, en el Versalles del siglo XVIII, la longitud de los peinados de las mujeres de la corte, los *pouf* tan criticados en las caricaturas de la época por sus inverosímiles formas y ornamentos, eran un elemento de distinción que revelaba el estatus económico y social de quienes los usaban.[64] El pelo ha sido históricamente una industria muy rentable, desde el comercio de cabello humano para la elaboración de aquellas pelucas hasta

---

64 Erika Bornay, *La cabellera femenina* (Madrid: Cátedra, 1994), 208-209.

la millonaria industria de productos como tintes y tratamientos en salones contemporáneos.

El cabello posee una potencia mítica y simbólica muy importante. En distintas épocas y culturas ha sido percibido como una fuente de fuerza física (recordemos la historia de Sansón), poderes supernaturales, superioridad espiritual e incluso una sensualidad tentadora. Por ejemplo, en la Edad Media a los reyes francos no se les permitía cortar su cabellera desde la infancia, so pena de perder el derecho al trono. Por otro lado, en sus relatos de 1922, sir James George Frazer daba cuenta de la existencia de numerosos rituales y tabúes en torno al corte del cabello: en Nueva Zelanda incluso llegaba a considerarse necesario pronunciar ciertos conjuros al realizarlo, por temor a que este acto desatara truenos y relámpagos.[65]

El proceso de perder el cabello, ya sea por el envejecimiento o a causa de algún padecimiento, puede ser una fuente de miedo, ansiedad y depresión para quien lo afronta. Es tan importante para nuestro sentido de identidad que una práctica frecuente de dominio y castigo en procesos bélicos, de esclavización, imposición y tortura psicológica ha sido rapar la cabellera como una manera de deshumanizar y humillar a quienes se quiere dominar. Durante la guerra civil española, por ejemplo, las fuerzas franquistas solían cortar el pelo a rape de las mujeres, purgarlas con aceite de ricino y hacerlas desfilar en público para mostrar la "deformidad de la República".[66] De esta manera, al despojarlas de esa parte del cuerpo, especialmente importante para el mandato de belleza femenina, las mujeres eran denigradas para convertir su humillación en una forma de amedrentar a las poblaciones enteras.

---

65 James George Frazer, *The Golden Bough* (Nueva York: Macmillan, 1922).

66 Ana Iris Simón, "La dictadura franquista rapaba y daba laxantes a las mujeres para pasearlas en público", *Vice*, 28 de octubre de 2019, www.vice.com/es/article/gyz3kw/mujeres-rapadas-franquismo-guerra-civil-historia. Acceso mayo, 2023.

Existe también una dimensión emocional del pelo muy fuerte. En la Inglaterra victoriana[67] se solía pensar en el cabello como una manifestación del carácter y del estado de ánimo de una persona. Existen muchos ejemplos de ello en la literatura de la época, como el clásico *Cumbres borrascosas* de Emily Brontë (1847), en donde el color del cabello de les protagonistas servía a la autora para delinear su personalidad. Pero hay más: el cabello es una parte del cuerpo que permanece, por lo que un mechón de cabello de una persona especial, una persona amada, incluso alguien que ya no está, permite una conexión directa con ella. En ese entonces era común entregarse un rizo entre personas enamoradas, y llevarlo en un medallón o relicario, muy cerca del corazón para sentirle cerca. La poetisa Elizabeth Barrett Browning obsequia a su esposo un rizo después de cortar su larga cabellera, como una especie de ofrenda de amor: "A ningún hombre di jamás un rizo, amor mío, como este que te ofrezco, y que ahora pensativo arrollo en torno de mis dedos como un negro zarcillo".[68] Otra alternativa era confeccionar ornamentos o valiosas joyas, como pulseras y collares, con el pelo del ser querido. La propia princesa Victoria poseía ocho piezas de joyería elaboradas con el cabello de Alberto.[69] En México también podemos encontrar pelo humano en colecciones textiles: por ejemplo, en el Colegio de las Vizcaínas (una institución educativa para mujeres fundada por vasques residentes en la Nueva España), donde las clases de bordado eran muy importantes, se conservan vestimentas bordadas con pelo en lugar de hilo.

---

67 Por época victoriana nos referimos al reinado de la reina Victoria de Inglaterra, que fue el momento cúspide del Imperio británico y uno de los periodos culturalmente más influyentes de la isla en el resto del mundo (1837-1901).

68 Bornay, *La cabellera femenina*, 188.

69 April Calahan y Cassidy Zachary, "Jewelry of Sentiment. Part 2", *Dressed: The History of Fashion*, junio de 2018, podcasts.apple.com/ca/podcast/jewelry-of-sentiment-pt-2-an-interview-with-courtney-lane/id1350850605?i=1000413053435. Acceso junio, 2023.

Cabellos largos

Por su longitud, el cabello ha servido como marcador de género en muchos momentos de la historia, aunque no necesariamente con los criterios actuales. En la cultura occidental las mujeres han llevado por siglos el cabello largo. La historia de la princesa Rapunzel, encerrada en una torre con sus largos rizos dorados, por medio de los cuales podía trepar el príncipe para encontrarse con ella, sirve para ilustrar este rasgo como símbolo de lo femenino. Por otra parte, la norma de longitud del cabello para los varones ha sido mucho más variable, saltando a través de la historia y de las regiones del mundo: largos, rizados, rapados... Sin embargo, a partir del siglo XIX en Europa, el cabello corto fue eliminado del repertorio masculino, creando un imaginario muy rígido.

En realidad, en el entramado de significados que despliega el pelo, las identidades de género están entretejidas con significados eróticos, indicadores políticos y sociales. Por ejemplo, en los años veinte, las mujeres comenzaron a usar el cabello más corto y a abandonar los peinados intrincados por sus hermosos *bob*, que simbolizaban libertad e independencia. En México, a las mujeres que adoptaron el moderno estilo de las *flappers*, se las llamó despectivamente "las pelonas". Era la reacción conservadora frente a su pelo *à la garçonne* y su dinamismo, a través de los cuales desafiaban los estereotipos de género de la época. En aquellos tiempos, las mujeres comenzaron a entrar masivamente a la universidad, y la composición puramente masculina que había tenido hasta el momento empezó a cambiar. La nueva moda fue motivo de controversia. La prensa narraba los reclamos de los críticos: "caballeros de todas las edades" indignados y confundidos porque, según ellos, no quedaba claro si eran hombres o mujeres. El tono de las quejas era bastante agresivo, incluso en la Escuela Nacional de Medicina forzaron a dos "pelonas" a entrar a las regaderas de la escuela y las raparon. Al final, la Secretaría de Educación Pública tuvo que poner un alto al conflicto. Fue tan grande el escándalo que la actriz Esperanza Iris hizo una función donde se permitía entrar a las mujeres y al final habló sobre "el derecho de cortarse la melena".[70]

Más tarde, en los años sesenta, la moda del pelo largo y suelto asociada con el movimiento hippie se convertiría en motivo de acaloradas discusiones. Les hippies constituyeron una contracultura que rechazaba las normas y aspiraciones de la modernidad occidental, el consumismo voraz que desplegaba y las estrategias militares de los gobiernos. En distintos lugares del planeta, las juventudes buscaron otros caminos para expresarse y alejarse de las pautas marcadas por el sistema a través de nuevas formas de presentar y experimentar su cuerpo, como la vida en comunas, el uso de sustancias para abrir la conciencia, la llamada liberación sexual, etcétera. El cabello largo fue una forma de manifestar su libertad y borraba la convencional distinción genérica.

Simbolismos capilares

La cabellera femenina ha sido percibida por la mirada masculina como una tremenda fuerza vital y erótica, fascinante y amenazante a la vez. Desde el psicoanálisis su poder fetichista se ha atribuido al desplazamiento que el subconsciente realiza del pelo púbico al pelo de la cabeza, lo cual explicaría las restricciones y normas morales y religiosas en distintos contextos y momentos de la historia.[71] Por ejemplo, se asoció en muchas culturas con la juventud y la virginidad. Las jóvenes solteras lo llevaban suelto, peinado hacia abajo, acaso con trenzas, y, una vez que cambiaba su estatus, comenzaban a peinarse hacia arriba y cubrían su cabeza con velos, mantos y tocados. Les victorianes consideraban el pelo largo "la suprema hermosura de

70 Anne Rubenstein, "La guerra contra las pelonas", en *Género, poder y política en el México posrevolucionario*, ed. Gabriela Cano Ortega (México: FCE, 2012), 91-118.

71 Bornay, *La cabellera femenina*, 15-16.

la mujer", siempre trenzado y atrapado en complicados chongos; únicamente en la intimidad podía verse suelto y libre.[72] En el siglo XIX, el arte y la literatura producían infinidad de representaciones de seductoras damas luciendo y peinando hermosas, abundantes y largas cabelleras que estimulaban el deseo de los varones y denunciaban la supuesta inclinación natural de las mujeres por la vanidad y el narcisismo. La eterna contradicción entre realidad y expectativa.

El color del cabello ha sido también motivo de interpretaciones, prejuicios y discriminación. Con frecuencia ha sido asociado a la personalidad, especialmente el de las mujeres y sobre todo en términos del deseo masculino. Por ejemplo, en las tradiciones europeas, el cabello rubio ha sido símbolo de belleza, pureza y estatus social. Por esta razón, objeto de deseo y aspiración, desde la Antigüedad, existen testimonios escritos que describen recetas y tratamientos para teñir el cabello y obtener el anhelado tono dorado. En el siglo XX, a las rubias se las representó con frecuencia como mujeres bellas, frívolas e ingenuas.[73] Por su parte, el cabello rojo fue fuente de sospechas. En la tradición judeocristiana se le atribuyó un carácter demoniaco. Lilith, la "terrible y desobediente" primera mujer de Adán, era representada como pelirroja; a partir de ahí se lo relaciona con una sexualidad exacerbada, con la degradación moral e incluso con impulsos animales.[74]

A finales del siglo XIX, época en que se forja el mito de la vampiresa, la cabellera femenina significó para les artistas y poetas decadentes algo parecido a las fuerzas incontrolables de la naturaleza, con lo que las mujeres podían subyugar a un varón. En muchas representaciones modernistas el pelo de una mujer se convierte en una especie de soga que apresa por el cuello a algún personaje masculino.

---

72 Alison Lurie, *El lenguaje de la moda* (Barcelona: Paidós, 1994), 268.

73 Lurie, *El lenguaje de la moda*, 271.

74 Bornay, *La cabellera femenina*, 121.

que tanto en su país, como en otros países se conoce como "pelo malo".[78] El pelo lacio ha sido considerado limpio y presentable, frente al pelo rizado y crespo, obligando a muchas mujeres a alisar su cabello o peinarlo para ocultarlo. Es interesante mencionar que, de acuerdo con una encuesta del *Diario Libre*, a pesar de que 71% de la población en República Dominicana tiene linaje afro, las personas se definen a sí mismas principalmente como "indias" y en segundo lugar como "blancas", seguido muy cerca de "morenas".[79]

En respuesta, han surgido movimientos en distintas partes del mundo que reivindican con orgullo la belleza natural del cabello afro. Por ejemplo, la dominicana Carolina Contreras lanzó Miss Rizos, una línea de productos, salones de belleza y un blog con todo tipo de consejos y recomendaciones para el cuidado del cabello afro; desde ahí impulsa el movimiento "Yo Amo Mi Pajón", como se llama allá a las cabelleras rizadas y exuberantes, con la intención de fomentar el amor propio y cambiar las narrativas sobre la belleza y el cuerpo.[80]

Alopecia

Alopecia es el nombre técnico de la caída del cabello, un proceso que puede tener enormes implicaciones emocionales en quien lo transita. Es una experiencia que suele vivirse de manera angustiante y convertirse en motivo de depresión, ansiedad, inseguridad y falta de autoestima. Ocurre por múltiples factores: hormonales, desnutrición, ejercicio excesivo, pérdida de peso, medicamentos, secuelas de una intervención quirúrgi-

---

78 Gerald Murray y Marina Ortiz, *Pelo bueno/pelo malo: Estudio Antropológico de los salones de belleza en República Dominicana* (Santo Domingo: FondoMicro, 2012), 1-3.

79 Claudia Fernández, "Encuesta: mayoría de los dominicanos se define como 'indio'", *Diario Libre*, 18 de marzo de 2022, diariolibre.com/actualidad/nacional/2022/03/18/diversidad-so lo-el-8--de-los-dominicanos-dice-ser-negro/1716054. Acceso junio, 2023.

80 Micaela Cavanagh, "La lucha por aceptar el cabello afrolatino", *Deutsche Welle*, 6 de enero de 2019, dw.com/es/la-lucha-por-la-aceptaci%C3%B3n-del-cabello-rizo-belleza-natu ral-afroamericana/a-46972853. Acceso mayo, 2023.

ca, entre otros. El 30% de la población mundial padece alopecia androgénica, pero hay otros tipos.[81]

Muches autores a través de la historia reflexionaron sobre el tema; por ejemplo, en el siglo III d. C. el filósofo Sinesio de Cirene (hoy Libia) elaboró, en su *Elogio a la calvicie,* una serie de argumentos en defensa de la calvicie: para él se trataba nada más y nada menos que una muestra de sabiduría y el uso del raciocinio.[82] Los místicos y religiosos de la Europa medieval coincidieron con este autor y acostumbraron rapar sus cabezas en señal de renuncia a la vanidad. Si les ermitañes y penitentes portaban el pelo largo, era con la intención de descuidarlo, dejarlo sucio e infestado de parásitos, como una forma más de automortificación.[83] Muches atletas en la actualidad llevan la cabeza desnuda por sus ventajas aerodinámicas. Sin embargo, el grueso de las referencias sobre el tema viene de quienes no se resignaban y buscaron soluciones y remedios para evitar este padecimiento: desde pócimas y remedios mágicos hasta las tecnologías actuales desde la farmacéutica, los tratamientos de injertos, láser, etcétera.

Este padecimiento suele asociarse a la edad e identificarse como una condición particularmente masculina, pero no es así. Recordarán el sonado caso de la actriz Jada Pinkett, el cual adquirió una gran visibilidad debido a una lamentable situación que involucró violencias y una sobreexplotación de la prensa; puso sobre la mesa una dolencia de alopecia areata, que afecta de manera particularmente fuerte la autoestima de las mujeres, frente a las exigencias sociales de belleza que se les han impuesto. En estos casos es conveniente el acompañamiento psicológico.[84]

81 "Alopecia: enfermedad angustiante", Fundación UNAM, 8 de junio de 2020, http://fundacion unam.org.mx/unam-al-dia/alopecia-enfermedad-angustiante/. Acceso mayo, 2023.

82 Alejandro Badillo, "Viaje alrededor de mi cabeza", *Literal,* 13 de septiembre de 2016, https://lit eralmagazine.com/viaje-alrededor-de-mi-cabeza-una-historia-de-mi-calvicie/. Acceso mayo, 2023.

83 Francisco González Crussí, "Nuevo elogio de la calvicie", *Letras Libres,* 28 de febrero de 2011, letraslibres.com/revista-mexico/nuevo-elogio-de-la-calvicie. Acceso mayo, 2023.

84 Patricia Fernández Martín, "Tenemos que hablar de la alopecia", *El País Semanal,* 11 de mayo de 2022, elpais.com/eps/2022-05-12/tenemos-que-hablar-de-la-alopecia.html. Acceso julio, 2023.

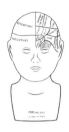

CABEZA

POR MÁS EXTRAÑO QUE PAREZCA, durante mucho
tiempo se asoció el tamaño y la forma de las cabezas con la inteligencia, y esta lectura fue usada para reinterpretar la supuesta disimilitud intelectual causada por la diferencia sexual. La
biotecnóloga argentina especializada en género Lu Ciccia, en
su libro *La invención de los sexos* (2022), hace una revisión de
la historia de la ciencia para analizar la procedencia de varios
de los muchos discursos patriarcales en la medicina. Como lo
explica, Thomas Willis (1621-1675), pionero de la neurociencia, defendía la idea de que las diferencias morfológicas del
cráneo tenían repercusiones en el carácter de las personas y en
sus facultades intelectuales. Esta idea fue muy popular y para
el siglo XIX los biólogos comenzaron a llenar cráneos con plomo para comparar el tamaño de las cabezas. El alemán Franz
Joseph Gall (1758-1828), quien empezó a sistematizar los estudios cerebrales y creó una disciplina llamada frenología (que
actualmente se considera una pseudociencia), sostenía que
las mujeres tenían menor desarrollo de sus facultades debido

al menor tamaño de su cabeza y, por ello, de su cerebro; y que, por tanto, estaban destinadas de manera "natural" a cuidar y criar niñes, una actividad aparentemente "menos exigente" intelectualmente (cualquiera que haya hecho este tipo de trabajo sabe que no es para nada una tarea simple y requiere conocimientos especiales para atender las necesidades de les infantes de acuerdo con su edad; si bien muchos de ellos se transmiten de generación en generación, la pedagogía, la pediatría y la psicología infantil son disciplinas complejas y demandantes).

Estas ideas también fueron bien aceptadas por la comunidad científica y ayudaron a mantener estereotipos racistas. Por ejemplo, en *El origen del hombre* (1871) Charles Darwin (1809-1882) afirmaba que existía una relación entre el tamaño cerebral y las facultades mentales. Bajo esa lógica, asume que las personas europeas son superiores a las de otros continentes y los hombres son superiores a las mujeres.

Independientemente de que el discurso de la craneología esté superado desde hace décadas, es importante mencionar que en su momento también fue confrontado por diferentes mujeres. Por ejemplo, la periodista española Concepción Arenal, en *La mujer del porvenir* (1869), critica esta idea y explica que, si hubiera diferencias entre las capacidades intelectuales de los hombres y las mujeres, estas "solo comenzarían donde comienzan las de la educación". Del mismo modo, la médica y educadora italiana Maria Montessori, en su manual *Antropología pedagógica* (1913), explica que, en todo caso, se tendría que considerar el volumen del cerebro en relación con la estatura de la persona, por lo cual la relación cerebro-estatura de las mujeres es mucho mayor.[85]

---

85 Lu Ciccia, *La invención de los sexos* (México: Siglo XXI, 2022), 49, 62.

ESCUCHAR A NUESTRO CUERPO: OTRAS FORMAS DE PERCEPCIÓN

TRADICIONALMENTE, APRENDEMOS en la escuela que tenemos cinco sentidos: la vista, el oído, el olfato, el gusto y el tacto. Sin embargo, existen otros sistemas sensoriales que son fundamentales para nuestra autopercepción y la percepción de todo lo que nos rodea. En 1906 el ganador del Premio Nobel de Medicina, Charles Scott Sherrington, propuso el concepto de *propiocepción* para las sensaciones originadas en áreas profundas del cuerpo humano. El sistema propioceptivo se encarga de detectar el movimiento y la posición de nuestros músculos y articulaciones, y, de este modo, nos volvemos conscientes de nuestra postura corporal con respecto al medio que nos rodea. Es como un mapa mental del cuerpo que realiza aprendizajes automáticos como caminar, escribir, correr, etcétera. Otro sistema, la *interocepción*, ayuda al cerebro a percibir de manera consciente o inconsciente lo que sucede al interior del cuerpo: este integra, a través de sus receptores, lo que los órganos internos informan para regular las funciones vitales como la temperatura, oxigenación, hambre, sed, digestión y ritmo cardiaco, así como respuestas básicas como el miedo, la alegría o, por ejemplo, cuando sentimos "maripositas".[86]

Aunque estos sistemas sensoriales se conocen desde hace tiempo, recientemente se ha observado que tienen repercusiones en nuestro estado de ánimo, nuestra capacidad de tomar decisiones y nuestras funciones cognitivas. Por ejemplo, si al estudiar estamos en una posición encorvada y con el ceño fruncido, nuestra capacidad de aprendizaje será menor que si tenemos una buena postura. También, al observar estas reacciones podemos reconocer sus variaciones, como cuando se acelera la frecuencia cardiaca producto de la ansiedad, lo cual no hace sino generar más ansiedad. Aprender a escuchar a nuestro cuerpo nos ayuda a comprender los mensajes que envía y atenderlos.[87]

---

86 Sarah N. Garfinkel y Hugo Critchley, "Interoception, Emotion and Brain: New Insights Link Internal Physiology To Social Behaviour", *Social Cognitive and Affective Neuroscience 8*, núm. 3 (marzo de 2013): 231-234.

87 Roberto Gutiérrez Alcalá, "Interocepción y propiocepción: los otros sentidos que tenemos", *Gaceta UNAM*, 20 de febrero de 2023, gaceta.unam.mx/interocepcion-y-propiocepcion-los-otros-sentidos-que-tenemos. Acceso julio, 2023.

OJOS

Dicen que no nos queremos,
porque no nos ven hablar,
pero nosotros podemos con los ojos platicar...

EL AGUANIEVES

LA IDEA DE LOS OJOS COMO LA VENTANA del alma, como ese lugar clave en donde es posible asomarse al interior de una persona para conocer "su verdadero ser", ha sido recurrente desde la Antigüedad. Sin duda, los ojos son órganos asombrosos y, gracias a la motilidad ocular, su expresividad abarca los más variados matices, capaces de comunicar muchas cosas más allá de las palabras. Con frecuencia escuchamos decir "mírame a los ojos" para comprobar la verdad de lo que nos dicen. ¿Qué mensajes ocultan córnea, pupilas, iris, cejas, párpados y pestañas?

La idea de que la comunicación ocular ocurre libre de normas y reglas gramaticales generalmente es admitida. A diferencia del lenguaje oral, ha llevado a pensar que los ojos son directos y sinceros, incapaces de transmitir otra cosa que la verdad. "Ella calla, pero qué importa si sus ojos hablan", dice el Romeo de Shakespeare, convencido de la transparencia del mensaje en la mirada de su amada. Sin lugar a dudas, nos decimos mucho a través de la mirada, como bien lo expresan los versos del son jarocho *El aguanieves*. La mirada puede ser tan poderosa que distintas tradiciones culturales del mundo han identificado ese poder creador o destructor: Medusa era capaz de convertir en piedra a quien le dirigía la mirada; mientras que en la mitología egipcia, el Udyat, también conocido como el Ojo de Horus, poseía poderes purificadores. La imagen del ojo se asoció siglos más tarde con el sol que todo lo ve. En la Europa renacentista, esta imagen se retomó para representar a Dios; se popularizó particularmente en círculos de protestantes y místiques, a quienes les parecía que la representación de un ojo resplandeciente era más conveniente que la de un anciano barbón. De ahí que el "Ojo de la Providencia" aterrizara en el siglo XVIII en el Gran Sello de los Estados Unidos, que puede verse hoy en los billetes de dólar.[88] Una mirada es capaz de alterar la conciencia, según las técnicas hipnotistas; o de causar daño a una persona, a otro ser vivo e incluso a objetos inanimados si está cargada de envidia y malos deseos, según las creencias de otres.[89] Pero la forma como miramos no solo tiene que ver con la manera en la que aprendemos a socializar, sino también con aquella en la que funciona nuestra mente. Por ejemplo, las personas en el espectro autista tienden a no

---

88 Ernst Gombrich, *Los usos de las imágenes: Estudios sobre la función social del arte y la comunicación social* (Barcelona: Debate, 2003), 176-179.

89 En muchas culturas alrededor del mundo se cree en el "mal de ojo", la capacidad de causar daño con una mirada fuerte y malintencionada. Anatilde Idoyaga Molina, "Las manifestaciones del mal de ojo en Iberoamérica: Reflexión crítica sobre la posibilidad de orígenes indoamericanos", *Scripta Ethonologica* XXXV (2013): 109-222.

mirar a los ojos a sus interlocutores sin que eso signifique que no les están poniendo atención.[90]

Solemos hacer conjeturas sobre la personalidad, los valores y las intenciones de una persona por sus expresiones faciales, especialmente, su mirada. La posibilidad de desvelar el lenguaje de los ojos ha fascinado y motivado a artistas y científiques que han desarrollado diferentes teorías a través del tiempo. La fisiognomía, una pseudociencia que trata de inferir los caracteres psicológicos de les individues mediante la observación de sus rasgos corporales, fue un camino para descifrarlo. Se escribieron numerosos manuales y libros que se ocupaban de entrenar a quienes deseaban dominar el arte de leer la mirada desde una perspectiva profundamente moralizante. Por ejemplo, el pastor suizo Johann Kaspar Lavater (1741-1801), famoso poeta y estudioso de la expresión humana desde esta perspectiva, a finales del siglo XVIII, advertía que las cejas pobladas, gruesas y oscuras que se inclinan hacia abajo y descansan cerca del ojo, ensombreciéndolo, eran de hombres a los cuales había que temer. En los años veinte, el frenólogo Hamilton McCormick (1859-1934) insistía en su libro *Characterology: An Exact Science* (1920) en que el lenguaje de los ojos, aunque sin voz y sin palabras, es entendido universalmente y resulta más confiable que el verbal.[91] Esta idea de la universalidad de las expresiones oculares, que deja de lado las particularidades de nuestras prácticas culturales, afectaciones físicas, reacciones nerviosas, etcétera, es central en el Sistema de Codificación Facial desarrollado por el psicólogo Paul Ekman en los años setenta, el cual se basa en la identificación de microexpresiones, es decir, muestras de ira o miedo involuntarias que, en cuestión de microsegundos, aparecen en los rostros de las personas a pesar de sus intentos por disfrazarlas.

---

90 Rozella Stewart, "Should We Insist on Eye Contact with People Who Have Autism Spectrum Disorders", Indiana Resource Center for Autism, s. f., https://www.iidc.indiana.edu/irca/articles/should-we-insist-on-eye-contact-with-people-who-have-autism-spectrum-disorders.html. Acceso junio, 2023.

91 Hamilton McCormick, *Characterology: An Exact Science* (Chicago: Rand McNally & Company, 1920), 142-143.

Por ejemplo, de acuerdo con esta perspectiva, las expresiones de dolor involucran bajar las cejas, entrecerrar los ojos, levantar las mejillas y estrechar los párpados. Esta técnica comenzó a usarse en ciertas instituciones para detectar a quienes mentían para intentar defraudarlas, como compañías de seguros o personal médico, para hacer estudios de mercado o incluso conducir investigaciones científicas. Los usos del Sistema de Codificación Facial se expandieron a raíz del 9/11 para la detección de posibles terroristas en aeropuertos y líneas fronterizas, así como de personas migrantes u otros sujetos que pudieran parecer "sospechoses" a las autoridades según sus criterios, los cuales tienden a ser racistas. La técnica consiste en el análisis de los gestos de una persona cuadro por cuadro. Personal militar y policiaco es entrenado para captar las microexpresiones en tiempo real, asumiendo que sabrán interpretarlas más allá de brechas culturales o características individuales.

Ojos bellos

Una de las imágenes más perturbadoras que pueden verse en el santoral católico es la de santa Lucía de Siracusa, una santa representada sosteniendo un plato con dos ojos. De su biografía existen varias versiones, pero, en términos generales, la leyenda cuenta lo siguiente: Lucía era una joven cristiana muy casta y bella, cuyos luminosos ojos atraían la atención de muchos pretendientes; de modo que, para evitar las atenciones de uno particularmente insistente, ella se sacó los ojos y se los envió.

En esta siniestra historia de exaltación de la virtud a niveles que hoy en día podríamos denominar *gore*, podemos destacar el poder de los ojos no solo como el lugar en donde se percibe lo que consideramos bello o no ("el amor a primera vista"), sino como una fuente de atracción insuperable. Por supuesto, esta belleza que reconocemos en los ojos de alguien no es igual en todas partes ni ha sido siempre la misma. Por ejemplo, en el siglo xvi, fray Diego de Landa refería que las madres mayas usaban cuentas de cera que colgaban entre los ojos de sus bebés para provocar estrabismo, el cual, además de ser considerado un rasgo de belleza, evocaba al dios solar.[92]

La forma y contorno de los ojos, la simetría entre ellos, su color, sus pliegues, líneas de expresión y arrugas son características que sirven como un mapa topográfico a partir del cual leemos a las personas. Por ejemplo, las revistas y blogs de belleza inundan el internet con todo tipo de tratamientos para lidiar con la piel de los párpados que comienza a perder elasticidad con la edad, para "abrir la mirada y rejuvenecerla" y recuperar esa vivacidad perdida. Hay que aclarar que la posibilidad de rejuvenecer la mirada en este contexto no tiene nada que ver con la capacidad visual, sino con procedimientos que van desde la limpieza y el maquillaje hasta *lifting*, láser de plasma, hilos tensores y cirugías como la blefaroplastia, una de las operaciones estéticas más comunes en el mundo, ya que no solo se practica para combatir el envejecimiento, sino para obtener un *look* más occidental. El procedimiento, también conocido como cirugía de "doble párpado", tiene por objetivo dar una forma más redonda a los ojos y que estos así se vean "más grandes y expresivos". En Asia su práctica ha incrementado, principalmente en mujeres y en algunos hombres que consideran que un aspecto occidental puede proporcionarles mayores ventajas en el competitivo mercado laboral; es decir, es también una cuestión de estatus social. En Corea, por ejemplo, se ha popularizado tanto

---

92 Vera Tiesler Blos, "El aspecto físico de los mayas", *Arqueología Mexicana*, núm. 28, diciembre de 1997, 14-19.

que se ha convertido casi en un ritual de paso para las jóvenes en la pubertad que buscan parecerse a sus celebridades favoritas.[93] La crítica se ha hecho escuchar a través de movimientos como Escape the Corset, una respuesta feminista que ha desarrollado una antimoda y todo un estilo de vida alternativo que abre la noción de belleza para incluir a quienes no quieren someterse a las exigencias dominantes sobre las mujeres.[94]

Cejas

La función de las cejas es mantener el polvo y el sudor alejados de nuestros ojos, pero sin su capacidad comunicativa difícilmente podríamos expresar nuestras emociones con la profundidad con que lo hacemos. Por esa razón son un rasgo facial muy explotado por caricaturistas e ilustradores para transmitir mensajes, y las personas que se dedican a la actuación aprenden a controlar sus movimientos.

La forma de nuestras cejas también depende de la moda, y los estilos en que las modelamos nos demuestran cómo la belleza es un constructo social. Lo que en algunas épocas se considera bello, en otras no. Por ejemplo, actualmente las cejas pobladas son consideradas un rasgo atractivo, tanto en hombres

93 Yae-Jin Ha, "Cómo la cirugía de párpados se ha convertido en algo obligatorio para muchos jóvenes coreanos", *Vice*, 5 de abril de 2019, http://vice.com/es/article/8xyzag/cirugia-parpados-corea. Acceso mayo, 2023.

94 Yeongyo Shin y Selee Lee, "'Escape the Corset': How a Movement in South Korea Became a Fashion Statement through Social Media", *Sustainability* 14, núm. 18 (septiembre de 2022).

como en mujeres, y muchas personas recurren al *microblading*[95] para engrosarlas. Por el contrario, en los dosmil la moda femenina sugería llevar cejas muy ligeras en forma de "hilo". Lo mismo podemos ver en la historia del arte: les antigües sumeries (más de 2 000 años a. C.) retrataban a las personas con unicejas, lo que nos puede indicar que esto era considerado un atributo de belleza. Hoy en día, pese a que las cejas pobladas están de moda, especialmente en las mujeres es común la depilación del entrecejo y en algunas geografías es común que los hombres también se depilen el entrecejo o asistan a salones para "diseñarse" las cejas, como en Turquía. También se dan tendencias paralelas, como la decoloración de cejas.

En resumen, la moda está en constante cambio; lo mismo los ideales de belleza.

Lágrimas

No dejéis que esas armas de mujer,
las lágrimas, deshonren mi hombría.

WILLIAM SHAKESPEARE, *El rey Lear*

Las lágrimas tienen una función fisiológica completamente necesaria para la visión: contienen distintas proteínas, aceites y hormonas que limpian y humectan nuestros ojos. Llorar es un impulso natural de nuestro cuerpo para autorregularse. Cuando nacemos, el llanto es nuestra principal forma de comunicación: a través de este podemos anunciar si tenemos hambre, frío, sueño o si necesitamos recibir un abrazo. Pero, conforme crecemos, se nos educa para poner límites; aprendemos dónde, cómo y a quiénes les está permitido llorar. Contener nuestras

---

95 Esta es una técnica de maquillaje semipermanente que consiste en tatuar pigmentos con agujas muy pequeñas para modelar y aumentar el volumen de las cejas. Acceso mayo, 2023.

lágrimas no es algo trivial: tiene efectos en nuestra salud mental porque llorar ayuda al cuerpo a liberar tensión; en nuestras lágrimas hay oxitocina, una hormona neuromoduladora del sistema nervioso central, y endorfinas, que nos brindan una sensación de bienestar. Aunque las lágrimas contienen hormonas, lo que más se destaca del llanto son las hormonas que liberamos al torrente sanguíneo. Cuando lloramos nuestro sistema parasimpático se activa y devuelve al cuerpo a la homeostasis (el proceso de autorregulación mediante el cual un organismo mantiene una estabilidad interna mientras se adapta a los cambios de las condiciones externas), lo que tiene un resultado calmante y disminuye los efectos del cortisol (la hormona que se libera como respuesta al estrés o a un nivel bajo de glucosa en la sangre).[96]

Si se llora, debe ser en privado, y si en público experimentamos un momento de tristeza, frustración, enojo o cualquier otra emoción que nos impulse al llanto, se nos insta a controlar nuestras emociones, ya que expresarlas sin más es considerado inapropiado, excesivo o poco profesional si se trata de un espacio laboral o académico. Contener el llanto es difícil, requiere años de entrenamiento; sobre todo los hombres han aprendido a hacerlo desde pequeños, han sido forzados a limitar sus lágrimas.

El llanto es penado en los hombres más que en las mujeres. Incluso en el ámbito privado se les niega el derecho a llorar; desde niños se les insiste: "los hombres no lloran" o "no llores como niña". Aun así, a las mujeres, aunque socialmente se nos permita mostrar más emociones como la tristeza o la ternura en comparación con los varones, cuando lloramos en público también recibimos juicios por "ser demasiado emocionales" e incluso nos disculpamos por hacerlo si sucede en la oficina o en la escuela. Al entrar a espacios históricamente masculinizados, las mujeres hemos aprendido a negociar con las reglas socia-

96 Fernando Guzmán Aguilar, "¿Por qué solo los humanos lloramos con lágrimas?", *Gaceta UNAM*, 18 de agosto de 2021, www.gaceta.unam.mx/por-que-solo-los-humanos-lloramos-con-lagrimas/; Acceso mayo, 2023. L. M. Bylsma, A. Gračanin y Ad J. J. M. Vingerhoets, "The Neurobiology of Human Crying", *Clinical Autonomic Research 29*, núm. 1 (febrero de 2019): 63-73.

les de género aunque esto signifique limitar las lágrimas para emular la socialización masculina y la máscara de "profesionalismo" y "seriedad" de quienes no lloran.

Al estar asociadas con las emociones y la fragilidad, las lágrimas han sido vinculadas al universo femenino; se ha excluido así a los varones del mundo emocional, para quienes llorar se convirtió en tabú, una acción que demuestra debilidad y vulnerabilidad que, en esta lógica, habría que evitar a toda costa. Estas ideas vienen de mucho tiempo atrás. En la Europa medieval, por ejemplo, la medicina de los humores advertía que los cuerpos femeninos eran más húmedos, por lo que, entre otras cosas, eran más propensas a llorar.[97] Esa supuesta propensión ha sido una fuente de empleo para las llamadas "plañideras", mujeres contratadas para llorar en los funerales, lloronas profesionales que, desde el antiguo Egipto hasta nuestros días, acuden a llorar, gemir y lamentarse aparatosamente en el momento del último adiós, poniendo de manifiesto el poder catártico del llanto como una manera de "limpiar el alma".[98]

---

97 Michael Sims, *Adam's Navel: A Natural and Cultural History of the Human Form* (Nueva York: Viking Penguin, 2003).

98 Actualmente, en el Museo de la Muerte de San Juan del Río, Querétaro, se organizan competencias anuales de plañideras.

NARIZ

En Núremberg se castiga a las mujeres
que van al lecho con un hombre
que no sea de raza aria.
[...]
María Sanders, vas a perder a tu hombre,
aunque se tiña sus cabellos,
le delata su nariz...

Bertolt Brecht, *La balada de la puta judía María Sanders*

BURLA, TRAUMA, DISCRIMINACIÓN... por una nariz. ¿Cuántas cosas pasan por esta parte del cuerpo? Es uno de los rasgos más sobresalientes de la fisionomía facial; una "pirámide de Egipto" o "un elefante boca arriba" la llamaba Francisco de Quevedo en su famoso soneto en el que se burla de Luis de

Góngora.[99] La nariz supone importantes implicaciones en las concepciones de belleza de las diferentes culturas. Por ejemplo, la llamada "nariz griega", cuya forma ideal recta que parte de la transición de la nariz a la frente puede apreciarse en el arte helénico; o la nariz maya, con un alargamiento que se alcanzaba a través de procedimientos físicos.[100] Su tamaño y forma se han asociado con valores estéticos y morales que, en Occidente, asignan características determinadas a una persona en los imaginarios colectivos. Por estas razones, su presencia central en el rostro le confiere una notable carga psicológica.

En la novela de Carlo Collodi, cada vez que Pinocho decía una mentira, su nariz aumentaba de tamaño; de modo que la falta de este travieso niño de madera quedaba en evidencia ante todo aquel que lo viera. Al parecer su destacada visibilidad la convirtió en muchos momentos de la historia en un elemento para castigar y humillar a las personas. Incluso las pirámides y esculturas egipcias sufrieron la violencia de les asaltatumbas, quienes les rompían la nariz con la intención de sofocar a los seres sobrenaturales que habitaban en ellas y evitar así que tomaran venganza, ya que se creía que les dioses o personas que habían fallecido (a quienes estaban dedicadas las tumbas) podían lanzar terribles maldiciones contra quienes ultrajaban su última morada.[101]

En el poema de Bertolt Brecht (varios ejemplares de sus obras, por cierto, fueron destruidos durante la quema de libros nazi en 1933), el dramaturgo demuestra el trato que las mujeres judías, sobre todo, vivían durante el nazismo. Con las Leyes de Nüremberg de 1935 se prohibió casarse y mantener relaciones sexuales con una persona judía, crimen que era penalizado con prisión. No es coincidencia el señalamiento a la nariz de María

---

99 Francisco de Quevedo, *Selected Poetry of Francisco de Quevedo: A Bilingual Edition* (Chicago: University of Chicago Press, 2009), 142.

100 José Manuel Tamarit Conejeros *et al.*, "Nariz y sociedad: curiosidades y anécdotas sobre el apéndice nasal", *Therapeía* 4 (julio de 2012): 55-68.

101 Como lo explica el curador en jefe de la colección de Egipto del Museo de Brooklyn: Edward Bleiberg, "Breaking the Noses on Egyptian Statues", The Harvard Museums of Sciencie & Culture, 26 de septiembre de 2019, hmsc.harvard.edu/2019/09/26/breaking-the-noses-on-egyptian-statues/. Acceso mayo, 2023.

Sanders, ya que esta representaba el arquetipo de cara que supuestamente permitía identificar y discriminar a las personas judías.[102] Es por ello por lo que la cirujana francesa Suzanne Noël (1878-1954), sufragista, integrante de clubes feministas y pionera de la cirugía plástica, durante el nazismo comenzó a hacerles rinoplastias clandestinas a les judíes y a modificar los rostros de quienes huían de la Gestapo.[103] La labor de Noël muestra cómo los significados sociales que le damos al cuerpo pueden llegar a niveles tan complejos de discriminación que transformarlos puede marcar la diferencia entre la vida o la muerte.

Los estándares de belleza tienen características, en términos generales, eurocéntricas, basados en un color de piel blanca y rasgos caucásicos con un tipo de nariz pequeña y respingada. En México, el doctor Fernando Ortiz Monasterio introdujo el concepto de "nariz mestiza" para referirse a las narices con características anatómicas específicas encontradas en pacientes no blanques en América Latina. De acuerdo con el cirujano plástico, estas narices se distinguen por una piel gruesa, mala proyección y definición de la punta nasal, base nasal ancha y dorso alto con giba osteocartilaginosa. Para solucionar "este problema", el doctor y sus colaboradores diseñaron una técnica de rinoplastia de aumento con la meta de obtener una punta nasal más definida.[104]

La *etnocirugía* es una manera, para muchas personas, de obtener un mejor empleo, más citas o posibilidades de encontrar pareja, ser populares, reconocidas, o reescribir su biografía y comenzar de nuevo. Incluso las personas ya consideradas "bellas" son expuestas a procedimientos quirúrgicos para aparentar un rostro coincidente con el canon occidental. Tal es el caso de la reconocida modelo estadounidense, de origen palestino y holan-

---

102 Elizabeth Haiken, "The Making of the Modern Face: Cosmetic Surgery", *Social Research 67*, núm. 1 (primavera de 2000): 85.

103 Claudine Douillet, "Suzanne Noël: pionnière de la chirurgie esthétique elle aide les juifs pendant et après la Shoah", *Alliance*, 11 de noviembre de 2018, https://www1.alliancefr.com/actualites/suzanne-noel-pionniere-de-la-chirurgie-esthetique-elle-aide-les-juifs-pendant-et-apres-la-shoah-6071711. Acceso mayo, 2023.

104 Elsa Muñiz, *La cirugía cosmética: ¿un desafío a la "naturaleza"? Belleza y perfección como norma* (México: UAM-Azcapotzalco, 2011), 96-97.

dés, Bella Hadid, quien recientemente reveló que se sometió a una rinoplastia a los 14 años. En una entrevista con la revista *Vogue* declaró: "Ojalá hubiera conservado la nariz de mis antepasades", refiriéndose a la ascendencia medioriental de su padre.[105]

Nariz y enfermedad

Como hemos aprendido tras la pandemia de covid-19, muchas enfermedades pueden transmitirse a través de las vías respiratorias por aerosoles emanados del cuerpo. Es por este tipo de contagio que las fosas nasales han sido vistas a lo largo de la historia como la puerta de entrada de la enfermedad y, del mismo modo, como una vía para su expulsión. En el siglo XIV, con la epidemia de la peste negra en Europa y el norte de África, para evitar las infecciones se usaban —sin éxito— unas máscaras con nariz en forma de pico que cubrían ojos, nariz y boca, un artilugio que no logró salvar a la población de una mortandad con efectos devastadores. Esta infección de rápido contagio era aparentemente provocada por el bacilo *Yersinia pestis* y podía transmitirse por las vías respiratorias, pero también a través de las ratas y pulgas. Tras seis días de incubación se formaban bubas y las personas morían en un plazo de uno a dos días.[106]

---

105 Rob Haskell, "Bella From the Heart: On Health Struggles, Happiness, and Everything In Between", *Vogue USA*, 15 de marzo de 2022, https://www.vogue.com/article/bella-hadid-cover-april-2022. Acceso julio, 2023.

106 Martín Ríos Saloma, "Las epidemias en la Edad Media: la peste de 1348", *Noticonquista*, s. f., http://noticonquista.unam.mx/amoxtli/1949/1947. Acceso junio, 2023.

Algo huele mal…

La nariz permite la función respiratoria y la capacidad olfativa. El olfato se ha asociado con el aspecto más instintivo del ser humano y, aunque menos agudo que el de nuestres amigues canines, es vital para nuestra vida. La capacidad de oler puede ser placentera, despertar nuestras papilas gustativas y orientarnos geográficamente para reconocer lugares y productos. Pero también puede encender las señales de alarma para mantenernos a salvo: nos permite discernir entre algo fresco y algo putrefacto, así como evitar la inhalación de sustancias tóxicas o irritantes como las de una fuga de gas estacionario o un incendio. Sin embargo, la sociedad contemporánea parece empeñada en desaparecer nuestras narices: las reducimos con operaciones estéticas; las anulamos con aromatizantes y perfumes para disfrazar o neutralizar los olores corporales y ambientales que homogeneizan nuestra experiencia olfativa. Más aún, la contaminación ambiental en las ciudades densamente pobladas afecta directamente nuestra capacidad olfativa. No solo eso: estudios recientes señalan que los contaminantes del aire erosionan nuestra mucosa nasal, lo que nos deja más vulnerables frente a enfermedades respiratorias y degenerativas. Asimismo, se ha descubierto que la anosmia o pérdida del olfato puede ser una señal temprana de demencia y alzhéimer.[107] El olfato es un sentido que nos conecta con las emociones y la memoria. Después de haber experimentado el covid-19, muchas personas tenemos fresco el recuerdo de las consecuencias de perderlo.

---

107 Tim Smedley, "Por qué poco a poco estamos perdiendo el sentido del olfato", *BBC News*, 28 de febrero de 2023, https://www.bbc.com/mundo/vert-fut-64753201. Acceso mayo, 2023.

BOCA

LA BOCA (también llamada por el personal médico "cavidad oral") está formada por los labios, el revestimiento interno de las mejillas y los labios, las dos terceras partes delanteras de la lengua, las encías, el piso de la boca, el paladar duro y el espacio pequeño detrás de las muelas del juicio. La boca es el inicio del tracto digestivo: está compuesta por dientes y las glándulas salivales ayudan a disolver los alimentos para después pasar por el estómago; a su vez, las amígdalas protegen al organismo contra infecciones. Al abrirse y cerrarse, nuestros labios sellan la puerta de inicio de nuestro proceso digestivo.

Y la boca no solo es indispensable para comer. Tiene un rol fundamental en la comunicación humana: ya sea verbal, a través del habla (no por nada el sistema de signos orales o escritos que usamos para comunicarnos se llama "lengua"), o no verbal, como las sonrisas, las muecas o los besos.

Pese a ser tan pequeños, los labios están cargados de simbolismo, sobre todo los de las mujeres. Al tratarse de una zona erógena, están estrechamente relacionados con el placer y la sensualidad. Los pintamos de colores con labiales, usamos maquillajes para aparentar que son más carnosos, los rellenamos con ácido hialurónico para hacerlos más grandes.

Estos gestos y formas de embellecer nuestro cuerpo pueden parecer triviales; sin embargo, poseen un valor simbólico muy poderoso en ciertos momentos. En su libro *Wall and Piece*, el artista urbano inglés Banksy incluye una imagen con el título *Manifesto*, en donde aparece un grupo de mujeres junto al alambrado de un campo de concentración alemán durante la Segunda Guerra Mundial. El artista intervino la imagen coloreando llamativamente de rojo sus labios. La obra aparece acompañada de un fragmento del diario del teniente coronel Mervin Willet Gonin DSO, uno de los primeros soldados ingleses en llegar al campo de exterminio alemán Bergen-Belsen, liberado en abril de 1945, cerca del final de la guerra. Narra la cruda devastación que encontraron al llegar: las pilas de cuerpos que se acumulaban, desnudos, enfermos, completamente desgastados, la desolación por todas partes. Poco después de la llegada de la Cruz Roja, arribó al campo un cargamento de pintalabios rojos. Las mujeres se aferraron a ellos; no tenían comida, ni vestido, pero ese gesto de pintar sus labios de rojo les devolvió un poco de su humanidad, volvían a sentirse personas y no solo un número más tatuado en la piel.[108]

---

108 Banksy, *Wall and Piece* (Londres: Century, 2006), 234-235.

OREJAS

LAS OREJAS TIENEN MORFOLOGÍAS, proporciones y ubicaciones distintas en todos los mamíferos. Las humanas están ubicadas de manera estratégica para que su forma curvada recolecte las ondas sonoras que viajan en el aire, las canalicen al interior de nuestra cabeza y resuenen las vibraciones acústicas. No solo nos sirven para escuchar; también las dotamos de sentido: por ejemplo, en nuestra sociedad las perforamos para decorarlas desde la infancia o adolescencia, y con ello solemos marcar nuestro género.

Como en el caso de otros orificios corporales, las orejas han sido percibidas en muchas culturas como un punto de acceso al interior del cuerpo. En la Antigüedad, algunas religiones creían que las orejas eran el receptáculo del aliento de vida, ya que todo inició con la palabra. Por ejemplo, la cultura antigua egipcia hacía una distinción entre la oreja derecha, receptora del aliento de vida, y la izquierda, destinataria del aliento de muerte. Por su parte, la mitología grecolatina las relacionaba con dotes adivinatorias: Casandra y Helena adquirieron la habilidad de predecir el futuro cuando una serpiente lamió su oreja.[109]

También está el caso de las orejas del rey Midas, personaje mitológico muy famoso por su habilidad para convertir en oro todo cuanto tocaba; cuando provocó la ira del dios Apolo, recibió como castigo unas orejas de burro.[110] Quizá este relato fue la inspiración para que la sanción se replicara con les estudiantes en las escuelas de los siglos XIX y XX, a quienes se les solían infligir castigos físicos y psicológicos crueles que hoy vemos como totalmente inadecuados en términos pedagógicos y absolutamente traumáticos. Por otra parte, las orejas han sido por generaciones blanco del acoso escolar, motivo de burla y objeto de jalones y otros agravios. Este problema, ignorado por años, es muy grave, ya que el matoneo durante la infancia afecta en la manera en que percibimos nuestros cuerpos, en nuestra confianza y autoestima.

En la iconografía cristiana la oreja es una especie de puerta hacia el cerebro, hacia el lugar donde se localiza el alma. Durante los siglos XVI y XVII, se extendieron en España grupos de mujeres que transgredieron las normas sociales de su tiempo. Las beatas y las beguinas fueron movimientos de mujeres fuera de la ortodoxia religiosa que vivían de manera independiente, sin obedecer a padres o maridos. No llevaban hábito, pues no eran monjas. No hacían votos, pero prometían castidad. Por supuesto, esta espiritualidad fuera de la norma las hizo sospechosas como mujeres y como católicas.[111] La Iglesia católica intentó por todos los medios controlar lo que consideraba desviaciones de la religiosidad femenina. Uno de los frentes en que procuró hacer valer la ortodoxia fue el del discernimiento

---

109 Sims, *Adam's Navel*, 83-84.

110 José Alfredo González Celdrán, "Las orejas de asno del rey Midas", *Revista Murciana de Antropología*, núm. 13 (2006): 321-346.

111 Beatriz Moncó, "Beatas y posesión Demoniaca: Contramodelos Femeninos en la Inquisición", *Edad De Oro*, núm. 38 (octubre de 2019): 75-88.

de espíritus: es decir, castigar a quienes "optaban por Satanás" y mantenían relaciones con él. De acuerdo con el catálogo de declaraciones de las "endemoniadas", parecen coincidir en que el diablo se colaba por el oído,[112] ese lugar de la seducción, de la persuasión.

Ondas que conectan

Por el oído entra también la música, un componente muy importante en la experiencia humana. Cuando escuchamos una pieza musical, el oído analiza, amplifica y transmite las ondas sonoras al cerebro, en donde se activan distintas regiones para registrar la intensidad, volumen, ritmo, armonía, melodía, y conjuntar y dar sentido a toda esa información. También se activan las neuronas de los músculos, si tocamos un instrumento o reaccionamos bailando o moviéndonos un poco, así como los centros del placer que se encienden durante el sexo o cuando comemos, las regiones asociadas con las emociones y las encargadas de interpretar el lenguaje.[113] Sin duda, la música tiene un alto impacto en nuestras emociones no solo a nivel orgánico: nuestras experiencias personales se entretejen con los sonidos y generan una sensación subjetiva tan poderosa en nuestro cuerpo, capaz de provocar escalofríos. Incluso sus efectos han sido usados de manera terapéutica.

Más aún, la intensidad de las emociones que nos produce la música sirve como un puente de empatía entre nosotres y las demás personas. Como ejemplo, basta evocar la sensación de éxtasis que se produce en un concierto, la potencia de esa energía compartida con un efecto liberador. En ese sentido, Psyche Loui, profesora de psicología, neurociencia y comportamiento de la Universidad Northeastern, en Massachusetts, Estados

---

112 Margarita Paz Torres, "'Se llegó a mi oído y, con habla velocísima, me dijo...': Coloquios orales de monjas, demonios e inquisidores (Trujillo, Perú, 1674-1681)", *Boletín de Literatura Oral 11*, Universidad de Jaén (2021): 173-191.

113 Francisco Delahay y Sergio de Régules, "El cerebro y la música", *¿Cómo ves?*, núm. 87, febrero de 2006, 13-14.

Unidos, desarrolla investigaciones sobre la manera en que la música nos afecta, y ha llegado a la conclusión de que la música es un elemento de transformación social, ya que nos ayuda a ejercitar nuestra comunicación emocional y propicia la cohesión y conexiones más empáticas entre las personas.[114]

Desde otra perspectiva, el artista australiano Stelarc también explora formas de entablar conexiones por medio de las orejas. El artista se ha interesado en el papel del cuerpo en la era posindustrial. Para él, nuestro organismo se ha vuelto obsoleto frente a los avances de la tecnología, o sea, biológicamente, está mal equipado para el mundo contemporáneo. Con eso en mente, busca rediseñar su cuerpo ("arquitectura corporal", en sus palabras), explorar posibilidades de adaptarlo y amplificarlo a través de prótesis y tecnología genética que le permitan conectarse a la virtualidad. En 1996 comenzó un proyecto para desarrollar una tercera oreja. Le tomó 10 años conseguir el financiamiento para llevarlo a cabo y cirujanos plásticos dispuestes a hacerlo. Después de muchos experimentos y desafíos, en 2007 se implantó la oreja protésica en su brazo izquierdo. El siguiente paso fue colocar un micrófono amplificador que registrara todos los sonidos y los transmitiera vía internet al sitio web del artista. Finalmente logró su objetivo: la oreja en el brazo se convirtió, como dice el artista, en un órgano de internet dentro de su cuerpo.[115] ¿Será que hacia allá vamos?

114 David Robson, "Qué son los 'orgasmos de piel' y quiénes los sienten", *BBC News*, 28 de julio de 2015, bbc.com/mundo/noticias/2015/07/150726_vert_fut_orgasmos_musicales_yv. Acceso mayo, 2023.

115 Stelarc, "Ear on arm. Engineering Internet Organ", s. f., stelarc.org/?catID=20242. Acceso julio, 2023.

TORSO

EL CUERPO HA SIDO VISTO POR LA MODA como una entidad que puede ser moldeada según los dictados de códigos sociales o de los caprichos de la industria. Las siluetas se han transformado notablemente a lo largo de la historia; sin embargo, considerar atractivo un torso delgado ha sido una constante en nuestra sociedad, particularmente para las mujeres. Muches de nosotres hemos escuchado a nuestras abuelas presumir sobre la "cinturita de avispa" que tenían cuando eran jóvenes. Y hay una industria millonaria de fajas que sirven para ceñir el cuerpo y ocultar las zonas con mayor volumen que comúnmente llamamos "gorditos" o "lonjitas". La obsesión por un torso pequeño no es algo nuevo: prueba de ello son los corsés, piezas de indumentaria muy usadas particularmente en los siglos XVII, XVIII y XIX, aunque su uso conllevara incomodidad y sufrimiento humano y animal, ya que eran hechos con huesos de ballenas. En aquellos tiempos, no se recurría a dietas y operaciones estéticas para modelar la silueta, sino que era a través de la ropa interior que se daba estructura y "se la dominaba", como rezaban los anuncios publicitarios del corsé. No era raro que las mujeres se desmayaran al portarlos porque eran atados exageradamente ceñidos para acentuar la cintura,[116] aunque esto significara una mala oxigenación para el cerebro.

Mucho antes de las consignas y protestas en los años setenta del siglo XX, en el siglo XIX la escritora y activista estadounidense Elizabeth Stuart Phelps Ward llamó a quemar los corsés en el nombre de la emancipación: "¡Quema los corsés! No guardes más los huesos de ballena, nunca más necesitarás huesos de ballena. Haz una hoguera de los crueles aceros que durante tantos años se han enseñoreado de tu tórax y de tu abdomen, y da un respiro de alivio, porque tu emancipación, te lo aseguro, desde este momento ha comenzado".[117]

A pesar de los numerosos discursos de médiques y activistas para reformar el vestido y abolir esas prendas que constreñían los cuerpos de las mujeres, con el desarrollo tecnológico traído por la Revolución Industrial, el uso de esta prenda explotó, dejó de ser una prerrogativa de las élites y se hizo accesible a mujeres de todas las clases sociales. Había corsés para todo tipo de actividades: para hacer ejercicio, para nadar, para montar a caballo, corsés de maternidad (porque, aun embarazadas, las mujeres debían conservar la figura), e incluso algunos hombres los usaron para intentar disimular sus vientres abultados, no sin enfrentarse a severas burlas.[118] La cintura esbelta se asociaba con una mujer fina, delicada, femenina, joven y deseable; contrastaba con la silueta que produce la ropa tradicional.

Existía la creencia de que los cuerpos femeninos eran inherentemente débiles y necesitaban un sostén, pero mujeres

---

116 Rodney P. Carlisle, *Handbook to Life in America*, vol. 3 (Nueva York: Infobase Publishing, 2009).

117 Elizabeth Phelps, *What to Wear* (Boston: J. R. Osgood & Company, 1873), 79. La traducción es nuestra.

118 Valerie Steele, "Arte y naturaleza: controversias decimonónicas en torno al corsé", en *Fashion Theory: Hacia una teoría cultural de la moda* (Buenos Aires: Ampersand, 2020), 77-79.

como la diseñadora de modas Madeleine Vionnet (1876-1975) se rebelaron frente a esta idea. Vionnet pensaba que los músculos de una mujer eran "el mejor corsé que una pueda imaginar",[119] y revolucionó el mundo de la moda europea con sus diseños, aparentemente "simples", creados con un cuidadoso y geométrico patronaje.[120]

Como auguraba Vionnet, actualmente una cintura estrecha y tonificada continúa siendo la promesa que nos venden tutoriales y rutinas de ejercicios; sin embargo, poco a poco ha comenzado a cambiar la manera en que consumimos y nos relacionamos con la moda. Por una parte, las redes sociales han sumado a la conversación una mayor diversidad de cuerpos, y algunas marcas se han interesado en ampliar su perspectiva sobre estos para incluir mujeres que usualmente quedan excluidas por no encontrar prendas de su talla. Y es que la estandarización de las tallas es bastante arbitraria y la discusión sobre cómo se han establecido es pertinente. Estas, además, se han ido reduciendo con el tiempo, como si se buscara que nuestros cuerpos se adaptaran al ideal, en lugar de que las tallas se adapten a nuestros cuerpos (ver el capítulo "Gordofobia").

119 Pamela Golbin (ed.), *Madeleine Vionnet* (Nueva York: Rizzoli, 2009), 25.

120 Victoria and Albert Museum, "Madeleine Vionnet – an Introduction", s. f., https://www.vam.ac.uk/articles/madeleine-vionnet-an-introduction. Acceso marzo, 2022.

MÚSCULOS

Hombres musculosos

Nuestro cuerpo está constituido por más de 600 músculos que se estiran y se contraen para permitir nuestro movimiento. Durante siglos, los cuerpos con músculos desarrollados han sido idealizados como un atributo masculino, símbolo de su fuerza y templanza. Las tradiciones mitológicas de distintas culturas narran las aventuras de hombres fuertes y heroicos, tanto humanos como divinos, cuyos músculos les permiten atravesar terribles adversidades. Desde Thor hasta The Rock, pasando por fortachones célebres como Sansón, Hércules, Charles Atlas y Arnold Schwarzenegger, el cuerpo masculino musculoso ha simbolizado poder y fuerza, un componente fundamental para forjar el ideal hegemónico de masculinidad durante muchos años. Se ha relacionado estrechamente con la idea de hombría, de un cuerpo robusto y dominante que puede ejercer violencia sobre los cuerpos "débiles". Por el contrario, la idea de mujeres musculosas es menos aceptada, aunque ha ido ganando terreno. A las mujeres se nos recomienda fortalecer los múscu-los, "sin exagerar": no entrenar tanto "para no parecer hombre" y no aparentar ser tan fuertes. De hecho, incluso a las superhe-roínas de las películas de acción con frecuencia se las representa fornidas, pero mucho menos musculosas que sus contrapartes varones, como una manera de permanecer dentro del modelo de feminidad convencional.

Por otra parte, en un mundo tecnificado como el nuestro, en donde la mayoría de los trabajos urbanos no requieren de la fuerza corporal, desarrollar la musculatura se ha converti-do en símbolo de estatus social. Como lo plantea la escritora estadounidense Rebecca Solnit, al igual que el bronceado, ac-tualmente el culto por un cuerpo musculoso es resultado de la estética de lo obsoleto.[121]

Los músculos como un arma de guerra

La tradición militarista, con su magnificación de la heroicidad y la violencia masculinas, ha servido en muchos momentos de la historia para promover una visión binaria de la diferencia de género, basada en la misoginia. En la Alemania del siglo XIX, el pedagogo Friedrich Ludwig Jahn (1778-1862) fundó un progra-ma de ejercicio para atender a los combatientes vencidos por el ejército de Napoleón, quienes se sentían vulnerados y débiles. A través de su sistema buscaba devolverles ese sentido de fuer-za y motivarlos.[122] Otro ejemplo es el entrenamiento militar que recibían los *Freikorps*, grupos de soldados reclutados por Alemania para integrarse al régimen nazi, quienes combatie-ron durante los años veinte y hasta la Segunda Guerra Mun-dial. Estos grupos llevaban un régimen basado en la veneración

---

121 Sims, *Adam's Navel*, 137.

122 Sims, *Adam's Navel*, 140.

del cuerpo masculino como máquina de guerra, a través del desarrollo y entrenamiento muscular, y que se retroalimenta con la visión de otros cuerpos similares. En esta conceptualización de masculinidad era muy importante expulsar todo aquello que se considerara "femenino", como las emociones: debían aparecer duros y desprovistos de sentimientos.[123] Como explica la antropóloga argentina Rita Segato, esta forma de socialización y entrenamiento conduce a los hombres a la obediencia incondicional hacia sus pares, a la organización corporativa de la masculinidad. Es un mandato jerárquico que les exige actos que los afectan moral y físicamente, que implica la violencia, la crueldad, la falta de sensibilidad, la falta de empatía, la falta de solidaridad, la falta de compañerismo hacia las mujeres, el no poder sentir, el no poder expresar ternura, aspectos que causan enormes daños a ellos y a quienes les rodean. [124]

Expectativas

Como lo hemos visto, los juguetes, los cuerpos en las revistas, la publicidad, los videos musicales y las películas producen expectativas sobre la apariencia de las personas. En relación con los músculos, las imágenes de mujeres con abdomen marcado son cada vez más comunes, pero es aún mayor la expectativa que se tiene sobre los cuerpos masculinos para ser atléticos y musculosos. Este cambio ha sido paulatino. En los años noventa el periodista Guy Trebay comparaba las imágenes de les jóvenes que asistieron a Woodstock en 1969 con las que aparecían en los videos de MTV 30 años después, tras una notable proliferación de revistas, entrenamientos y productos alimenticios para aumentar la masa muscular: la imagen corporal había adquirido una gran importancia para les jóvenes estadounidenses. Era una oportunidad para los hombres de experimentar el placer

---

123 Juan Vicente Aliaga, *Orden fálico* (Madrid: Akal, 2008), 177-178.

124 Laura Rita Segato, *Contra-pedagogías de la crueldad* (Buenos Aires: Prometeo, 2018), 46.

de mostrar su cuerpo y ser el centro de deseo erótico.[125] Treinta años más han transcurrido desde los días de juventud del periodista y la tendencia no ha hecho más que acentuarse: a través de las redes hemos podido seguir casos extremos: jóvenes que buscan aumentar sus músculos y terminan inyectándose sustancias muy dañinas para el cuerpo, como el fisicoculturista Valdir Segato, apodado el "Hulk brasileño", quien usaba synthol, una mezcla de aceite, lidocaína y alcohol bencílico, lo cual tuvo consecuencias fatales.[126]

---

125 Guy Trabay, "Scrawn to Brawn: Men Get Muscles or Pray for Them", en *The Meanings of Dress*, eds. Mary Lynn Damhorst, Kimberly A. Miller-Spillman y Susan O. Michelman (Nueva York: Fairchild Books, 2009), 163-165.

126 "Muere con 55 años Valdir 'Synthol' Segato, el Hulk brasileño", *Mens's Health*, 30 de agosto de 2022, menshealth.com/es/noticias-deportivas-masculinas/a40759756/muere-culturista-valdir-shynthol-segato. Acceso julio, 2023.

BRAZOS

La luna es un pozo chico,
las flores no valen nada,
lo que valen son tus brazos,
cuando de noche me abrazan.

Federico García Lorca,
Las manos de mi cariño

LOS BRAZOS NOS BRINDAN LA POSIBILIDAD de mostrar una de las formas de afecto no verbal más comunes e importantes para nuestra especie: abrazar. Los abrazos son una forma de conexión que necesitamos desde la cuna hasta nuestra vida adulta. Abrazar nos da una sensación física de seguridad y de apoyo; por ello durante la pandemia de covid-19 fue común escuchar que las personas echaran en falta los abrazos. Realmente no es un capricho querer abrazar a nuestres seres queridos;

abrazar es necesario para nuestra salud física y mental. Durante nuestros primeros meses de vida regulan los receptores de oxitocina y cortisol, por lo que ayudan a controlar las emociones y a reducir la ansiedad en bebés. Al crecer, abrazarnos nos puede ayudar a evitar el insomnio, ya que cuando nos enfrentamos a factores de estrés importantes, el cuerpo responde generando la hormona cortisol, la cual a su vez propicia problemas para conciliar el sueño.[127]

Como toda muestra de afecto, esta tiene que ser consensuada, ya que un abrazo es un gesto íntimo que traspasa los límites de la privacidad dependiendo de la persona de quien viene. En cada cultura el afecto físico se demuestra de formas diferentes. Hay sociedades y personas más frías donde el contacto físico es menos común que en otras. Cada quien vive el contacto físico a su manera y bajo ningún motivo hay que forzar a nadie a demostrar afecto físico si no lo desea.

Para las comunidades tzotziles en Chiapas, al sur de México, abrazar es un concepto clave en la relación entre padres e hijes que se vincula estrechamente con el abrazo al universo por la luna y el sol; es decir, este momento íntimo entre los cuerpos familiares tiene alcances hasta los más remotos rincones del cosmos.[128] En México también usamos la palabra *apapacho* para designar cuando damos afecto, acariciamos o mimamos a alguien más; proviene del náhuatl *pahpātzoā*, que significa "apretar": de alguna manera cuando abrazamos nuestros cuerpos se aprietan: nos apapachamos.[129]

127 Susannah Walker y Francis McGlone, "Four Health Benefits of Hugs and Why They Feel So Good", *The Conversation*, 17 de mayo de 2021, https://theconversation.com/four-health-benefits-of-hugs-and-why-they-feel-so-good-160935; Gouin *et al.*, "Marital Behavior, Oxytocin, Vasopressin, and Wound Healing", *Psychoneuroendocrinology 35*, núm. 7 (agosto de 2010): 1082-1090. Acceso mayo, 2023.

128 Classen, *The Book of Touch*, 14.

129 Darinka Rodríguez, "Apapachar: el verdadero significado de una palabra de origen náhuatl", *El País*, 23 de julio de 2020, https://verne.elpais.com/verne/2020/07/23/mexico/1595481612_470684.html. Acceso julio, 2023.

MANOS

LA DIFERENCIA FUNDAMENTAL de las manos humanas con las de otras especies estriba en el dedo pulgar más alargado, el cual nos permite la manipulación de objetos con precisión y, por tanto, la posibilidad de crear cosas: tocar un instrumento, moldear una escultura, afinar un automóvil o realizar una cirugía a corazón abierto es posible gracias a nuestras manos.

Las manos crean, ejecutan, comunican y poseen una gran potencia simbólica. Desde las impresiones de manos en las cuevas prehistóricas en Altamira o Yucatán, la expresión de las manos ha sido clave para codificar significados. Por ejemplo, en los retratos de la antigua Grecia (siglo V a. C.) se puso de moda el gesto del brazo recogido en el pecho o "en cabestrillo" como signo de la buena apariencia, honestidad, modestia y respeto de le personaje representade, una fórmula que continuó usándose hasta el siglo XIX.[130] También en Mesoamérica representaron

130 Moshe Barasch, *Giotto y el lenguaje del gesto* (Madrid: Akal, 1999), 67.

con gran especificidad las poses de los dedos y las muñecas de les personaje que aparecen, por ejemplo, en las estelas mayas para comunicar, generalmente, con la naturaleza de sus acciones o de sus emociones.[131]

Simbólicamente pueden representar tanto la mano que oprime (recordemos la rigidez de la mano levantada del saludo fascista) como la mano que lucha y resiste (el puño levantado del movimiento Black Power en los años sesenta).

Toque materno

Cuando aprendemos una lengua en la infancia, aprendemos también códigos táctiles con los que nos comunicamos en distintos niveles. De acuerdo con la cultura en que vivimos, nuestras manos y cuerpos deben aprender qué tocar, dónde, cuándo y cómo; qué significan las distintas maneras en que tocamos como reglas, en ocasiones no dichas y en otras claramente reguladas, de un lenguaje que tiene su propio vocabulario y normas gramaticales.

Sin duda, la capacidad expresiva de nuestras manos es fundamental en la manera en que nos comunicamos. Una muestra de ello son los sistemas de comunicación de signos usados por las comunidades sordas, las cuales expresan el pensamiento a través del movimiento de las manos, aunque también involucran otras partes del cuerpo y expresiones faciales para codificar información gramatical. Se estima que actualmente hay al menos unos 138 lenguajes de señas en el mundo que, como toda lengua, tienen morfología, sintaxis, gramática, léxico y rasgos idiosincráticos e identitarios a nivel regional, como lo sería el acento en las lenguas orales.[132] En México, la lengua de señas mexicana forma parte del patrimonio lingüístico nacio-

---

131 Guillermo Bernal Romero y Erik Velásquez García, "Manos y pies en la iconografía y la escritura de los antiguos mayas", *Arqueología Mexicana*, núm. 71, enero-febrero de 2005, 20-27.

132 César Ernesto Escobedo Delgado (ed.), *Diccionario de lengua de señas mexicanas de la Ciudad de México* (México: Indepedi, 2017), 59.

nal; sin embargo, no existe una estadística oficial que permita conocer con precisión la cifra de usuaries. Es una tarea urgente crear una cultura de aprendizaje de estas lenguas para eliminar barreras y asegurar que las personas con alguna diversidad auditiva puedan interactuar con otres y acceder a sus derechos plenamente: servicios de salud, impartición de justicia, educación, entretenimiento, etcétera.

Por ejemplo, en el mundo de la música pop, durante los últimos años han aparecido cantantes que incluyen traducción al lenguaje de señas en sus espectáculos, como lo hizo Rihanna en su presentación en el Super Bowl, acompañada por Justina Miles, cuya interpretación, llena de energía, se viralizó.[133] Otro ejemplo es la cantante española Rozalén, quien suele presentarse acompañada de Beatriz Romero, una especialista en interpretación en lenguaje de signos.[134] Otra posibilidad de comunicación a través de las manos son los sistemas de lenguaje táctil, de los cuales el más extendido es el sistema diseñado por Louis Braille (1809-1852).

El valor del tacto

Como el resto de nuestro cuerpo, el tacto está enmarcado por un contexto cultural. La historiadora Constance Classen explica: "El tacto no es solo un acto de carácter privado. Es un modo fundamental de expresión, experiencia y respuesta a valores y jerarquías sociales".[135] La cultura occidental, poco a poco, fue dejando atrás el contacto cuerpo a cuerpo, el acto de palpar para conocer, contraponiendo el tacto a la razón, como si dicha separación pudiera existir.

---

133 Carlota Bisbe, "La aplaudida actuación de la intérprete de signos de Rihanna en la Super Bowl: 'Toda una estrella'", *La Vanguardia*, 13 de febrero de 2023, http://lavanguardia.com/cribeo/viral/20230213/8752929/impresionante-actuacion-interprete-signos-rihanna-super-bowl-verdadera-estrella.html. Acceso junio, 2023.

134 David Gallardo, "Rozalén y otros artistas que utilizan lengua de signos", Rock sin Subtítulos, 17 de octubre de 2019, http://rocksinsubtitulos.uk/noticia/rozalen-y-otros-artistas-que-usan-lengua-de-signos. Acceso junio, 2023.

135 Constance Classen, *The Book of Touch* (Nueva York: Routledge, 2020), 1.

Las sociedades establecen fronteras entre lo que podemos tocar —ya sea cuerpos u objetos—, lo que simultáneamente regula nuestros límites corporales. Los museos explicitan esta demarcación a través de cartelas y vitrinas, pero en todos los ámbitos existen aunque sean invisibles.

El acto de palpar es "un arte en gran medida olvidado", en el que el ser tocado implica ser reconocido, y en el cual tocar implica curar en el sentido de "imposición de las manos",[136] es decir, el establecimiento de un vínculo a través del conocimiento y el afecto. La medicina antiguamente se basaba en el tacto para diagnosticar, en particular cuando la vista no era suficiente: el tacto del médico se aplicaba a diversas partes del cuerpo y sus componentes; se palpaba incluso la orina, la sangre, las secreciones y el esperma con el fin de obtener un diagnóstico certero y veraz. La mano era esa herramienta imprescindible a través de la cual la palpación operaba.[137]

En contraste, hoy el personal médico casi nunca toca nuestros cuerpos y basan sus diagnósticos en resultados de laboratorio, una tendencia que se agudizó como resultado de la pandemia de covid-19. Este aislamiento tanto físico como emocional de las demás personas se intensifica por la comunicación a distancia y las nuevas dinámicas de convivencia que, como señala Silvia Federici, conducen a una desmaterialización del cuerpo que nos lleva a sustituir encuentros humanos imprescindibles por experiencias sociales mediadas por la tecnología.[138]

136 Ivonne Bordelois, "Médicos y pacientes: un diálogo con mucho ruido", *La Nación*, 11 de abril de 2009, http://lanacion.com.ar/cultura/medicos-y-pacientes-un-dialogo-con-mucho-ruido-nid1116234/. Acceso junio, 2023.

137 Andrea M. Bau, "Elogio de la mano: el tacto, la mano y la piel en el discurso médico de la primera modernidad ", *Ingenium*, núm. 12 (2018): 101-126.

138 Silvia Federici, *Más allá de la periferia de la piel: Repensar, reconstruir y recuperar el cuerpo en el capitalismo contemporáneo* (México: Ediciones Corte y Confección, 2022), 120.

Manos frías, corazón ardiente

Tu mano toca mi cara, mi mano toma tu mano... Además de la complejidad estructural a nivel óseo y muscular de nuestras manos, estas poseen innumerables terminaciones nerviosas, especialmente en las yemas de los dedos, que nos permiten sentir, explorar, conocer el mundo y reconocer a quienes nos rodean, para expresar nuestro afecto, para dar placer.

La manera en que nos tocamos está codificada: un apretón de manos para saludarnos o cerrar un trato, una palmada en la espalda para infundir ánimo. *I want to hold your hand*... cantaban los Beatles en los años sesenta para declarar su deseo por acercarse a la persona amada. Tomarse de la mano puede ser el primer paso para establecer un vínculo de intimidad. Las manos, sin duda, son una parte del cuerpo clave para el placer. Desde la posibilidad de rascarse —una de las experiencias de autosatisfacción más accesibles— hasta las caricias y otras prácticas eróticas, tanto en solitario como en compañía. Sus posibilidades como fuente de placer son tales que la mano ha sido considerada un órgano sexual en ciertas épocas; en algunas incluso se ha intentado regular su campo de acción a través de discursos médicos y religiosos y artefactos tecnológicos[139] (ver el capítulo "Masturbación").

Por otra parte, la manera en que tocamos se ha codificado en términos de género: mientras que el tacto de las mujeres se asocia con la suavidad y la delicadeza, el de los varones se caracteriza como fuerte y tosco. Constance Classen señala que detrás de esta distinción está la idea de la mujer como cuerpo, entregada a sus sentimientos, frente a la del hombre racional, ajeno a las aflicciones del cuerpo. Dicha lógica del "toque femenino", que define a las mujeres como inherentemente cariñosas y dispuestas a los cuidados, ampliamente extendida en la cultura occidental, es uno de los componentes que han

139 Teresa Ortiz Gómez, "LAQUEUR, Thomas: La construcción del sexo. Cuerpo y género desde los griegos hasta Freud", *Dynamis: Acta Hispanica ad Medicinae Scientiarumque Historiam Illustrandam* 15 (1995): 505-507.

servido para justificar la asignación de las labores del cuidado familiar y de les enfermes, las tareas de la casa y el trabajo manual a las mujeres.[140]

Resulta paradójico que, siendo pensadas por tanto tiempo como "puro cuerpo" o "más cercanas a la naturaleza", no se haya hablado de manera abierta del placer femenino hasta tiempos recientes, dado que el sexo, más que un espacio lúdico y placentero, era una de las funciones que la esposa-ama de casa debía cumplir para satisfacción del marido y del mandato social.

Manos a la obra

Las manos no solamente palpan y conocen el mundo, sino que también lo transforman. Su capacidad creadora incluye el trabajo en su versión más corporal: obrar, construir, hacer algo con las manos. El paleontólogo André Leroi-Gourhan lo pone en estas palabras: "La mano humana es humana por lo que hace, no por lo que es".[141] Les humanes somos inseparables de los artefactos que producimos, al grado de que esas herramientas producidas son las que constituyen nuestra humanidad, al operar como extensiones prostéticas de nuestras extremidades, de nuestro pensamiento.

El sociólogo Richard Sennett explica que hacer implica pensar. De acuerdo con este autor, las personas piensan porque hacen. Las manos que hacen cosas piensan al elegir los materiales, al procesarlos, al desarrollar técnicas y procedimientos. Más aún, las personas pueden aprender sobre sí mismas a través de las cosas que producen. La herencia de lo que se ha hecho antes de nuestra llegada al mundo se transmite, es un cúmulo de sabiduría, de operaciones complejas, que nos permite avanzar y diseñar nuevas posibilidades.[142] Beatriz Colomina y Mark Wigley van más allá. En su libro *Are We Human?* (2017) señalan

---

140 Classen, *The Book of Touch*, 203.

141 Beatriz Colomina y Mark Wigley, *Are We Human? Notes on an Archaeology of Design* (Zúrich: Lars Müller Publishers, 2017).

142 Richard Sennett, *El artesano* (Barcelona: Anagrama, 2009).

que el cuerpo es humano en virtud de la tecnología: lo humano no es una interioridad preexistente, sino que se localiza en el gesto de externalización, en aquello que hacemos, que diseñamos: se trata de nuestra capacidad de constante modificación de nuestro entorno y también de nuestro cuerpo, nos transformamos, nos adaptamos a las nuevas necesidades. Incluso hemos diseñado el camino hacia nuestra propia extinción.[143]

Diestra y siniestra

En muchas culturas del mundo, existe una distinción simbólica y práctica entre la mano derecha y la izquierda. Mientras que la mano derecha ha sido predominante, considerada la fuerte, capaz, la que dirige y ejecuta, la que se usa para saludar, la mano izquierda es concebida como simple apoyo, torpe, débil. La asociación de lo diestro con lo bueno, lo luminoso o la honestidad contrasta con los significados relacionados con lo siniestro, considerado malo, oscuro, opaco.[144] A través de la historia, supersticiones y creencias negativas han estigmatizado a les zurdes. En Europa se les asoció con la brujería y lo demoniaco, y fueron perseguides por la Inquisición. La Iglesia católica declaró a las personas zurdas como sirvientes del demonio durante siglos, por lo que no eran recibides en las escuelas y se veían obligades a convertirse en diestres.[145] Lo anterior revela una dicotomía moral que ha venido arrastrándose hasta nuestros días, posible de detectar en dichos como "levantarse con el pie izquierdo" o "comenzar con el pie izquierdo", entendido como algo negativo o de mala suerte, así como mitos como que las personas zurdas son introvertidas o viven menos.

---

143 Colomina y Wigley, *Are We Human?*, 15.

144 De acuerdo con la Real Academia Española, la palabra *siniestro*, además de referirse a lo que se ubica en la mano izquierda, significa algo funesto, aciago, infeliz, que tiende a lo malo. Por otro lado, la palabra *diestro* significa persona sagaz, prevenida, experta en manejar los negocios, hábil, experta en algún arte u oficio.

145 "Personas zurdas se adaptan al mundo de los diestros", Boletín UNAM-DGCS, 12 de agosto de 2022, dgcs.unam.mx/boletin/bdboletin/2022_645.html. Acceso junio, 2023.

En el mundo, aproximadamente entre 8% y 12% de la población son zurdes, es decir, a grandes rasgos, 1 de cada 10 personas en el planeta usa principalmente la mano izquierda.[146] Sin embargo, a pesar de ser tan frecuente, las personas zurdas continúan enfrentando múltiples desventajas en su vida cotidiana, tanto en ámbitos familiares, escolares y de salud, como en políticos y religiosos. Una de las más comunes es que sean obligades a escribir con la derecha: hasta hace algunos años era frecuente que les ataran la mano izquierda para evitar que la usaran. Pero hay más: el mundo entero está diseñado para diestres: las herramientas y utensilios de cocina, las bancas en la escuela, la tecnología y un largo etcétera.

Firma epidérmica

Nuestras palmas esconden información invaluable sobre quiénes somos, contienen patrones únicos e irrepetibles, formados por crestas y surcos que se conocen como dermatoglifos. Las impresiones dejadas por estos son nuestras huellas dactilares. Debido a su singularidad desde el siglo XIX se han usado para distintas cosas: en la medicina clínica, por ejemplo, sirven para detectar trastornos genéticos o enfermedades. Como las series de televisión nos muestran (aunque no exactamente como suelen presentarlo), en el campo de la criminología y ciencias forenses sirven como evidencia o para la identificación de personas. Pero, sin duda, su aplicación más frecuente es como medio biométrico de reconocimiento.[147] El reconocimiento biométrico dactilar se usa hoy en día para todo tipo de asuntos que van desde los oficiales, como trámites de migración, hasta lo más cotidiano, como desbloquear nuestro teléfono celular. De hecho, en México la Comisión Nacional Bancaria y de Valores (CNBV) hace poco estableció la obligatoriedad de capturar las

146 "What Percentage of the World Population Are Left Handed?", World Atlas, s. f., www.worldatlas.com/articles/what-percentage-of-the-world-population-are-left-handed.html. Acceso mayo, 2023.

147 Ignacio Madrazo-Navarro, Israel Grijalva-Otero y Gabriel Guízar-Sahagún, "Huellas dactilares: origen, usos y desafíos que genera la incapacidad para su registro", *Revista Médica del Instituto Mexicano del Seguro Social 59*, núm. 6 (2001): 568-573.

huellas de quienes deseen abrir una cuenta de banco, como medida de seguridad para evitar el robo de identidad. Sin embargo, la recopilación y el almacenaje de estos datos han levantado muchos cuestionamientos por parte de activistas de los derechos humanos, preocupades por la privacidad y seguridad de las personas.[148] Además, como quedó demostrado en 2018 por investigadores de la Universidad de Nueva York, estos métodos no son tampoco del todo seguros y los sistemas de verificación pueden fallar.[149] Como explica le tecnólogue Álex Argüelles, los sistemas de identificación que dependen de los datos biométricos (marco facial, retinas, iris, huellas digitales, ritmo cardiaco, voz, etcétera) son sumamente sensibles por la forma tan particular en la que nos hacen identificables y diferenciables, y a la vez complejos por la forma en que se capturan, preservan y desgastan en el tiempo. En el caso de las huellas digitales, por ejemplo, hay varias razones por las cuales se desgastan al grado de ser ilegibles o incluso desaparecer. Esto puede ser producto de ciertos oficios, condiciones dermatológicas o desgaste propio de la edad. Por lo tanto, establecer los registros dactilares como identificación obligatoria genera discriminación y exclusión hacia, por ejemplo, poblaciones con adermatoglifia, la pérdida de las crestas epidérmicas que definen nuestras huellas. Por otro lado, es importante no caer en lo que Argüelles llama "las fantasías tecnosolucionistas", cuando se genera una sensación de seguridad a partir de la ilusión que aportan este tipo de tecnologías. Sin tener claridad sobre cómo se almacenan, salvaguardan y usan nuestros datos biométricos, aceptamos que se nos impongan sistemas de identificación que dependen de ellos sin medidas que garanticen nuestros derechos (como leyes de protección de datos actualizadas o mecanismos como los derechos ARCO en México). Estamos, pues, perdiendo el control y la

---

148 Al respecto, recomendamos el trabajo de la Red en Defensa de los Derechos Digitales: r3d.mx.

149 Alex Hern, "Fake Fingerprints Can Imitate Real Ones in Biometric Systems – Research", *The Guardian*, 15 de noviembre de 2018, https://www.theguardian.com/technology/2018/nov/15/fake-fingerprints-can-imitate-real-fingerprints-in-biometric-systems-research. Acceso mayo, 2023.

soberanía sobre nuestros datos, los cuales podrían ser mani-
pulados de maneras lesivas para suplantar nuestra identidad
o incluso abrir paso a nuevas formas de discriminación, per-
secución y abuso.[150]

Uñas

El adorno de las manos ha sido un signo de distinción a lo largo
de la historia de la humanidad: se han encontrado, por ejemplo,
momias egipcias con uñas doradas y las puntas de los dedos te-
ñidas con henna, prácticas que se han localizado en el norte
de África, en la península arábiga. También existen registros de
las prácticas de cuidado de las uñas en China, Corea y Japón,
donde, para teñirlas, solían usarse pétalos de flores machaca-
dos con alumbre durante la noche. La historiadora de moda Suzanne E. Shapiro ha estudiado este tema y señala que en el siglo
XIX en China se elaboraban y usaban en pares hermosas guar-
das de uñas, ornamentadas con símbolos para la buena suerte,
y solían medir alrededor de 10 centímetros de largo.

El *manicure* como lo entendemos hoy —aunque, por su
puesto, con menos *glitter*— comenzó a hacerse entre la aristocracia europea en el siglo XIX, no solo como una práctica de belleza, sino también como un hábito de salud dentro de las lógicas higienistas de la época. Aunque las manos blancas, pulcras
y cuidadas —manos que nunca fregaron la ropa o trabajaron
el campo— fueron siempre un marcador de clase, el *manicure*
ganó popularidad con rapidez en todos los sectores; durante
las primeras décadas del siglo XX ya gozaba de un gran impulso por ser asequible y proporcionar un momento de disfrute y
autocuidado. Las *flappers* de los años veinte y las glamorosas
estrellas de cine de los años treinta, con sus uñas pintadas de
rojo, combinando con el color de sus labios, se convirtieron en
el símbolo de la mujer urbana y de mundo, sensual y enigmáti-
ca (las uñas rojas enmarcaban el cigarrillo, elemento indispen-

150 Entrevista con las autoras, julio de 2023. Para mayor información sobre el trabajo de Álex
Argüelles recomendamos www.comun.al. Acceso mayo, 2023.

sable en sus manos).[151] Esta concepción de la mujer moderna se representa de manera negativa en *Blanca Nieves* (1937), la primera película animada de los estudios de Walt Disney, en donde la malévola reina es retratada como una *femme fatale* que lleva las uñas de un brillante rojo.

En Estados Unidos, durante la Segunda Guerra Mundial, muchas mujeres se ocuparon de los trabajos normalmente desempeñados por varones y el arreglo fue un aspecto muy importante. Se incentivaba a las obreras a "mantener su feminidad", suavizando y agregando su toque de manera profesional; por ejemplo, se proponían peinados seguros para el trabajo en la fábrica. Las uñas pintadas eran también un recurso socorrido; de hecho, la compañía Norton Warren fabricaba en la misma planta partes de aeroplano y barnices para uñas, los cuales anunciaba como los preferidos "de las mujeres pilotas más inteligentes de América".[152]

En los años setenta las uñas largas y decoradas con espectacular detalle tomaron gran importancia para las mujeres afroamericanas, como una manera de narrar sus historias. Esta herencia actualmente ha tomado fuerza y puede verse en muchas manos, como un gesto de autoafirmación y autocuidado: es una práctica que no busca tanto gustar a las demás personas como gustarse y divertirse une misme, siempre y cuando no se convierta en una exigencia de belleza más que se sume a la lista... El decorado de las uñas es hoy una industria que genera millones de dólares y una expresión que ha adquirido un nivel de sofisticación impresionante: ha desbordado los barnices tradicionales para incluir geles, brillos, extensiones acrílicas, calcomanías, joyería, postizos hechos con impresoras 3D e incluso códigos QR para que la experiencia continúe en la realidad aumentada.

---

151 Las llamadas *flappers* eran las mujeres que en los años veinte del siglo XX, después de la Primera Guerra Mundial, adoptaron un estilo, tanto en su vestimenta como en su forma vida, que rompía con las convenciones del momento: faldas cortas, silueta andrógina, pelo corto, rebeldía e independencia eran algunas de sus características.

152 Suzanne E. Shapiro, *Nails: The Story of the Modern Manicure* (Londres/Nueva York: Prestel, 2014), 1, 13-14, 50-53.

SENOS

EL PECHO ES QUIZÁ UNA DE LAS PARTES del cuerpo
que reflejan de manera más compleja los múltiples mandatos
y los discursos contradictorios que nos cruzan y exacerban el
orden binario que nos organiza socialmente. Hoy en día en
muchas playas está aún mal visto que una mujer se asolee con
el pecho descubierto, pero es perfectamente "normal" que
un hombre lo haga. Del mismo modo, en redes sociales como
Facebook o Instagram está estrictamente prohibido subir fotografías en donde se muestre un pezón, pero no hay ningún
problema si lo que se retrata es una tetilla. Incluso campañas
sobre prevención del cáncer de mama han sido eliminadas de
estas redes sociales cibernéticas por "incumplir" sus reglas.[153]
Este fenómeno ejemplifica cómo, en los últimos años, las redes

---

153 Sophie Lewis, "Breast Cancer Ad Campaign Banned from Facebook for Violating Nudity
Guidelines", *CBS News*, 3 de mayo de 2019, https://www.cbsnews.com/news/breast-cancer-
ad-campaign-banned-from-facebook-for-violating-nudity-guidelines/. Acceso mayo, 2023.

sociales han adquirido un papel importante como reguladoras de lo que se considera adecuado mostrar y lo que no. Sus normas y manuales de convivencia no son neutrales: reflejan una mirada del cuerpo y del mundo que responde a intereses específicos que priorizan la definición del erotismo de los hombres heterosexuales y nos obliga a las demás personas a comportarnos en función de esta.

Por el contrario, hay cientos de culturas alrededor del mundo[154] donde es perfectamente aceptado llevar el pecho desnudo, lo que evidencia que no solo la erotización de esta parte del cuerpo, sino también las normas morales a su alrededor son una construcción cultural. Tampoco siempre ha sido así en Occidente: ha habido múltiples momentos en la historia de la moda y la indumentaria en los cuales una mujer que mostraba sus pezones no suponía amenaza ni desafío alguno; al contrario. Por ejemplo, la moda en las cortes europeas del siglo XVII incluía escotes tan pronunciados que era común que los pezones aparecieran en escena, y se asociaban con el ideal de juventud que reconocían en las esculturas grecolatinas.[155]

Durante la infancia el pecho es una zona corporal no sexuada: consiste fundamentalmente en tejido, depósitos de grasa, glándulas mamarias y músculos pectorales. Sin embargo, al llegar la pubertad, su crecimiento es una de las primeras señales del desarrollo sexual de las niñas, quienes usualmente al llegar a la adultez tenderán a tener pechos más grandes que la mayoría de los hombres, aunque no necesariamente. Los senos son una región del cuerpo femenino en constante conflicto, atravesados por discursos que los cosifican, los miran a veces como sagrados, eróticos, políticos, maternales, comerciales o medicalizados, y no como una parte del cuerpo de una persona.

---

154 Por mencionar solo algunos ejemplos, está la etnia banna en Etiopía, el pueblo piripkura en Brasil o las personas yanomamö en Brasil y Venezuela.

155 Angela McShane Jones, "Revealing Mary", *History Today* 54, núm. 3 (marzo de 2004): 43-44.

Pezones

A principios de la década de los treinta, un grupo de bañistas conformado por hombres cis[156] se rebeló contra las normas de modestia del momento, y en las playas de Coney Island, Winchester y Atlantic City en Estados Unidos descubrieron su pecho dejando ver sus tetillas. Las demás personas en la playa así como las fuerzas policiales y los jueces estaban escandalizados. La prensa los apodó "gorilas" y fueron multados y amenazados con ser arrestados.[157] En esa época en Estados Unidos tampoco era bien visto que los hombres mostraran su pecho desnudo. Para el final de aquella década ellos pudieron pasear libremente sin camisa. No obstante, las mujeres seguimos luchando contra muchos tabúes, la moral pública y el doble estándar que considera nuestros pezones ofensivos; una cultura donde esa parte "ofensiva" de nuestro cuerpo es, al mismo tiempo, deseada.

Actualmente uno de los argumentos para la censura en contra de los pezones de las mujeres en el espacio público —tanto físico como virtual— es que se consideran sexualmente estimulantes ante la mirada masculina y, por lo tanto, "obscenos". ¿No podría decirse lo mismo de los pezones masculinos para las mujeres? ¿O para otros hombres? Sin importar el sexo o el género de la persona, estos pueden ser estimulados y causar excitación, todos poseen terminaciones nerviosas y capacidad eréctil. Por lo que resulta absurdo que solo los cuerpos de las mujeres sean censurados, lo que perpetúa la mirada masculina heterosexual del erotismo como única posibilidad válida. Aun cuando el torso desnudo de un varón puede resultar atractivo para una mujer, no significa que por eso tenga ningún derecho sobre su cuerpo. En una sociedad que, en lugar de enseñarles a

---

156 Una persona cisgénero es aquella que se identifica con el género que le fue asignado al nacer y una persona trans se identifica con un género distinto al asignado al nacer o simplemente no se identifica con un género.

157 Lena Lencek y Gideon Bosker, *Making Waves: Swimsuits and the Undressing of America* (San Francisco: Chronicle Books, 1989).

los varones a convivir y a respetar, opta por reprimir y ocultar a las chicas para no "provocar" o ser "tentadoras", por el simple hecho de transitar en el espacio público con un cuerpo, parece que siempre es responsabilidad de ellas presentar su cuerpo de manera adecuada en función de la mirada de ellos.

Se obliga a los cuerpos a adaptarse al lugar y a la circunstancia: ¿dónde y cuándo pueden mostrarse las tetas? Un ejemplo de estas tensiones fue el caso de las tres mujeres expulsadas en 2017 de la playa de Necochea, Argentina. Al quitarse la parte superior del bikini, desataron la movilización de una veintena de oficiales y seis patrulleros que acudieron al lugar a arrestarlas. El caso fue muy conocido y tuvo resonancias en varias ciudades argentinas en las que cientos de mujeres convocadas por el "tetazo" salieron *topless* a la calle a marchar por la libertad de decidir sobre su cuerpo y mostrarlo bajo sus propias normas.[158]

Tamaño estándar

Los senos son una parte del cuerpo en constante cambio: aparecen en la adolescencia, y durante el embarazo tienden a aumentar su tamaño; en el transcurso del periodo menstrual su volumen se modifica aproximadamente en un 13.7% y, generalmente, el seno izquierdo es más grande que el derecho.[159] Es decir, no se trata de una parte del cuerpo "estandarizable". Sin embargo, los ideales de belleza de cada época presentan modelos a seguir a los cuales aspiran millones de personas en cada generación.

La idea de que los senos son el repositorio de la feminidad está muy arraigada en nuestra sociedad, al grado de que muchas mujeres con senos pequeños sienten una especie de "falta" de feminidad. La telenovela colombiana *Sin tetas no hay paraíso*, basada en el libro homónimo de Gustavo Bolívar, fue estrenada

158 Jordana Timerman, "Tetazo contra el sexismo", *The New York Times*, 10 de febrero de 2017, nytimes.com/es/2017/02/10/espanol/opinion/tetazo-contra-el-sexismo.html. Acceso mayo, 2023.

159 Florence Williams, *Breasts: A Natural and Unnatural History* (Londres/Nueva York: W.W. Norton & Company, 2012), 48.

en 2006 y batió los récords de audiencia en su país, lo que la proyectó internacionalmente a través de adaptaciones en varios países. La trama aborda la historia de una chica que quiere acceder al mundo de lujos y dinero en torno al narcotráfico, pero no es aceptada por el grupo al que busca acercarse debido al tamaño de sus senos, considerados demasiado pequeños. De ahí en adelante, su objetivo se convierte en someterse a una operación de aumento de senos y así abrir las puertas de ese opulento universo con el que fantasea. La historia, aunque es ficción, recuerda a la realidad. Durante las últimas décadas, los avances médicos han reducido los temores y aumentado el acceso a estas intervenciones. El tamaño de los senos no es cosa menor, y en diversos grupos sociales es un tema que, como en el ejemplo anterior, determina el acceso de una persona a ciertos privilegios y beneficios.

Una prenda que ha sido clave para alcanzar las aspiraciones de "perfección" de nuestros senos es el brasier o sostén, que literalmente sostiene los senos y les da una forma específica: los realza o los hace ver más grandes o más redondos y en algunos casos también los empequeñece al comprimirlos. El término *brassiere* fue introducido en Estados Unidos alrededor de 1904 por la industria publicitaria DeBevoise Company en Nueva York, y de ahí comenzó a expandirse por el mundo. Actualmente es común referirse globalmente a esta prenda como "bra", aunque también se la llame de distintas formas: sujetador en el mundo hispano o *soutien-gorge* o *soutif* en francés. La dimensión estándar de las copas se estableció en la década de los treinta, cuando a través de la empresa S. H. Camp and Company se asignaron letras conforme al tamaño de la mama. Pero fue hasta los años cuarenta cuando la estructura del brasier llegó a ser la que conocemos en la actualidad. Esta prenda se posicionó rápidamente y hacia el final de la Segunda Guerra Mundial la gran mayoría de las mujeres en el planeta la usaban.[160]

---

160 Jill Fields, *An Intimate Affair: Women, Lingerie, and Sexuality* (California: University of California Press, 2007), 58-60.

Uno de los atractivos de venta con los que irrumpió en el mercado el brasier fue el combate contra la caída del busto. A principios del siglo xx, las revistas femeninas estaban inundadas con anuncios publicitarios de remedios milagrosos que prometían realzar y aumentar el tamaño de los senos, así como restaurar las glándulas mamarias y pezones de quienes habían amamantado,[161] lo que demuestra el rechazo hacia el cuerpo que ha maternado y con ello aumenta la presión sobre las expectativas de cómo debe verse un cuerpo para ser "bello". En España y en varios países de América Latina, por ejemplo, un producto muy popular eran los tónicos de "Pilules Orientales", elaborados a partir de una mezcla de sustancias supuestamente capaces de "desarrollar, reconstituir, hermosear y fortificar"[162] los senos de la usuaria. Generalmente, dichos productos se anunciaban en la prensa, a través de breves relatos en donde aseguraban venir de París, y con un tono pseudocientífico y lenguaje persuasivo compartían las experiencias de clientas satisfechas.

La historia de la moda nos muestra cómo la ropa interior ha moldeado el cuerpo de maneras distintas y en cada generación las expectativas han ido transformándose. Hoy en día es común encontrar fajas y *bodysuits* de nailon y elastano que ciñen nuestros senos. Del mismo modo, las formas del brasier han ido cambiando: por ejemplo, hoy es común encontrar *bralettes* en el mercado y en la publicidad, mientras que en los años cincuenta el famoso *bullet bra* ("sujetador torpedo"), muy popular entre las estrellas de Hollywood y las chicas *pin-up,* incorporaba varillas de metal y copas puntiagudas aludiendo al conflicto armamentista imperante de la Guerra Fría.[163]

---

161 Adrienne Berney, "Streamlining Breasts: The Exaltation of Form and Disguise of Function in 1930's Ideals", *Journal of Design History* 14, núm. 4 (2001): 340.

162 Publicidad difundida por la Farmacia Gámir, propiedad de les hijes de Blas Cuesta en Madrid, España, durante 1916.

163 Marilyn Yalom, *Historia del pecho* (Barcelona: Tusquets, 1997), 212.

Quema de sostenes

La imagen de la quema de brasieres surgió en el contexto de las protestas contra el concurso Miss America durante el mes de septiembre de un año muy convulso alrededor del mundo: 1968. Este fue un evento significativo en la historia del feminismo en los Estados Unidos. Aunque comúnmente se asocia con la quema de sostenes, en realidad tal gesto no tuvo lugar durante la manifestación. El mito de la quema de sujetadores se originó, en gran medida, debido a la forma en que los medios de comunicación retrataron a las manifestantes. La prensa las apodó las *"bra burners"* (quemadoras de sujetadores) con el objetivo de caricaturizarlas y ridiculizar sus protestas. Las cámaras de televisión no mostraron a las manifestantes en ese momento; sin embargo, los periódicos de todo el país cubrieron la protesta.

Si bien algunas manifestantes tenían la intención de quemar sujetadores como un símbolo de liberación, la policía de Atlantic City, Nueva Jersey, les impidió hacerlo. En cambio, las manifestantes expresaron su descontento de otras formas simbólicas, como arrojando fajas, ollas, sartenes, revistas *Playboy* y otros artículos que consideraban representativos de la opresión y la objetificación de las mujeres. El evento fue organizado por el grupo New York Radical Women, una de las primeras organizaciones feministas surgidas durante los años sesenta en Estados Unidos. Estaban inspiradas en el movimiento por los derechos civiles y buscaban promover la idea de la liberación de la mujer. También hacía eco al llamado de Elizabeth Stuart Phelps Ward a quemar los corsés un siglo antes (revisar el capítulo "Torso").

En la protesta, las manifestantes llegaron desde diferentes partes del país, mostraron pancartas, repartieron volantes y emprendieron diversas acciones simbólicas para desafiar la idea del concurso de belleza y su papel en la opresión de las mujeres. Incluso coronaron a una oveja viva como una crítica a la forma en que las mujeres eran juzgadas, y compararon el concurso de belleza con las competiciones de ganado de las ferias locales. A pesar de que no se quemaron sujetadores en esta manifestación en particular, el mito ha persistido en la cultura popular y se ha convertido en un símbolo del movimiento feminista en su lucha por la igualdad de género y la liberación de las mujeres.[164]

164 College of Liberal Arts and Sciences, Wayne State University, "Grace Moore and the Truth about 'Bra Burners'", s. f, http://clas.wayne.edu/history/spotlight/grace-moore-and-the-truth-about-bra-burners-93306. Acceso julio, 2023.

LACTANCIA

PESE A QUE LA LACTANCIA ES una característica que compartimos con los mamíferos y se trata aparentemente de algo "muy natural", está cargada de múltiples significados e historias. Puede ser una muy buena experiencia o muy mala; a veces está idealizada; y en otras ocasiones, estigmatizada. "Dar la teta" no solo envuelve un acto natural o biológico que "brinda un servicio" —en este caso nutrir o alimentar a otro ser humano—, sino que teje numerosas relaciones culturales, éticas e incluso poéticas. Por ejemplo, para la socióloga Robyn Lee la lactancia materna es un "proyecto ético-poético". Más allá de un acto meramente biológico, es "un arte de vivir que es creativo, sensible a las necesidades de un otro vulnerable y que apoya la diferencia sexual".[165] Por su parte, pensando la corporalidad trans, la investigadora española Ester Massó propone consi-

---

165 Robyn Lee, *The Ethics and Politics of Breastfeeding: Power, Pleasure, Poetics* (Toronto: University of Toronto Press, 2018), 184.

derar la lactancia como un espacio que rompe con la idea de individualidad: el amamantamiento es una *transcorporalidad*, "en la que partes (fluidos) de un cuerpo pasan a otros, encarnándose un tipo muy singular de relación entre ambos (o más cuerpos)", lo que construye "un modo específico y peculiar de permeabilidad, de intercambio de placeres y virtualidades, de intersubjetividad e interdependencia", una ruptura "con el dogma de la individualidad".[166] Esta mirada a la lactancia como una manera de expandirse, de traspasar fronteras del cuerpo, nos permite reconocernos como seres conectados.

La manera como se ha tratado la lactancia desde los feminismos también abre debates interesantes. Por ejemplo, a mediados del siglo XX ciertos discursos feministas ligaron la lactancia materna con las ataduras femeninas por parte del patriarcado a la esfera doméstica, como si se tratara de una concepción naturalizante y meramente reproductiva de la mujer. Estas lógicas coexistieron en paralelo con la disciplina médica que por generaciones recomendó la fórmula en polvo sobre la leche natural. Hoy en día las opiniones son muy distintas y existe una revaloración de la lactancia. Se han socializado numerosas investigaciones que informan sobre los infinitos beneficios de la leche materna por su valor nutricional y el vínculo afectivo que produce (los beneficios no solo son para quien da de lactar y come: trae beneficios a la sociedad, al medio ambiente y disminuye los costos al sistema de salud).[167] La OMS señala que, si se alimenta a le bebé con leche humana desde sus primeras horas de vida, se pueden prevenir más de 800 000 muertes anuales, ya que esta es la primera vacuna, una eficaz protección contra las enfermedades y los trastornos.[168] En términos nutricionales se habla de "leche viva" por la dinámica y naturaleza de sus componentes. Esta leche contiene

---

166 Ester Massó Guijarro, "Conjeturas (¿y refutaciones?) sobre amamantamiento: Teta decolonial", *Dilemata 7*, núm. 18 (mayo de 2015), 190.

167 Massó Guijarro, "Conjeturas (¿y refutaciones?) sobre amamantamiento", 170-171.

168 UNICEF, "En todo el mundo, 77 millones de recién nacidos no reciben leche materna en su primera hora de vida, dice UNICEF", 29 de julio de 2006, unicef.org/es/comunicados-prensa/en-todo -el-mundo-77-millones-de-recién-nacidos-no-reciben-leche-materna-en-su. Acceso junio, 2023.

células, anticuerpos, grasas, proteínas, carbohidratos, vitaminas y minerales.[169] De manera paralela, actualmente en los círculos feministas las ideas son radicalmente diferentes y no se considera una atadura a la esfera doméstica, sino que se habla de la necesidad de crear lactarios en instituciones públicas y espacios de trabajo, horarios para ir a lactar o dejar la leche a le bebé, así como el derecho de amamantar donde sea necesario hacerlo sin ningún estigma ni maltrato.

Si bien amamantar puede ser una vivencia muy bella y de gran conexión y alegría, no es siempre una experiencia fácil. Es un error pretender que es la única o la mejor opción si esto causa malestar o si es imposible de lograr. Si bien es recomendado por la cantidad de nutrientes que tiene la leche, existe también una sobreexigencia de perfección a toda costa que recae sobre nuestros cuerpos: "eres una mala madre" si le das fórmula tu bebé.[170] La verdad es que puede haber múltiples problemas durante la lactancia, como hipersensibilidad, dolor, grietas, falta de leche, ductos tapados por diferentes razones (como que le bebé no haya vaciado suficientemente el pecho o por usar un bra muy apretado), espasmo basal (cuando el pezón se pone morado y la punta blanca tras la toma de leche con un intenso dolor con los cambios de temperatura), y en muchos casos también se pierde peso al amamantar por la necesidad de mayor ingestión de calorías y nutrientes. A su vez, puede ser un proceso complicado dejar de dar leche, saber cuándo y cómo hacerlo. Nos corresponde no solo no romantizar la lactancia, sino respetar y apoyar la manera en la que cada quien se relaciona con este proceso. Hay cosas muy simples que podemos

---

169 Entre sus múltiples componentes bioactivos, posee lactoferrina (previene la anemia y es una defensa de primera línea contra infecciones), enzimas digestivas como la lipasa (ayuda a la digestión de los lípidos) y α-amilasa (ayuda a la digestión de carbohidratos complejos). También tiene anticuerpos como la inmunoglobulina A (IgA), oligosacáridos (carbohidratos que son fibras prebióticas que ayudan al desarrollo de la microbiota intestinal beneficiosa y evitan las enfermedades diarreicas). ESPOL-FCV, "La leche materna, un tejido vivo", s. f., https://www.fcv.espol.edu.ec/es/la-leche-materna-un-tejido-vivo. Acceso junio, 2023.

170 Al respecto recomendamos el libro Esther Vivas, *Mamá desobediente* (México: Ediciones Godot, 2021).

comenzar a hacer para cambiar la forma en la que se trata la lactancia: no hay que criticar a quien opta por el uso de fórmula, apoyar las demandas de lactarios en instituciones públicas, así como ponerle un alto a quien se queja o incluso prohíbe la lactancia en el espacio público.[171] El personal de salud, asimismo, debe informarse e informar respecto a la lactancia. Gran parte de los problemas que llevan a dejar de lactar pueden ser evitados si se establece desde la primera hora de vida y se apoya en las primeras tomas.[172]

La leche de alguien más

En muchas culturas y en distintos tiempos ha existido la figura de la nodriza (del latín *nūtrīcia*) o las "amas de leche" (en inglés se traduce usualmente como *nursemaid* o *wet nurses)*. Se refiere a las mujeres cuyo trabajo consiste en cuidar y criar a les hijes de otras familias y, en muchos casos, también amamantarles; en pocas palabras, su papel es mantenerles con vida. Podemos encontrar referencias de esta práctica desde la Antigüedad, en la tradición grecorromana o en la Biblia.[173] Sobre todo, fue común entre las familias adineradas, ante la ausencia de la madre o cuando esta no podía amamantar. La práctica disminuyó con la pasteurización en el siglo XIX[174] y, sobre todo, en el siglo XX, debido a la introducción al mercado de la leche en fórmula y el biberón.

Como toda práctica de cuidados, se ve fuertemente influenciada por temas de género, clase y raza. Prueba de ello son las *mammies* o *mamas* negras en Estados Unidos, mujeres esclavizadas que daban de lactar a bebés de familias blancas. Tam-

---

171 Las autoras agradecen la retroalimentación y el testimonio de Sofía Hurtado Epstein, Ixchel Cisneros y Mariana Zaragoza.

172 Las autoras agradecen a Alejandra Rangel Junquera por su retroalimentación en este apartado.

173 Silvia Medina Quintana, "Oficios maternales: la imagen de las nodrizas en la literatura latina", *Dialogues d'histoire ancienne* S19 (2019): 193-203. Por ejemplo las nifas Mirtoesa, Neda, Antracia, Hagno y Anquiroe en la mitología griega eran las nodrizas de Zeus.

174 Ivan Jablonka, *A History of Masculinity* (Londres: Penguin Books, 2023), 10.

bién eran quienes, cuando las madres esclavas eran vendidas y trasladadas lejos de sus bebés, cuidaban a les infantes independientemente de su linaje.[175] Esto no es exclusivo de Estados Unidos; por ejemplo, la investigadora limeña Andrea Aramburú Villavisencio ha hecho un importante trabajo de archivo con la figura de las nodrizas en su natal Perú durante el siglo XIX. Como ella lo explica, el contar con nodrizas era una práctica común entre las clases altas del Perú colonial y recién independizado. Particularmente, antes de la abolición de la esclavitud en 1854, era usual que las mujeres afroperuanas llevaran a cabo estos trabajos para familias criollas, y esta práctica se mantuvo hasta principios del siglo XX. La mayoría de las nodrizas eran negras o mulatas y, en general, pobres. Por otro lado, como lo señala Aramburú Villavisencio, algunos periódicos usaron su diferencia racial y de clase para construir visiones negativas de la nodriza, basando sus argumentos en discursos higienistas.[176]

Lactancia masculina

Usualmente se usa la palabra *tetillas* para referirse a las areolas en el pecho de los hombres y *pezones* para las mujeres. También hay quienes usan la palabra *pezón* para ambos casos. Esta protuberancia tiene entre 15 y 20 conductos lácteos y es una zona erógena que se puede estimular en el acto sexual y contraer cuando hace frío, sin importar el sexo de la persona. El hecho de que todas las personas tengamos esta parte del cuerpo[177] es un indicio de cómo en la etapa temprana del desarrollo embrionario todos los fetos son asexuales. De este modo, hasta la séptima u octava semana de embarazo los órganos sexuales

---

175 Ywone Edwards-Ingram, *Medicating Slavery: Motherhood, Health Care, and Cultural Practices in the African Diaspora* (tesis de doctorado, College of William & Mary-Arts & Sciences, 2005).

176 Andrea Aramburú Villavisencio, "Archival Wanderings: Reflections on Pictures of Wet Nurses Found in the Courret Archive", Affective and Immaterial Labour in Latin(x) American Culture, 24 de abril de 2023, https://affectivelabour.blogs.bristol.ac.uk/2023/04/24/archival-wanderings-reflections-on-pictures-of-wet-nurses-found-in-the-courret-archive/. Acceso mayo, 2023.

177 Hay quienes nacen con más de dos pezones; esto se conoce como politelia.

son iguales en todos los embriones. Es en este momento en el que inicia el desarrollo de testículos o de ovarios.[178] Es por ello por lo que es posible la lactancia masculina, y, si bien no es algo común, los hombres cisgénero cuando tienen galactorrea o hiperprolactinemia pueden llegar a producir leche. Del mismo modo, todas las personas nacemos con una pequeña cantidad de tejido mamario y, aunque tampoco es usual, los hombres cisgénero pueden también desarrollar cáncer de mama y no saberlo, ya que normalmente las campañas de prevención están destinadas únicamente para las mujeres cis. Los síntomas son compartidos: secreción o hundimiento del pezón, bultos o engrosamiento sin dolor en el tejido mamario, cambios en la piel que cubre la mama, tales como hoyuelos, arrugas, enrojecimiento o descamación.[179]

178 Planned Parenthood, "¿Qué sucede en el segundo mes de embarazo?", s. f., https://www.plannedparenthood.org/es/temas-de-salud/embarazo/etapas-del-embarazo/que-suce de-en-el-segundo-mes-de-embarazo. Acceso mayo, 2023.

179 Mayo Clinic, "Cáncer mamario masculino", 28 de febrero de 2020, https://www.mayoclinic.org/es/diseases-conditions/male-breast-cancer/symptoms-causes/syc-20374740. Acceso mayo, 2023.

ESTÓMAGO

EL ESTÓMAGO ES UN ÓRGANO con una sensibilidad enorme que desborda su función primaria de recibir y digerir los alimentos y se vincula con muchos temas más: nuestra relación con nuestro entorno; la manera en que explotamos y consumimos la naturaleza; lo que consideramos saludable, adecuado, moderno, bueno... todo eso pasa por nuestras tripas. También se ha relacionado con la capacidad de pensar y de procesar emociones. Por ejemplo, en la Mesoamérica prehispánica, se señalaba el estómago como el lugar donde se genera el calor del cuerpo: usualmente las emociones son un factor importante en el cambio de temperatura, especialmente la ira, la cual, de acuerdo con esta visión, calienta el estómago y lanza ese calor a distintas partes del cuerpo.[180] Ya en la época de la Ilustración, el anatomista francés Xavier Bichat (1771-1802) debatía sobre

---

180 López Austin, *Cuerpo humano e ideología*, 2T: TI, 22.

Vientre

Nuestro vientre se inflama a lo largo del día, dependiendo de nuestra digestión, las horas de sueño que hemos tenido o nuestro ciclo menstrual. Hay días en el mes que el mismo pantalón que normalmente nos queda algo flojo no nos cierra, y eso no es malo. Sin embargo, actualmente existe una presión muy fuerte sobre el cuerpo de los hombres y, especialmente, el de las mujeres por conseguir un vientre plano o marcado. Existen ejercicios y dietas especiales para obtenerlo, incluso algunas muy restrictivas que limitan el consumo de carbohidratos aunque esto tenga repercusiones metabólicas serias.

Como lo hemos descrito a lo largo de este libro, las nociones de belleza son algo en constante cambio y la obsesión por el vientre plano es reciente. Un ejemplo de ello en la cultura pop es el cine de Hollywood de los cincuenta: las actrices con papeles protagónicos —como Marilyn Monroe, Kim Novak o Elizabeth Taylor— tendían a ser más *curvy*, y, si bien eran delgadas, lo eran mucho menos que las actrices de ahora. La historia del arte también nos ayuda a darnos cuenta de ello: precisamente en el arte del Renacimiento y Barroco europeo es común encontrar retratos de mujeres con vientres abultados, un atributo deseable al estar relacionado con la fertilidad y la bonanza económica. Hay muchísimos ejemplos de ello en distintas épocas y geografías, como los cuadros de artistas como Tiziano (*c.* 1488-1576), Rubens (1577-1640) o Poussin (1594-1665). Incluso es posible encontrar representaciones de mujeres con cuerpos delgados pero que tienen vientres redondos, como las Venus de Sandro Botticelli (*c.* 1445-1510) o Lucas Cranach el Viejo (1472-1553).

OMBLIGO

EL OMBLIGO ES LA INSIGNIA DE NUESTRO ORIGEN, de la conexión con el vientre donde alguna vez nos desarrollamos a través del cordón umbilical; es un canal de comunicación que se rompe con nuestra llegada al mundo. No hay un solo tipo de ombligo, sino muchos: los hay redondos, saltones como botones, sumidos como albercas. El simbolismo del ombligo ha sido en numerosas culturas muy importante como liga del cuerpo con su pasado, con esa cadena de personas que nos preceden. Por otro lado, expresiones como "creerse el ombligo del mundo", que refiere a las personas con rasgos narcisistas, o "mirarse el ombligo", para describir a quienes no pueden ver más allá de sus propias acciones y concepciones, son muy comunes y resaltan algunos aspectos interesantes de nuestra cultura.

En busca del ombligo del mundo

En términos geográficos, el ombligo fija las coordenadas de lo que consideramos el centro del cuerpo o aun de territorios más extensos. La mitología griega hablaba del ónfalo, una piedra cónica ubicada en la ciudad de Delfos, como el centro del universo, ya que ahí se habían encontrado las aves lanzadas por Zeus desde dos puntos opuestos. Las culturas helénicas consideraron aquel sitio el ombligo del mundo, el punto de partida donde inició la creación de todo lo existente. Este mito dio lugar al "síndrome del ónfalo", el cual da cuenta de la creencia de ciertos pueblos de haber sido designados por alguna divinidad para ocupar el centro del universo; suele expresarse a través de un sistema articulado de creencias y comportamientos religiosos. En la fundación de las ciudades en la antigua Roma, el *umbilicus,* el ombligo, consistía en un círculo perforado en la tierra que revelaba el dominio de la civilización sobre las fuerzas de la naturaleza mediante su máximo producto: la traza urbana.[191]

Los mapas, como mencionamos al principio de este libro, son representaciones ideológicas que suelen marcar un centro, un ombligo, un origen que da sentido a la narrativa desde la cual imaginan el mundo.[192] El problema es que cuando estos centros imperiales se convencen de su superioridad, comienzan a pensar que ningún suceso o idea es tan importante como los que ahí suceden: ocurrió en el Imperio romano, ocurre hoy en Washington D. C. Existen también *contramapas*, es decir, mapas que se conciben como resistencia al narcisismo imperial, mapas que buscan descentralizar la narrativa, cambiar la perspectiva desde donde se mira e incluir otros puntos de vista, otras experiencias y otras historias. Un ejemplo

---

191 Peter Krieger, "Paisaje y arquitectura de Ciudad Universitaria: acercamientos y comprensiones", en *Tiempo Universitario: 100 años de la Universidad Nacional*, ed. Andrea Gálvez (México: UNAM, 2011), 126.

192 Rasmus Grønfeldt Winther, "¿El ombligo del mundo? Mapas y contramapas", *Revista de la Universidad de México*, noviembre de 2021, 60-62.

de ellos son los mapas hechos por Shanawdithit (1801-1829), una de las últimas sobrevivientes del pueblo beothuk, en la isla de Terranova, Canadá, en el siglo XIX. Al llegar les colones europees a esas tierras exterminaron prácticamente a toda la población, incluyendo a su familia. Shanawdithit quedó "bajo la protección" del explorador William Cormack, con quien aprendió a hablar inglés y a dibujar mapas, a través de los cuales logró dejar testimonio de la trágica historia de la destrucción de su pueblo.[193]

En el ombligo de la luna

La palabra *México* proviene del náhuatl *Mēxihco*, que significa el ombligo de la luna. Las culturas mesoamericanas[194] concebían la superficie terrestre dividida en forma de cruz, en cuatro segmentos. El centro, el ombligo, se representaba como una piedra verde preciosa, horadada, en la que se unían los cuatro pétalos de una gran flor que simbolizaba el orden, el equilibrio. Para les mexicas, el ombligo era también el lugar cósmico de residencia de Xiuhtecuhtli, dios viejo del fuego, el punto a partir del cual se distribuía y dividía no solo el cosmos, sino todo el cuerpo humano, este último en una parte superior e inferior.[195] El cordón umbilical tenía un gran valor simbólico: al nacer una persona, de acuerdo con los informantes de fray Bernardino de Sahagún, se llevaba a cabo un ritual en donde se cortaba, se ponía a secar y se enterraba en un lugar significativo con respecto a las expectativas que había sobre "las criaturas" y los roles de género de la época: el cordón de los varones debía enterrarse en el campo de batalla y el de las mujeres se enterraba en la cocina: "donde se pone la olla; en este lugar os entierra nues-

---

193 Abigail Vandenberg, "Map of the Week: Female Cartographer Spotlight", *Ubique, American Geographic Society*, 3 de marzo de 2022, http://ubique.americangeo.org/map-of-the-week/map-of-the-week-female-cartographer-spotlight/. Acceso mayo, 2023.

194 Agradecemos al historiador Ignacio de la Garza Gálvez, doctorando en Estudios Mesoamericanos en la UNAM, por su asesoría.

195 Alfredo López Austin, *Cuerpo humano e ideología*, 2T: TI, 65, 173-175, 186.

tro señor, aquí habéis de trabajar, vuestro oficio ha de ser traer agua y moler el maíz en el metate; allí habéis de sudar, cabe la ceniza y cabe el hogar".[196]

Desconexión/unión

Durante el embarazo, el cordón umbilical es el conducto que sale de la placenta y se conecta al centro del cuerpo del embrión, por donde llega el oxígeno y el alimento a través de la sangre. Al nacer, ese vínculo se fragmenta, nos volvemos independientes, pero el ombligo queda en el centro de nuestro cuerpo como huella de esa pérdida, de esa desconexión. El ombligo es el recordatorio de nuestro nacimiento, el enlace físico y simbólico con el pasado y quienes nos precedieron.

Como la ensayista Marisol García Walls describe, en un árbol genealógico, de acuerdo con lo que se busca, se han seguido dos caminos: por una parte, la llamada línea de sangre, es decir, la filiación y sucesión masculina que da cuenta del linaje paterno de manera lineal, a través de la continuidad del apellido del padre como establece la norma en la cultura patriarcal; por otra parte, la línea de ombligo, la filiación y sucesión femenina, que suele ser discontinua, tener huecos y saltos generacionales.[197] Al indagar sobre quiénes fueron aquellas que nos precedieron, tanto a nivel micro, en nuestra propia familia, como macro, en la historia de nuestras ciudades, países, prácticas y disciplinas, nos encontramos con que las mujeres no están: sus apellidos se perdieron, sus historias se consideraron poco importantes y quedaron sin narrarse, sus logros se silenciaron o se sustituyeron por los de un varón.

La artista Mira Schor señala cómo la cultura patriarcal exige la legitimación de nuestras ideas, nuestras producciones,

---

196 Ángel María Garibay (ed.), *Bernardino de Sahagún: Historia general de las cosas de la Nueva España* (México: Porrúa, 2006), 367-368 (libro VI, capítulo XXXI).

197 Marisol García Walls, "La línea del ombligo", *Revista de la Universidad de México*, febrero de 2019, 25-31.

nuestro trabajo a través de citar o relacionarlo con las ideas o las producciones de varones, como para validarnos en un mundo donde solo ellos son reconocidos. Es necesario reconocer el trabajo que han hecho y hacen las mujeres que nos han influido: nombrarlas, citarlas, contribuir a la creación de genealogías que den cuenta de su paso.[198]

El ombligo guarda una paradoja: al mismo tiempo que nos recuerda nuestro origen, es la prueba de nuestra ruptura con él, de nuestra existencia independientemente de nuestres antepasades: un punto de partida para narrar nuestra propia historia y hacer resonar las de aquellas que nos precedieron, gracias a quienes hoy podemos narrarnos.

Ombligos y erotismo

Si bien el bikini fue una prenda que sacudió la manera de ver el cuerpo, durante sus primeras décadas este cubría el ombligo. La exposición en público de esta parte del cuerpo resultaba ofensiva para quienes tenían el poder estatal, religioso y de los medios de comunicación. Por ejemplo, en 1930, en la Asociación de Productores Cinematográficos de Estados Unidos se redactó un documento conocido como el *Código del pudor*, que tenía como objetivo regular los cuerpos y las acciones que aparecían en pantalla, y entre ellas se prohibía que las actrices mostraran el ombligo. Este código se derogó hasta los años sesenta. Hubo regulaciones similares para la televisión en Estados Unidos, Italia, España, México y otros países que censuraban la aparición de esta minúscula parte del cuerpo. Por ejemplo, el género del cine de rumberas mexicano, en las décadas de los cuarenta y cincuenta, mostraba a sus voluptuosas protagonistas bailando frenéticamente con exóticos atuendos, pero siempre portando cintas, cinturones u otros artificios

---

198 Mira Schor, "Linaje paterno", en *Crítica feminista en la teoría e historia del arte*, coords. Karen Cordero e Inda Sáez (México: Programa Universitario de Estudios de Género-UNAM/UIA/ CONACULTA/FONCA, 2007), 111-129.

para que no asomara el ombligo. Quizá estas precauciones no hicieron más que aumentar su atractivo erótico. Se preguntaba Roland Barthes en 1973: "¿El lugar más erótico del cuerpo no está acaso ahí donde la vestimenta se abre?". Para el ensayista francés, lo verdaderamente erótico está en la intermitencia, en la piel que centellea, entre una prenda y otra, entre el pantalón y la blusa, entre el guante y la manga, ese momento que la cubierta descubre.[199]

Pero el ombligo finalmente se mostró. Desde las actrices de Hollywood Raquel Welch en *One Million Years B.C.* y Jane Fonda en *Barbarella*, pasando por las ficheras del cine mexicano y el destape en el cine español, los ombligos femeninos aparecieron por todas partes, cada vez con mayor presencia en la moda juvenil; se colocó como una parte sensual del cuerpo, un punto entre dos territorios, que se muestra y se adorna de diversas maneras.

Pero ¿dónde están los ombligos masculinos en esta historia? Si todas las personas tenemos un ombligo, ¿por qué esta distinción respecto al ombligo de las mujeres? ¿Por qué unos han desatado tantas polémicas y otros, simplemente, pasan desapercibidos?

---

199 Roland Barthes, *El placer del texto* (México: Siglo XXI, 1993), 19.

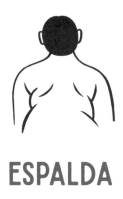

ESPALDA

HACE 1.9 MILLONES DE AÑOS, aproximadamente, habitó este planeta la primera especie humana en adoptar la postura erguida. Desde entonces, nuestra columna vertebral, a diferencia de la de otras especies, nos permite caminar en nuestras dos piernas y recorrer largas distancias.[200] Tendemos a asociar la espalda a la acción de cargar, de llevar a cuestas. La frase "llevar un peso sobre las espaldas", en sentido figurado, habla de las cargas de muchos tipos que asumimos a lo largo de la vida. "Portar es un acto de valor, de fuerza, y también de resignación, de fuerza oprimida: son los vencidos, los esclavos, los que más intensamente sienten el peso de lo que portan".[201] En Mesoamérica, por ejemplo, llevar peso sobre la espalda era

200 Erin Wyman, "Becoming Human: The Evolution of Walking Upright", *Smithsonian Magazine*, 6 de agosto de 2012, https://www.smithsonianmag.com/science-nature/becoming-human-the-evolution-of-walking-upright-13837658/. Acceso julio, 2023.

201 Georges Didi-Huberman, *Atlas: ¿Cómo llevar el mundo a cuestas?* (Madrid: Museo Reina Sofía, 2010), 62.

una metáfora de los trabajos realizados por les dioses, frecuentemente representados cargando el tiempo sobre sus espaldas. Y también por les humanes: les gobernantes debían cargar con la responsabilidad de cuidar y guiar a su pueblo. Por eso les tamemes (del náhuatl *tlamemes*, "le que lleva algo"), es decir, les cargadores, eran considerades de gran importancia para la sociedad mexica. En aquella época no había en la región ningún tipo de animal de carga, como los burros o las mulas, por lo que los trabajos pesados debían hacerlos las personas, principalmente, hombres que habían sido tomados como esclavos. Como narra Federico Navarrete en su artículo "Una conquista hecha a lomo de humano", el papel de les tamemes fue crucial para la victoria de les europees. Al llegar les conquistadores españoles recibieron como obsequio de les gobernantes en su camino contingentes de varones para que les atendieran y cargaran sus provisiones, armamento, ropa, e incluso en ocasiones, en los tramos más ríspidos, a elles mismes.[202] Sin duda, el peso que soportaron sus espaldas fue descomunal.

Quizá de ahí viene la idea de "deslomarse" o "romperse el lomo trabajando", una metáfora muy consistente para referirnos al trabajo duro, no exclusivo de les cargadores.

Los movimientos repetitivos del trabajo con maquinaria en las fábricas y, posteriormente, las largas jornadas de permanecer sentade frente a una computadora han sido el objeto de estudio de la ergonomía, una disciplina surgida en la posguerra, en la década de los cincuenta, dedicada a analizar los esfuerzos y movimientos humanos durante el trabajo para diseñar máquinas. ¿Para que les trabajadores estuvieran más cómodes? Sí, pero sobre todo porque los ajustes y mejoras permiten un mayor desempeño, evitar accidentes y esfuerzos innecesarios y, en consecuencia, una mayor productividad.

---

202 Federico Navarrete, "Una conquista hecha a lomo de humano, los cargadores indígenas", *Noticonquista*, 2019, /www.noticonquista.unam.mx/sites/default/files/2019-08/navarrete_-_conquista_a_lomo_de_humano_-_final.pdf. Acceso marzo, 2023.

CADERA

Bajo el influjo de Venus

La cadera está compuesta por los isquios, el sacro y el pubis, que forman la pelvis. Estos huesos dan sujeción a la columna vertebral y posibilitan que andemos erguidos. Con frecuencia se habla de las caderas como símbolo de la feminidad. Existen infinidad de representaciones de mujeres con caderas anchas y torneadas asociadas con la fertilidad. Venus, diosa romana (que deviene de la diosa griega Afrodita) del amor, la belleza y la fertilidad, es representada en el arte con una gran cadera. Los valores asociados con lo femenino han contribuido a la construcción de modelos y expectativas sobre los cuerpos así codificados. Ha sido tan poderoso ese influjo que se han reconocido como "Venus" algunas representaciones de mujeres más antiguas. Por ejemplo, las llamadas "Venus paleolíticas", como la "Venus de Willendorf", pequeñas esculturas talladas en piedra: dadas sus formas llenas y voluptuosas, fueron nombradas e interpretadas desde la perspectiva y sesgo de los primeros arqueólogos (hombres blancos europeos), quienes les atribuyeron funciones como deidades de la fertilidad o como objetos eróticos. Las lecturas han cambiado: las investigaciones actuales consideran que esas figuras, cuyas formas son más diversas de lo que se quiso ver en un principio, pueden tener inclinaciones médicas.[203]

203 Katherine Keener, "Researchers Suggest Venus Figurines Were Made to Help Women Survive Pregnancy in the Harshest of Climates", *Art Critique*, 7 de diciembre de 2020, https://www.art-critique.com/en/2020/12/venus-figurines-shaped-by-climate-to-help-women-survive-pregnancy/. Acceso julio, 2023.

NALGAS

UNA MUJER PASA CAMINANDO frente a un grupo de hombres, quienes la siguen con la mirada y la observan de espaldas. Ella no puede ver lo que pasa allá atrás: ¿qué es lo que les demás ven? Quizá por ser una zona del cuerpo que queda fuera de nuestro radar visual, suele generar mucha ansiedad sobre la manera en que es vista, catalogada, delimitada. En términos físicos, el glúteo mayor es uno de los músculos más voluminosos y potentes del cuerpo, mantiene el tronco erguido y nos permite caminar y correr. Sin embargo, en términos simbólicos, esta parte del cuerpo está cargada de complejidades. En el mundo occidental ha sido una zona problemática, un tabú durante la mayor parte de su historia. Aunque actualmente las nalgas tengan tanta exposición y parecieran menearse libremente por todas partes, ahí atrás se acumulan muchos significados. Han estado asociadas con la vergüenza en varios sentidos: por una parte, con los desechos, las heces fecales, olores, secreciones; por otra parte, con el deseo erótico y el encuentro sexual; otra más tiene que ver con la idea de la grasa corporal que suele acumularse en esta zona. Nuestras nalgas han representado el exceso: de comida, de sexo, de excremento. De acuerdo con la escritora y cineasta puertorriqueña Frances Negrón-Muntaner, "el trasero representa el exceso incomprensible y oscuro de lo latino y las culturas africanas" desde el punto de vista de les estadounidenses blanques en posiciones de poder. Para la moral anglosajona protestante heteronormativa representa aquellos placeres considerados ilícitos, lo prohibido: *"miscegenación* (mezcla o mestizaje), sodomía y una dieta alta en grasas".[204]

Las conversaciones sobre nalgas, culos, colas y un largo etcétera en la lista de apelativos para esta zona corporal suelen estar relacionadas con experiencias de racialización y distinción social. La asociación de las nalgas redondas y torneadas con el cuerpo femenino y, por tanto, con ideales de belleza e irracionalidad, parecen estar presentes en el pensamiento occidental desde la antigua Grecia. La famosa escultura de la Venus Calipigia —o en su traducción del griego, "Afrodita de las bellas nalgas"— muestra a la diosa que levanta su túnica o peplo hasta la cintura por detrás para mostrar esa parte de su anatomía.

Desde la cruel historia de Sara Baartman —una mujer de la etnia khoekhoe[205] que fue secuestrada y exhibida en ferias europeas en el siglo XIX bajo el apodo de Venus de Hottentot— hasta nuestros días, la connotación de los traseros grandes con una sexualidad exacerbada se ha impuesto en la manera en que leemos los cuerpos: "La forma y talla del trasero de las mujeres se ha percibido como un indicador de su naturaleza y su moral, su feminidad e incluso su humanidad", señala la periodista Heather Radke.[206] Precisamente, la historia de Baartman ejemplifica el acoso que sufrieron las mujeres khoekhoe por parte

---

204 Frances Negrón-Muntaner, "El trasero de Jennifer López", *Nueva Sociedad*, núm. 201, febrero de 2006, nuso.org/articulo/el-trasero-de-jennifer-lopez. Acceso marzo, 2023.

205 Grupo nómada en África austral. Consultar el capítulo "Racismo".

206 Noelia Ramírez, "El marcador de las 'malas mujeres': por qué el culo es el símbolo que define la moral femenina", *El País*, 18 de febrero de 2023, elpais.com/cultura/2023-02-19/el-marcador-de-las-malas-mujeres-por-que-el-culo-es-el-simbolo-que-define-la-moral-femenina.html. Acceso mayo, 2023.

de les europees que encontraron en la espectacularización de su cuerpo un negocio rentable. En el siglo XIX, la fascinación por el tamaño de las nalgas de las africanas contribuía a la justificación del proyecto colonialista; según elles, ahí estaba la prueba de lo africano como primitivo e irracional, cuya sexualidad desmedida necesitaba de la moral cristiana para civilizarse.[207] En contraste, hacia finales de ese siglo, se puso de moda una singular prenda para las mujeres: el polisón, una especie de crinolina. Esta estructura se llevaba bajo la falda, exageraba la curva de la espalda y abultaba la parte trasera al mismo tiempo que ocultaba la verdadera silueta.[208] Se usaba junto con un ajustado corsé, de modo que el volumen acentuaba aún más la cintura esbelta. A través de la moda, estos traseros prostéticos destacaban el atractivo erótico de esta zona corporal, pero sin comprometerla moralmente; la separaban de sus funciones biológicas, era un culo sin ano, higienizado, artificial. Radke sugiere que era una especie de apropiación cultural en donde, como en muchos otros casos, Occidente tomó lo que consideraba sexy o atractivo y se deshizo del resto, es decir, las historias, contextos y significados culturales que hay detrás.[209]

Nalgas modelo

Durante más de 15 años los principales fabricantes de jeans basaron sus diseños en la forma de las nalgas de Natasha Wagner, una modelo estadounidense conocida como "la mujer cuyas nalgas modelaron la nación".[210] En el mundo de capitalismo trasnacional en el que vivimos, podríamos decir que millones de mujeres hemos tenido que medir nuestras dimensiones con las de Natasha. Por supuesto, no es que se espere que todas las

---

207 Consultar el capítulo "El mito del violador negro".

208 Se inventaron para evitar que la tela de los vestidos quedara atorada entre las piernas, levantándola por detrás. Los había sencillos, con cojines que daban forma, o complejas estructuras de junco o acero, que se ataban a la cintura y se plegaban cuando la mujer se sentaba.

209 Heather Radke, *Butts: A Backstory* (Nueva York: Avid Readers Press, 2022), 92.

210 Radke, *Butts: A Back Story*, 129.

mujeres del mundo nos veamos bien en esos pantalones, ni siquiera que la mayoría de nosotras logremos introducir nuestra anatomía en ellos; sería imposible para la industria textil abarcar la diversidad de tamaños y formas. Pero de esa frustración que resulta de pensar que nuestros cuerpos son los que están mal, y no el sistema de tallas, se da paso a la comercialización de incontables productos: fajas, dietas, sistemas de ejercicio, complementos alimenticios, cremas modeladoras... todos los cuales nos ofrecen la fantasía de la superación, la promesa de transformar nuestros cuerpos y "arreglarlos", como si hubiera algo intrínsecamente malo en ellos.

A mover el culo

Como la escritora Heather Radke explica, en los años noventa las nalgas adquirieron protagonismo en la cultura de masas. Mientras la industria de la moda promovía cuerpos largos y ultra delgados, en la escena del hip-hop en Estados Unidos, y del perreo y otros ritmos en el Caribe y América Latina, se reivindicaba el gusto por los grandes culos, las caderas gordas y los cuerpos femeninos curvilíneos. El hit *Baby Got Back*, de Sir Mix-A-Lot, en Estados Unidos, es un ejemplo que tuvo mucha visibilidad. Se trataba de una canción graciosa, incluso ridícula y con un tratamiento bastante cosificante hacia las mujeres. De acuerdo con el rapero, era un intento por celebrar los cuerpos de las chicas negras con las que él convivía, a quienes las chicas blancas, flacas y de piernas largas hacían sentir vulgares e inapropiadas por ser voluptuosas.[211] Por su parte, desde Puerto Rico, El General con su hit *Te ves buena* celebraba la voluptuosidad de los cuerpos caribeños, con mensajes que contribuían a la hipersexualización de las mujeres racializadas y alimentaban la imagen de la *hot latina* como una mujer que desbordaba sexualidad y estaba siempre disponible (revisar el capítulo "Racismo" más adelante). La actriz y cantante Jennifer Lopez

---

211 Radke, *Butts: A Back Story*, 179-181.

es un caso emblemático, quien ha negociado en forma brillante con las contradicciones del sistema: por una parte sacando ventaja de su imagen de "latina candente" para ocupar un lugar central en la industria por el potencial erótico de su fisonomía, con todo y el estatus de mercancía que eso implica; y, al mismo tiempo, lidiando con las críticas y burlas en donde estereotipos de raza y clase se enredan para calificar su cuerpo como algo supuestamente vulgar e incontrolable, desde la perspectiva puritana estadounidense.[212]

Por supuesto, a toda irrupción de algo "nuevo" le sigue un proceso de apropiación y blanqueamiento: el *twerking* de Miley Cyrus como iniciación en la vida adulta en los Premios MTV de 2013 causó un aparatoso escándalo, quizá algo absurdo, pero que a los ojos de millones de espectadores dio un nuevo matiz a ese movimiento: "Si lo hace una blanca, quizá no es tan vulgar". Y 2014 fue declarado el año de las nalgas por una serie de revistas de moda y otros medios de comunicación; Beyoncé, Nicki Minaj, Kim Kardashian, las nalgas brillaban en todas partes. Radke ironiza: el *mainstream* proclamó el descubrimiento de las nalgas, pero, igual que América, las nalgas siempre estuvieron ahí.[213]

El cuerpo tiene memoria

El chuchumbé fue prohibido por la Santa Inquisición.
Meneando ombligo y ombligo caían en la tentación...

EL CHUCHUMBÉ

Desde otras narrativas alejadas de los discursos dominantes de la publicidad y los medios, se habla de danzas como lo que hoy llamamos perreo o *twerking* como lugares de memoria y revaloración del cuerpo. Nuestros cuerpos, nuestra forma de

212 Negrón-Muntaner, "El trasero de Jennifer López".

213 Radke, *Butts: A Backstory*, 233.

expresarnos, de movernos, de habitar los espacios, fueron también colonizados. Las culturas no occidentales conquistadas y despojadas de sus territorios, de sus idiomas y tradiciones sufrieron la imposición de normas y regulaciones corporales de acuerdo con las creencias religiosas e ideologías europeas que no coincidían con las suyas, que no les permitían vivir su cuerpo y su sexualidad como acostumbraban. Sin embargo, a pesar de los intentos por suprimirlas con prohibiciones y torturas, han conseguido sobrevivir.

Congo Square en Nueva Orleans, Luisiana, desde los tiempos de la ocupación francesa, era el punto de reunión de personas esclavizadas los domingos; personas de distintos orígenes, de distintas regiones de África y el Caribe, y natives de la zona se ataviaban y bailaban una mezcla de danzas como la mapouka, de Costa de Marfil, que consistía en rápidos movimientos de cadera, cuyo impacto resuena en la música y las danzas que bailamos hoy. En el siglo XIX, estos espacios se restringieron porque se consideraron impúdicos y transgresores. Más al sur, la música y el baile también se desenvolvieron en diversos puntos del Caribe y América Latina. En Veracruz, por ejemplo, durante la Nueva España se prohibió la danza del *Chuchumbé*. Se trataba de un baile que incluía coplas pícaras con explícitas referencias sexuales. La palabra deriva de *cumbé*, que significa "ombligo" y dio origen a géneros musicales afromestizos como el paracumbé, el merecumbé y la cumbia; sin embargo, por el contenido de los versos, al parecer hubo un desplazamiento semántico y, en lugar de "ombligo", terminó significando "pene".[214] En el siglo XVIII llamaron al Santo Oficio para que censurara esos bailes en los que había tanto manoseo y se chocaba ombligo con ombligo: "Sabe vuestra merced que meneadora de culo le han puesto a vuestra merced [*sic*]".[215]

De cierto modo, los bailes contemporáneos centrados en la agitación de muslos, cadera y nalgas derivan de estas his-

---

214 Elena Deanda Camacho, "'El chuchumbé te he de soplar': Sobre obscenidad, censura y memoria oral en el primer 'son de la tierra' novohispano", *Mester 36*, núm. 1 (2007): 53-71.

215 "Chuchumbé", 1776, Inquisición, vol. 1052, Archivo General de la Nación.

torias: son danzas con movimientos complejos, consideradas "inmorales" por los sectores más conservadores. La crítica al reguetón, música asociada a estas danzas, a veces se refiere a la violencia y sexismo de las letras[216] y la simpleza y repetición de sus *beats*, pero detrás está también el rechazo de la reivindicación y la reapropiación de los cuerpos históricamente suprimidos por considerarse hipersexuales, vulgares, inmorales, inapropiados. Para Freedia, bailarina de *twerking* de Nuevo Orleans, "la pelvis tiene un poder extraordinario. Moverla a velocidad de la luz es más que sexual, es también profundamente íntimo y transformador".[217] Especialmente, desde los feminismos el perreo ha abierto la posibilidad de romper con una serie de normas que nos han reprimido, hecho sentir vergüenza y culpa al tomar el control de nuestros cuerpos. Un ejemplo de ello es el trabajo de la artista y *performer* brasileña Geni Granado, conocida también como Kebra y Maldita Geni Thalia, quien creó la plataforma "Desculonización", desde donde propone ubicar "las geografías que tenemos más olvidadas en los más sureños rincones: culo-coño-ano-pelvis" para explorar el cuerpo: "activar la memoria desde el baile y sentir placer re-conociendo y re-existiendo".[218]

---

216 Es importante pensar que existe un doble rasero en esta crítica. Hay otros géneros que también tienen letras muy machistas, pero no nos causan tanta preocupación; con versos que "romantizan" los celos exacerbados, hacen apologías del acoso y la violación sexual, o incluso del feminicidio, comunes en las rancheras, la trova o el pop. Este tipo de letras también han sido usuales en canciones en inglés que son cantadas por personas blancas y las tarareamos sin problema.

217 Radke, *Butts: A Backstory*, 225.

218 Puedes encontrarla en Instagram como @desculonización.

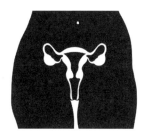

ÚTERO

Histéricas

Hoy en día no se da más el diagnóstico de histeria en cuestiones médicas; sin embargo, sigue siendo una palabra de uso común que tiene un linaje misógino. La palabra *histeria* viene del griego ὑστέρα y quiere decir "útero". En 1653 el médico Pieter van Foreest publicó un libro con un capítulo específico sobre enfermedades de las mujeres en el que describe la histeria como una aparentemente "común". Para tratar sus síntomas se recomendaba que una partera masajeara la genitalia (siglos más tarde se inventaría el vibrador).[219] La histerización de las mujeres implicó una profunda medicalización de su cuerpo. Esta, en palabras de Michel Foucault, se llevó a cabo en nombre "de la responsabi-

---

219 Sobre la historia del concepto *histeria* recomendamos el primer capítulo de Rachel Maines del libro *The Technology of Orgasm: "Hysteria", the Vibrator, and Women's Sexual Satisfaction* (Johns Hopkins University Press). Del mismo modo, en nuestro libro *No son micro: Machismos cotidianos* (2020), hablamos un poco más al respecto.

lidad que tenían con la salud de sus hijes, la solidez de la institución familiar y la salvaguardia de la sociedad".[220] Muchas fueron tratadas con este falso diagnóstico que se usó para patologizar y con ello controlar a las mujeres que mostraban emociones de descontento o demandaban derechos civiles como el voto.

Violencia obstétrica

El término violencia obstétrica se refiere a la violencia física, verbal o psicológica —tanto por acción como por omisión— perpetrada por profesionales de la salud durante el embarazo, el parto y el puerperio. Esta sucede en el ámbito público o privado y muchas veces pasa desapercibida al estar sumamente normalizada, ya que, al tratarse de personal profesional, se asume que tiene la máxima autoridad y con ello su opinión y experiencia son las únicas que cuentan. Incluye prácticas como la medicalización innecesaria, la falta de consentimiento informado, el trato deshumanizado, la negligencia, la discriminación o la negación de servicios. Puede tener consecuencias graves y significativas, tanto físicas como emocionales, al obstaculizar el acceso al ejercicio pleno de los derechos reproductivos.

Según la Encuesta Nacional sobre la Dinámica de las Relaciones en los Hogares del Inegi (2016) —la primera que tuvo un apartado sobre la atención obstétrica en México—, 33.4% de las mujeres de 15 a 49 años que tuvieron un parto o cesárea sufrieron algún maltrato. Las violencias fueron de distinta índole: desde gritos, regaños y actitudes humillantes hasta obligarlas a permanecer en una posición molesta o presionarlas para que aceptaran algún método anticonceptivo u operación para no tener más hijes. Incluso en 4.2% de los casos se las esterilizó sin su consentimiento. Por otro lado, a 1 de cada 10 mujeres a las que se les practicó una cesárea no se le informó la razón ni le pidieron su permiso.[221]

---

220 Michel Foucault, "Right of Death and Power over Life", en *The History of Sexuality*, vol. 1 (Londres/Nueva York: Penguin Books, 1998), 146-147. La traducción es nuestra.

221 Isabel Zapata, "Entre mujeres: apuntes hacia un parto libre", *Gatopardo*, 10 de mayo de 2022, https://gatopardo.com/noticias-actuales/parto-violencia-parteras-doulas/. Acceso junio, 2023.

Anticoncepción

El crecimiento del movimiento en pro de la información y el control de la natalidad a partir del siglo XX fue un logro crucial para las mujeres en la lucha por su autodeterminación. Pese a ello, este también debe ser pensado críticamente y problematizado por la relación de algunas de sus participantes con la eugenesia. Un ejemplo de ello es Marie Stopes, que, como Valerie Amos y Pratibha Parmar explican, también fue una eugenista. Stopes y su Sociedad para el Control Constructivo de la Natalidad y el Progreso Racial tenían posiciones racistas, al igual que otras sufragistas que defendían la supremacía blanca. La anticoncepción se promovió como un medio para limitar el crecimiento de la población de manera selectiva, específicamente para que "las personas no aptas", pobres y racializadas no se reprodujeran.[222] Aunque cabe mencionar que también hubo mujeres que se opusieron a estas ideas, como la feminista y socialista canadiense británica Stella Browne (1880-1955).[223]

Pese a que para concebir se necesitan un óvulo y un espermatozoide, la anticoncepción históricamente ha sido un tema femenino: las mujeres son quienes han de preocuparse por el control de su natalidad: una responsabilidad asumida, en ocasiones, en contra de los designios de la comunidad, la familia,

---

222 Valerie Amos y Pratibha Parmar, "Many Voices, One Chant: Black Feminist Perspectives", *Feminist Review 17* (otoño de 1984): 13. Es importante comprender que, aunque a las mujeres nos cruzan opresiones por género, también podemos ser opresoras. Por ello una mirada crítica y matizada es importante para abordar personajes históricos. Existieron distintas mujeres que apoyaron la eugenesia, incluso perfiles que tuvieron un importante papel en temas como los derechos sexuales. Tal es el caso de la enfermera Margaret Sanger, una activista a favor de la educación sexual, en su momento cercana al socialismo y fundadora de la Liga Estadounidense para el Control de la Natalidad (American Birth Control League), que se convirtió, en 1942, en la Federación Estadounidense para la Planificación Familiar (Planned Parenthood Federation of America, PPFA). Si bien defendió que las mujeres tuvieran acceso al aborto o a la anticoncepción, el pensamiento de Sanger también muestra su preocupación por "limitar y desalentar la fecundidad excesiva de los mental y físicamente defectuosos". California State University Northridge Library, "Margaret Sanger and the Women's Suffrage Movement", 18 de septiembre de 2018, https://library.csun.edu/SCA/Peek-in-the-Stacks/sanger#:~:text=Sanger%20writes%2C%20%22 Eugenics%20is%20suggested,continues%20to%20be%20lively%20debate. Acceso junio, 2023.

223 Lesley A. Hall, "'I Have Never Met the Normal Woman': Stella Browne and the Politics of Womanhood", *Women's History Review 6*, núm. 2 (1997): 157-183; Greta Jones, "Women and Eugenics in Britain: The Case of Mary Scharlieb, Elizabeth Sloan Chesser, and Stella Browne", *Annals of Science 52*, núm. 5 (1995): 481-502.

la Iglesia, la pareja, etcétera. A la píldora anticonceptiva, que cambió la vida de muchas mujeres en la década de los sesenta, fueron sumándose una serie de productos, dispositivos y procedimientos como los anillos vaginales, parches, esponjas, diafragmas, hormonas, condones femeninos, espermicidas, entre otros. Prácticamente todos ellos siempre dirigidos a las personas con útero. ¿Es que los penes y los testículos no participan en la concepción?

Un óvulo al mes, millones de espermatozoides todos los días

Resulta extraño pensar cómo los esfuerzos para crear anticonceptivos se hacen pensando en evitar que un solo óvulo[224] sea fecundado. Mientras que cada día los testículos pueden producir millones de espermatozoides, la prevención de los embarazos se ha enfocado en los cuerpos de las mujeres cisgénero. Aunque existe investigación y opciones de píldoras anticonceptivas masculinas, no se han comercializado debido a la preocupación por los efectos en la salud a largo plazo. Aunque esta reticencia tiene sentido, demuestra también los sesgos y las injusticias de género si tomamos en cuenta cómo la píldora femenina se introdujo en el mercado menos de 10 años después de su desarrollo, y que su perfeccionamiento se produjo sobre la marcha, cuando los efectos secundarios y los problemas de salud se volvieron evidentes.[225] Esta ausencia nos habla también de cómo la investigación científica y el mercado farmacéutico están profundamente permeados por lógicas sexistas.

---

224 A menos que se trate de un embarazo gemelar, usualmente un ovario solo libera un óvulo maduro. Este proceso se conoce como ovulación. El óvulo desciende por la trompa de Falopio y ahí puede ser fertilizado durante 12 a 24 horas. La ovulación usualmente ocurre cerca de 14 días antes del inicio del periodo menstrual, por lo que solamente unos días al mes una persona puede quedar embarazada.

225 A. van Wersch, J. Eberhardt y F. Stringer, "Attitudes towards the Male Contraceptive Pill: Psychosocial and Cultural Explanations for Delaying A Marketable Product", *Basic and Clinical Andrology* 22 (2012): 171-179.

VAGINA

LA VAGINA ES UN CANAL MUSCULAR que se extiende desde la vulva hasta el cuello del útero. La palabra *vagina* viene de *vaina*, es decir, la funda en donde se guarda la espada (una clara referencia falocéntrica). Esta palabra se ha usado común e indistintamente para llamar a los genitales externos, pero en realidad la vagina es solamente una parte de los órganos sexuales.

Lo cierto es que sabemos muy poco de nuestros genitales; en muchas ocasiones, ni siquiera conocemos la anatomía básica de nuestra vulva por falta de una educación sexual integral, por culpa o por miedo. A finales de los años ochenta, la artista de *performance*, doctora en sexología y exactriz porno estadounidense Annie Sprinkle, preocupada por la falta de familiaridad y conocimiento de la región vaginal, lanzó su "Public Cervix Announcement" (un juego de palabras que aludía al "Public Service Announcement" en inglés, "Anuncio de Servicio Público"). Se trataba de una *performance* muy didáctica en la cual Sprinkle se colocaba en un sillón, abría sus piernas de par en par e invitaba al público a asomarse a ver el interior de su vagina con la ayuda de una linterna y un espéculo.[226]

Esta parte del cuerpo aún es un tabú en muchos espacios y constantemente se la menciona cargada de connotaciones negativas. Por ejemplo, *pussy* en inglés es un insulto para decir cobarde, al igual que *cunt*, que se usa como sinónimo de imbécil. En español, se dice *concha* ("¡la concha de tu hermana!") en Argentina y *coño* en España para ofender o mostrar gran descontento. *Fotze* y *möse* en alemán se usan para ofender al igual que *pizda* en ruso.

Como lo mencionamos en la introducción, es importante decir que no todas las mujeres tienen una vagina y no todas las personas con vagina son mujeres. Habría que tener en cuenta la diferencia entre sexo y género para comprender que etiquetar a todas las personas con vagina como mujeres o determinar que tener una vagina es requisito necesario para ser una mujer anula o invalida la experiencia de muchas personas y contribuye a marginalizar a quienes luchan a diario por su autodeterminación y reconocimiento.

Clítoris

La punta del clítoris se encuentra en la parte superior de la vulva, en el punto donde se juntan los labios vaginales in-

---

226 Puedes saber más del trabajo de esta artista en anniesprinkle.org.

ternos. Está cubierto por un capuchón y su tamaño varía de persona a persona. La punta es solo una parte de este órgano; el resto se encuentra dentro del cuerpo y es mucho más grande de lo que durante siglos se creyó: puede llegar a medir más de 12 centímetros de largo. El *clit* se compone de un tejido esponjoso que se expande considerablemente durante la excitación sexual, con miles de terminaciones nerviosas (más que cualquier otra parte del cuerpo humano) y su función es provocarnos placer.

Hasta hace muy poco comenzamos a tener información sobre la estructura del clítoris. Aunque fue representado por primera vez por el anatomista alemán Georg Ludwig Kobelt en 1844, no fue hasta 2005 que conocimos los detalles de esta parte del cuerpo gracias al trabajo de la uróloga australiana Helen O'Connell.[227] El hecho de que, históricamente, la mayoría de les anatomistas hayan sido hombres cis[228] puede ser uno de los motivos por los cuales no se tuviera un estudio más cuidadoso y pormenorizado del clítoris que condujera a trabajos sobre sexualidad menos androcéntricos.

La uróloga estadounidense Rachel Rubin, en una entrevista con el *New York Times,* explicó que en las escuelas de medicina poco se enseña sobre esta parte del cuerpo, y tampoco se investiga en la comunidad médica. Esto tiene severas implicaciones en la salud porque, además de provocar un grave hueco en la educación sexual de todas las personas, el personal mé-

---

227 Mark J. Blechner, "The Clitoris: Anatomical and Psychological Issues", *Studies in Gender and Sexuality 18*, núm. 3 (2017): 190-200.

228 Resulta interesante que la manera androcéntrica desde donde, por generaciones, se ha hecho investigación científica tiene consecuencias tangibles y cuantificables en distintos ámbitos, no solo en el estudio del cuerpo humano. Por ejemplo: la obsesión con los penes también ocurre en el reino animal. La bióloga colombiana Patricia Brennan explica cómo su disciplina se ha enfocado en analizar los penes de los animales, pero poco se había interesado por las vaginas. En el caso de las aves, los expertos solo habían estudiado el punto al final de la vagina, donde los machos depositan el esperma, e ignoraban por completo el resto de la anatomía. Solo 8% de los estudios sobre sexualidad animal se centraron en los genitales femeninos, típicamente había más investigadores hombres y las preguntas que se hacían eran diferentes. Javier Salas, "'Muchos científicos han estudiado penes, pero hay un vacío increíble en nuestro entendimiento de las vaginas'", *El País,* 4 de marzo de 2022, https://elpais.com/ciencia/2022-03-05/muchos-cientificos-han-estu diado-penes-pero-hay-un-vacio-increible-en-nuestro-entendimiento-de-las-vaginas.html. Acceso mayo, 2023.

dico puede lastimarlas durante operaciones quirúrgicas, con daños a veces irreversibles, y que son prevenibles, que pueden provocar la pérdida de orgasmos.[229]

Durante siglos, el placer clitoriano ha sido un tabú, pero, como señala la médica sudafricana Tlaleng Mofokeng, es necesario afirmar que el placer sexual es un derecho humano para así comprometernos con "acabar con esas estructuras, leyes, prácticas culturales y expectativas sexistas de lo que significa ser un ser sexual". Tenemos "que trabajar para crear un mundo en el que el placer sexual ocupe el lugar que le corresponde en nuestras vidas, en la literatura y en la atención médica. Donde les jóvenes reciban información para tomar decisiones informadas sobre su cuerpo y su salud sexual. Donde las instalaciones sanitarias estén orientadas a liberar a les jóvenes para que tengan no solo sexo seguro, sino también buen sexo. El placer sexual es un derecho humano que abarca la libertad de expresión, sin juicios, coacciones ni estigmas".[230]

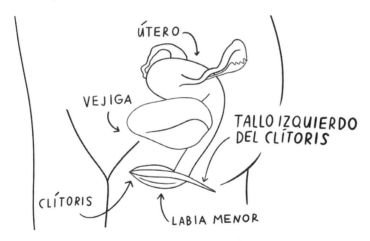

229 Rachel Gross, "Half the World Has a Clitoris. Why Don't Doctors Study It?", *The New York Times*, 17 de octubre de 2022, https://www.nytimes.com/2022/10/17/health/clitoris-sex-doctors-surgery.html. Acceso enero, 2023.

230 Tlaleng Mofokeng, "Sexual Pleasure Is a Human Right", *Teen Vogue*, 14 de septiembre de 2018, https://www.teenvogue.com/story/sexual-pleasure-is-a-human-right. Acceso junio, 2023.

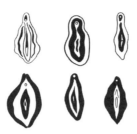

Vulva

La vulva comprende los labios que rodean la vagina (labios menores y mayores), el clítoris, el orificio de la uretra, el orificio de la vagina, el monte de Venus y algunos incluyen también el perineo y el ano. La mitad de la población tiene una vulva, pero conocemos poco sobre ella. No podemos ver nuestra propia vulva más que con ayuda de un espejo y, a excepción de la pornografía *mainstream* (cuyas representaciones son homogéneas e infantilizadas[231]), es extremadamente raro mirar una en los medios de comunicación, ya que son tratadas como algo ofensivo o desagradable. Incluso en la historia del arte, las representaciones de vulvas son atípicas. Por ejemplo, el cuadro *El origen del mundo,* de Gustave Courbet, fue pintado en 1866, pero se mantuvo en habitaciones escondidas en colecciones privadas, y solo se exhibió en público hasta 1995 en el Musée d'Orsay, en París.[232] Otro ejemplo es cuando Judy Chicago (1979) donó su instalación *The Dinner Party* a la Universidad del Distrito de Columbia: el pánico moral fue tal que llegó al Congreso de Estados Unidos con el legislador Robert K. Dornan, quien se quejó de la pieza y la describió como "desagradable", "basura", "pesadilla", "insultante" y "pornográfica".[233]

231 Consultar el capítulo "Obsesión con la juventud".

232 Adam Nossiter, "Riddle of a Scandalous French Painting Is Solved, Researcher Says", *The New York Times*, 1 de octubre de 2018, https://www.nytimes.com/2018/10/01/arts/design/courbet-origin-of-the-world.html. Acceso junio, 2023.

233 "User Clip: Congressman Discussing The Dinner Party", C-SPAN, 26 de julio de 1990, https://www.c-span.org/video/?c4603955/user-clip-congressman-dicussing-dinner-party; Harvard Radcliffe Institu

Desde que somos pequeñas, nos enseñan a sentir vergüenza por nuestra vulva. Cuando somos jóvenes, descubrimos productos para aclararla, para cambiar su olor, incluso operaciones para modificar el tamaño de sus labios. Desconocemos nuestro cuerpo al recibir poca educación sobre nuestra anatomía y sexualidad. Las consecuencias son desastrosas y peligrosas para nuestra salud mental y física; por ejemplo, el uso de jabones aromáticos y duchas vaginales puede provocar quemaduras químicas, dermatitis, relaciones sexuales dolorosas y con poca lubricación, etcétera. Para cuidar nuestra vulva hay que evitar también productos como los tampones perfumados, compresas perfumadas, polvos y *sprays*: contrario a lo que los anuncios publicitarios muestran, estos poco tienen que ver con la salud y la higiene, ya que suelen alterar el pH que las bacterias vaginales necesitan para mantener nuestro cuerpo sano. Las bragas 100% de algodón son ideales, pues permiten la entrada de aire y absorben el sudor y la humedad; mientras que las fibras sintéticas aumentan la temperatura y retienen el calor, lo cual favorece la proliferación de hongos y bacterias.[234]

te, "Judy Chicago: Through the Archives", 2014, https://www.radcliffe.harvard.edu/event/2014-judy-chicago-exhibition. Acceso junio, 2023.

234 Para conocer más sobre la vagina y la vulva recomendamos el proyecto de educación sexual pussypedia.net y el libro de Zoe Mendelson y María Conejo, *Pussypedia* (Nueva York: Hachette, 2021).

MITO DE LA VIRGINIDAD

DURANTE SIGLOS, EL CULTO A LA VIRGINIDAD se ha manifestado en distintas culturas como una manera de control sobre los cuerpos de las mujeres. La idea de la pureza —representada en el vestido blanco de novia— se ha fijado en una parte del cuerpo muy específica: el himen. Es un tejido fino y flexible situado en la entrada de la vagina; usualmente se considera que este cubre totalmente la abertura de la vagina y se rompe al tener relaciones sexuales vaginales por primera vez. Esto puede provocar dolor o sangrado, pero no siempre es así. Muchas otras actividades —aparte del coito— pueden estirar el himen, como montar a caballo o andar en bicicleta. Existen muchas formas de himen: algunas personas tienen una membrana pequeña, otras pueden nacer sin ella y algunas tener una que cubra por completo el orificio vaginal (esto último es muy raro, en general el himen tiene un orificio que permite que salga la sangre durante el periodo menstrual). Algunas personas nacen con el himen abierto; en otras esta membrana es tan elástica que no se rompe ni con el alumbramiento de une bebé. Por lo tanto, no se puede saber si una persona ha tenido relaciones sexuales por el aspecto o la textura de su himen. Por ello no es raro que en distintos lugares del mundo y durante diferentes épocas a las mujeres cis incluso se les haya prohibido el uso de la bicicleta, por una supuesta preocupación por su "virginidad", lo que termina limitando su movilidad en el espacio público.[235]

La idea de virginidad es una construcción cultural vinculada profundamente a la religión, que plantea que una mujer es más pura si no ha tenido relaciones sexuales. Así pues, al igual que las religiones abrahámicas,[236] la noción de la virginidad es heteronormada. Habitualmente se reconoce como "perder la virginidad" a la primera vez que una persona tiene relaciones sexuales, entendidas como el coito (pene-vagina). Dicha idea ha sido concebida culturalmente como si se tratara de una pérdida de valía, de un extravío en términos morales. Además, supone una visión muy limitada de las infinitas posibilidades de experimentar una relación sexual; por ejemplo, el sexo oral, el sexo anal o las relaciones sexuales entre personas del mismo sexo.

En otras tradiciones y cosmologías, la virginidad no es un tema tan relevante. Por ejemplo, en el siglo XVI, el evangelizador fray Diego de Landa, misionero español en Yucatán, narraba el recato con el que los padres obligaban a conducirse a las muchachas mayas yucatecas, pero, para su sorpresa, no era porque culturalmente valoraran la virginidad. Lo que les importaba era el respeto a la autoridad del padre, pero no cuándo iniciaban su vida sexual.[237]

---

235 Hay una película muy tierna que trata la relación de una niña con su entorno y su bicicleta en Arabia Saudita llamada *Wadjda* (2012). Se trata a su vez del primer largometraje realizado por una mujer saudí, la directora Haifaa al-Mansour.

236 Entendemos por religiones abrahámicas al judaísmo, cristianismo e islam. Son religiones monoteístas y derivan de la tradición espiritual vinculada con el profeta Abraham, aunque cada una reconoce a diferentes profetas y de distinto modo.

237 Federico Navarrete, *La vida cotidiana en tiempos de los mayas* (México: Temas de Hoy, 1996), 59.

En 1885 se editó *El himen en México*, del profesor Francisco de Asís Flores y Troncoso, un estudio médico que pretendía ser un tratado de "la virginidad perdida en violaciones, estupros y matrimonios" y de "la morfología del himen, así como sus anomalías", con la intención de contribuir a la asistencia legal en ciertas situaciones en un contexto donde la virginidad era un requisito o condición para el intercambio de mujeres.[238] El texto pasó inadvertido en su época, pero las declaraciones y alegatos del autor guanajuatense revelan mucho sobre la moral de aquel momento, cuando se pensaba en la necesidad de un "himenólogo" para asegurarse de salvaguardar "el honor" de las familias decentes mexicanas. Aunque Flores y Troncoso aparentaba un discurso científico, estaba absolutamente plagado de juicios morales: la realidad es que cuando una persona tiene relaciones sexuales por primera vez no experimenta ningún cambio a nivel biológico. Como explicamos, el himen es elástico y no cubre por completo la cavidad vaginal, por lo que no es necesario que "se rompa" para permitir la penetración.

El caso mexicano está lejos de ser un hecho aislado. La obsesión por la comprobación de la virginidad ha ocurrido en muchas sociedades: algunas hacen que los novios exhiban la sábana usada durante la noche de bodas. En estos casos, si la novia no cumple con las expectativas, puede "ser devuelta". En 2018, la onu lanzó un llamado a terminar con la práctica de inspección de virginidad, ya que en algunos países continúa llevándose a cabo para determinar si una mujer es apta para entrar a la escuela, casarse o acceder a cierta posición laboral, sin tener ningún sustento científico o legal, y atentando en contra de sus derechos.[239]

---

238 Francisco A. Flores, *El hímen en México: Estudio hecho con unas observaciones presentadas en la Cátedra de Medicina Legal en la Escuela de Medicina el año de 1882* (México: Secretaría de Fomento, 1885).

239 United Nations, "'Virginity Testing': a Human Rights Violation, with No Scientific Basis", un News, 17 de octubre de 2018, https://news.un.org/en/story/2018/10/1023401. Acceso marzo, 2023.

Mutilación genital

Este terrible procedimiento consiste usualmente en la ablación del clítoris y los labios menores. Tiene el fin de evitar el placer, desalentar la masturbación, "proteger" la virginidad de las niñas y con ello promover la lealtad de las futuras esposas al marido. Se practica en distintas partes del mundo, desde el sur y este de África hasta India e Indonesia, tanto en comunidades cristianas como islámicas, que se excusan en su interpretación de los textos religiosos para avalar esta tortura. Esta puede llegar a ser incluso un requisito para que una mujer tenga acceso al matrimonio o a la herencia.[240]

De acuerdo con la UNICEF se estima que 200 millones de mujeres y niñas en todo el mundo han sufrido algún tipo de mutilación genital, muchas de ellas antes de cumplir los 15 años. Esta práctica constituye una violación de los derechos fundamentales, como el derecho a la salud, a la seguridad y a la dignidad, ya que tiene graves implicaciones en la salud física y mental de quienes la sufren.[241] Reivindicar el derecho a decidir sobre nuestros cuerpos y nuestro placer no es trivial ni caprichoso; es un posicionamiento político ante las costumbres que atentan en contra de nuestros derechos sexuales y reproductivos y, con ello, en contra de nuestro bienestar.

---

240 Jablonka, *A History of Masculinity*, 38.

241 UNICEF, "¿Qué es la mutilación genital femenina?", s. f., http://unicef.org/es/historias/lo-que-debes-saber-sobre-la-mutilacion-genital-femenina. Acceso mayo, 2023.

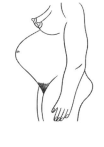

EMBARAZO

EL EMBARAZO ES UN PROCESO BIOLÓGICO con grandes implicaciones sociales y en muchos casos es una combinación compleja, llena de matices. Para algunas personas es una muy buena experiencia y para otras no lo es.[242] No existe "un" embarazo ni "una forma correcta" de vivirlo. Embarazo es el término usado para describir el periodo en el cual un feto se desarrolla en el vientre. En general dura aproximadamente 40 semanas, lo cual se calcula desde el último periodo menstrual hasta el parto y usualmente el personal médico lo segmenta por trimestres. Podríamos decir que no todas las personas que se embarazan son madres; por ejemplo, hay hombres trans que

---

242 Hay quienes viven depresión posparto o incluso previo a este (depresión perinatal). Esta afecta notoriamente el estado de ánimo, con episodios de llanto, ansiedad y dificultad para dormir. Quien la vive no es "mala persona" ni "mala madre" o "mal padre", y para tratarla es necesario recurrir con especialistas en salud mental. Mayo Clinic, "Depresión posparto", 24 de noviembre de 2022, https://www.mayoclinic.org/es/diseases-conditions/postpartum-depression/symptoms-causes/syc-20376617. Acceso mayo, 2023.

pueden gestar. Asimismo, hay mujeres que deciden adoptar. Si bien la maternidad y el embarazo están estrechamente vinculados, la realidad es mucho más compleja.

Embarazo y maternidad

La filósofa Sara Ruddick (1935-2011), en su teoría del pensamiento maternal, planteaba que deslindar la responsabilidad materna de quienes paren y considerar la maternidad como un trabajo o práctica haría posible que fuera realizada por cualquier persona, independientemente de su sexo, género y relación biológica con le infante. Hacerlo permitiría lograr una distinción entre las personas que se embarazan y dan a luz por elección, y aquellas que ejercen una maternidad libre y, al mismo tiempo, llena y sin ataduras de género (*gender-full*, *gender-free*). Para esta autora, el *maternaje* (*mothering*) es una disciplina, una forma de pensamiento que da respuesta a demandas específicas surgidas de las decisiones que se toman en las tareas de cuidado.[243]

La maternidad en nuestras sociedades es en muchas ocasiones el momento en que los cuerpos femeninos pierden su sexualidad: como si las madres no tuvieran deseo o fueran deseadas porque ahora son solo "madres". Del mismo modo, pareciera que la identidad de una mujer que es madre se pierde. Sus aspiraciones, intereses, carrera profesional, miedos y vida social deben girar alrededor de su familia, en contraste con la figura del padre, quien, a pesar de tener mandatos sociales estrictos (no llorar, ser fuerte y proveer), tiene menos ataduras, menores obligaciones en la crianza y, con ello, más libertad en la esfera social. Detrás de esta división hay un sistema económico que no permite a las mujeres y a las madres desarrollarse plenamente, así como un conjunto de ideas arraigadas desde hace siglos sobre cómo deben ser las familias y las madres.

---

243 Sara Ruddick, *Maternal Thinking: Towards a Politics of Peace* (Boston: Beacon Press, 1989).

La mamá perfecta

El embarazo, el parto, el posparto, la lactancia y la maternidad en general están permeados de expectativas culturales. La manera como el cristianismo ha usado a María ha tenido gran repercusión en nuestras sociedades, con la figura de una mujer "virgen" que es esposa devota y madre abnegada, sacrificada y entregada, una mater dolorosa, lo que ha generado estrictas expectativas sobre las mujeres y su maternidad. Esta milenaria idea no está del todo alejada del pensamiento secular, que ha mantenido a las mujeres en una posición similar: su principal misión en la vida es ser madres y, al serlo, ser madres impecables. En *Emilio* (1762), Jean-Jacques Rousseau (1712-1778) detalla cómo debe ser la mujer subordinada a su marido: su felicidad radicaría en cumplir con su función de esposa y madre. Este filósofo suizo, quien tuvo una gran influencia en el pensamiento político y educativo de su tiempo, consideraba que la mujer era naturalmente más emocional y delicada que el hombre, y que su deber principal era criar y educar a les hijes en el ámbito doméstico, limitando la participación de las mujeres en ámbitos como la política. Pese a tener enorme influencia, es importante recordar que existieron contrapesos en la época, y aunque han sido invisibilizadas durante generaciones, las mujeres han creado un importante legado intelectual que es un contrapeso a las lógicas misóginas y reduccionistas. Por ejemplo, la inglesa Mary Wollstonecraft (1759-1797) responde a este tipo de lógicas misóginas en su obra *Vindicación de los derechos de la mujer* (1792), en la que sostiene que las mujeres tienen la capacidad de razonar y de participar plenamente en la vida pública. Argumenta en contra del matrimonio opresivo y desigual, y defiende la importancia de la autonomía en todas las áreas de nuestra vida.[244]

En el México independiente, influenciado por las ideas de la Ilustración, las lógicas misóginas se adaptaban al contexto.

---

244 Rosa Peña Vallejos y Rodrigo Colarte Olivares, "Mary Wollstonecraft y la vindicación de los derechos femeninos", *Revista de Filosofía* UCSC 18, núm. 1 (2019): 35-43.

La epístola redactada por Melchor Ocampo (1814-1861) ejemplifica cómo la historia del pensamiento secular ha sido un espacio profundamente masculinizado con estrictas expectativas sobre las mujeres y su maternidad. Plantea que las principales dotes de la mujer son "la abnegación, la belleza, la compasión, la perspicacia y la ternura; debe dar y dará al marido obediencia, agrado, asistencia, consuelo y consejo, tratándolo siempre con veneración". La *Epístola de Melchor Ocampo* se leyó durante generaciones a las parejas al contraer matrimonio civil, hasta el año 2006, cuando la Cámara de Diputados emitió un exhorto a los gobiernos estatales para no hacerlo más.[245]

Hoy en día, en distintas partes del mundo, las cosas no han cambiado del todo y las exigencias continúan. La escritora catalana Esther Vivas apunta que el ideal materno oscila entre ser la madre sacrificada, siempre al servicio de la familia y las criaturas, y la *superwoman* que es capaz de cumplir con el trabajo profesional y la crianza.[246] La exigencia viene por todos lados: no basta con ser proveedora de cuidados para nuestra familia, también hay que ser ecuánime, poseer un cuerpo atlético (que no se note que pasó por un proceso de embarazo y lactancia), tener una carrera profesional exitosa y con independencia económica, ser una buena pareja y amanecer con la cara fresca y una sonrisa. La carga es insostenible y existe una sensación de culpa entre las madres que no logran cumplir con todos los requisitos.

Embarazos trans

Aunque a veces nos cueste trabajo darnos cuenta por nuestros sesgos cis-sexistas, es importante reconocer que no todos los embarazos significan maternidad, porque no todas las perso-

---

245 Margarita Arellano Hernández, "Epístola de Melchor Ocampo: machismo bruto", *Diario de Xalapa*, 19 de enero de 2018, https://www.diariodexalapa.com.mx/analisis/epistola-de-mel chor-ocampo-machismo-bruto-983607.html. Acceso mayo, 2023.

246 Vivas, *Mamá desobediente*, 11-15.

nas embarazadas son madres. Hay hombres trans embarazados que son padres y hay personas no binarias que no encuentran en la palabra *madre* un reflejo de su vivencia. Hay un velo de ignorancia respecto a este tema y existen pocos estudios sobre las necesidades reproductivas de las personas trans, lo que limita los derechos humanos como la autonomía y la salud. Es posible que alguien que tiene útero y ovarios y que está tomando un tratamiento de testosterona de forma activa ovule. También, cuando un hombre trans pospone el uso de testosterona, su menstruación finalmente regresa y puede usar su ciclo menstrual para intentar un embarazo.

Hay mucho camino por andar: desde encontrar ropa para embarazo más incluyente hasta un cambio de conciencia en los sistemas de salud alrededor del mundo, que hoy en día no están preparados para atender las necesidades de hombres y personas no binarias embarazadas. Hay muchas barreras institucionales, y es necesaria la sensibilización, la profesionalización y el aprendizaje con perspectiva de género en los espacios médicos y no médicos respecto a las personas trans*. Lo mismo en las esferas civiles: por ejemplo, en las actas de nacimiento y demás trámites legales que impiden al progenitor aparecer como *padre*.[247]

A esto se suma la necesidad de prestar atención a les infantes para evitar la transfobia que pueden vivir al nacer en una familia compuesta por una persona trans. Es por ello por lo que un cambio social es indispensable; es urgente reconocer que, así como las personas somos diversas, también lo son las familias, y todes somos sujetos de derechos.[248]

---

247 Sarah Toler, "Cómo se siente el embarazo para una persona transmasculina", Clue, 30 de marzo de 2021, https://helloclue.com/es/articulos/lgbtqia/como-se-siente-el-embarazo-para-una-persona-transmasculina. Acceso julio, 2023.

248 A. Hoffkling, J. Obedin-Maliver y J. Sevelius, "From Erasure to Opportunity: A Qualitative Study of the Experiences of Transgender Men around Pregnancy and Recommendations for Providers", BMC *Pregnancy and Childbirth* 17, sup. 2 (noviembre de 2017).

ANO

ANO ES UNA PALABRA PLAGADA DE SIGNIFICADOS que revelan relaciones de poder. Del latín *anus*, significa "anillo": se refiere al orificio al final del tracto digestivo, por donde se expulsan los desechos no digeribles y se emiten los gases; una pequeña demarcación en la geografía corporal asociada con la suciedad y lo abyecto. Es decir, aquello que es expulsado del cuerpo por ser considerado indeseable, pero que, como afirman Javier Sáez y Sejo Carrascosa en su libro *Por el culo: Políticas anales*, "cumple un papel primordial en la construcción contemporánea de la sexualidad en la medida en que está cargada de fuertes valoraciones sobre lo que es ser hombre y lo que es ser mujer, lo que es ser un cuerpo valorado y un cuerpo abyecto, un cuerpo marica y un cuerpo hetero, sobre la función de lo masculino y lo femenino".[249]

---

249 Javier Sáez y Sejo Carrascosa, *Por el culo: Políticas anales* (Barcelona: Egales, 2011), 172.

Es interesante que en distintos idiomas y culturas el ano ha sido identificado como el lugar de la injuria (*asshole, enculé, fuck you*, dar por culo, culero, ojete y un largo etcétera). La penetración anal en estos insultos es representada como una grave humillación o castigo; doloroso, odioso, que significa también la pérdida de la hombría. Sin embargo, en esta figuración existe una doble moral. Aquel que penetra no parece correr ningún riesgo de desprestigio o pérdida de ningún tipo: es la persona penetrada quien cae en desgracia. Como argumentan Sáez y Carrascosa, mientras las mujeres han sido concebidas históricamente como seres penetrables, vistas como seres pasivos, el rechazo a ser penetrado es un componente fundamental de la identidad heterosexual masculina, considerada la posición activa. Esta visión binaria y limitada concibe que ocupar la posición "pasiva", es decir, ser la persona penetrada, es sinónimo de degradación y, por ello, fuente de grandes ansiedades y miedos ante la posible amenaza de la masculinidad. Además de generar odio, nos obliga a ceñirnos a ciertos roles de género y sexuales que señalan la manera en que debemos actuar, trabajar, vestir y vivir nuestra sexualidad. Incluso llega a regular nuestros esfínteres: solo debe ser un lugar de salida, nunca de entrada. Pero el ano es un orificio que todas las personas tenemos por igual; sin importar la forma de nuestros genitales, sin marcas de género, todes tenemos un ano. Reflexionar sobre sus posibilidades nos permite cuestionar los binarismos hombre/mujer, heterosexualidad/homosexualidad, pasivo/activo.[255]

Anos fetiche

Durante los últimos años, las conversaciones sobre anos se han abierto, relacionadas con un aspecto íntimo, pero también susceptible de embellecerse. Por ejemplo, a raíz de una exposición sobre sus exploraciones en el arte durante los años sesenta,

---

255 Sáez y Carrascosa, *Por el culo*, 120-170.

el británico Magnus Irving desarrolló un procedimiento para tomar moldes de los anos de las personas y crear modelos de esta singular parte de nuestro cuerpo hechos de plata, bronce y chocolate.[256]

Otra práctica que cada vez adquiere mayor popularidad es el blanqueamiento de la zona anal y genital. De acuerdo con las numerosas clínicas estéticas y ginecológicas que ofrecen este servicio y aparecen tras una búsqueda rápida en internet, el envejecimiento, la ropa ajustada, la menstruación, los cambios hormonales, en fin, la vida misma, provocan que la piel de la zona anal se vaya oscureciendo; lo cual, al parecer, no es atractivo. ¿Desde cuándo? Una vez más, tiene que ver con el imperativo de modificar nuestro cuerpo para que parezca más joven, infantilizarlo si es posible, atendiendo a las representaciones tomadas de la pornografía. Existen múltiples tratamientos que incluyen *peeling* químico, láser, cremas y ampolletas, los cuales deben administrarse bajo las indicaciones de una persona especializada en dermatología que pueda discernir entre los productos que contienen esteroides, mercurio o plomo que circulan por ahí. En teoría, no deberían suponer riesgos; sin embargo, pueden ser peligrosos para quienes no cuentan con recursos para tan costosos tratamientos y deciden experimentar con las supuestas recomendaciones caseras que inundan la red, las cuales van de la exfoliación con limón y azúcar al uso de sustancias sumamente abrasivas como el cloro y la gasolina blanca, que, lejos de producir el efecto deseado, son muy dañinas para la salud.

---

256 La marca se llama Edible Anus (edibleanus.com).

es la ausencia de emojis de toallas sanitarias, tampones o copas menstruales, siendo algo tan cotidiano. Es 2023 hay emoji del mate, de la Estatua de la Libertad, de guardia inglés con *busby*, de dragones y hasta de zombies, pero solo hay un emoji relacionado con la menstruación: una gota de sangre. Y no llegó ahí por casualidad: un grupo de activistas en 2017 propuso una serie de diseños y convocó a una votación para incluir una representación de la menstruación. Como respuesta, se agregó en 2019 la gota de sangre, la cual, de acuerdo con el Consorcio Unicode, puede aludir tanto al ciclo menstrual como a la donación de sangre o a la medicina. Aunque se buscaba una forma de representación más contundente, les activistas lo consideraron un primer paso hacia una mayor visibilización.[264]

Desde otros campos de acción, hay muchas mujeres trabajando por abrir la conversación sobre la menstruación y desestigmatizarla: la artista sueca Arvida Byström, en su serie fotográfica *There Will Be Blood* (2012), muestra retratos de mujeres menstruando durante sus actividades cotidianas. Momentos que suelen resultar vergonzosos y buscamos ocultar son el centro de la narrativa en estas imágenes: ¿por qué deberíamos avergonzarnos?[265] Otro caso fue la memorable participación de Kiran Gandhi en el maratón de Londres de 2015, quien decidió no usar ningún tipo de protección durante la carrera para luchar contra el estigma sobre la menstruación. Cansada de fingir que no existe el dolor y la incomodidad durante esos días, como comentó en una entrevista, quería visibilizar la situación de muchas mujeres que no tienen acceso a productos menstruales. Cuando al llegar a la meta su ropa estaba manchada con sangre, el público y la prensa se escandalizaron.[266]

264 Malaka Gharib, "Why Period Activists Think the 'Drop of Blood' Emoji Is a Huge Win", NPR, 8 de febrero de 2019, npr.org/sections/goatsandsoda/2019/02/08/692481425/why-period-activists-think-the-drop-of-blood-emoji-is-a-huge-win. Acceso mayo, 2023.

265 Puedes ver algunas de las imágenes de la serie en Emma Arvida Byström, "There Will Be Blood", *Vice*, 17 de mayo de 2012, vice.com/en/article/kwn34w/there-will-be-blood. Acceso mayo, 2023.

266 "This Woman Ran a Marathon on Her Period Without a Tampon", *Women's Running*, 10 de agosto de 2015, http://womensrunning.com/culture/this-woman-ran-a-marathon-on-her-period-without-a-tampon/. Acceso mayo, 2023.

Un ejemplo más es el cortometraje documental *Period. End of Sentence* (2019), dirigido por Rayka Zehtabchi. La película muestra cómo los prejuicios en torno a la menstruación afectan la vida de las mujeres en un pueblo cerca de Nueva Delhi, India, obligándolas en muchos casos a abandonar sus actividades cotidianas —ir al trabajo o a la escuela— cuando están en su periodo. El cambio sucede cuando las mujeres se organizan y comienzan a producir sus propias toallas sanitarias, con el apoyo de Pad Project, y se abre así también una posibilidad de intercambio.

Menstruación digna

Durante los últimos años la tecnología en torno a la menstruación ha tenido grandes avances: a las toallas sanitarias y tampones se han sumado ropa interior absorbente, copas menstruales y otras herramientas de gestión menstrual que generalmente se venden a precios elevados y no son accesibles para una gran cantidad de mujeres. La cuestión es que los productos menstruales no son un lujo, son una necesidad básica que debe estar al alcance de todas las personas menstruantes. Sin embargo, en muchos lugares no se cuenta con la infraestructura necesaria en hogares, escuelas, prisiones o trabajos para una gestión menstrual en condiciones de higiene, es decir, no se trata únicamente del acceso a toallas, tampones o algún otro producto, sino de tener agua y jabón, un espacio limpio, suficiente ropa interior para cambiarse. Esta situación es aún más grave entre quienes viven privadas de su libertad, en México, en los centros penitenciarios, por falta de una atención adecuada de parte de las autoridades. A las personas recluidas no les queda más que usar calcetines, pedazos de tela de una camiseta o incluso papel para absorber la sangre.[267]

---

267 Dalila Sarabia, "Con papel de baño, calcetines y hasta cubrebocas, así viven las mujeres en prisión su menstruación", *Animal Político*, 20 de noviembre de 2021, animalpolitico.com/sociedad/mujeres-prision-menstruacion-papel-calcetines. Acceso mayo, 2023.

Los datos que ofrece UNICEF al respecto son muy ilustrativos: en México, 43% de las niñas y adolescentes prefieren quedarse en casa que ir a la escuela durante su periodo menstrual (lo cual tiene graves consecuencias en su desarrollo académico); 30% usa papel higiénico en lugar de toallas sanitarias; 66% piensa que los baños en sus escuelas están sucios; y 73% se lava las manos sin jabón por ausencia de este.[268] Otro factor es la falta de información: la Encuesta Nacional sobre Gestión Menstrual hecha en 2022 por la UNICEF en México señala que casi 7 de cada 10 adolescentes tenían poca o nada de información cuando les llegó su primer periodo,[269] lo que obviamente limitó las decisiones que tomaban sobre su salud y su cuerpo.

En 2022, el Congreso mexicano aprobó la iniciativa de la colectiva Menstruación Digna para eliminar el impuesto sobre el valor agregado (IVA) de los productos de gestión menstrual. Este es un logro muy importante, ya que reconoce la falta de equidad al gravar productos indispensables para gestionar un proceso biológico que no es opcional y coloca el tema de la pobreza menstrual en el centro de la discusión. En muchos países este tipo de impuestos persisten; por ejemplo, las mujeres en Dinamarca y Suecia pagan 25% sobre los productos de higiene menstrual.[270] En contraste, existen otros donde los productos menstruales son gratuitos, como Escocia, ya que se consideran un derecho humano.[271]

"La dignidad menstrual es el reconocimiento de que todas tenemos derecho a contar con los recursos y condiciones ne-

---

268 Sandra Álvarez Hernández, "Hablemos de menstruación digna", *Gaceta UNAM*, 26 de mayo de 2023, www.gaceta.unam.mx/hablemos-de-menstruacion-digna/. Acceso junio, 2023.

269 Naciones Unidas México, "Gestión digna de la menstruación, una prioridad para el trabajo coordinado de UNICEF y sus aliados en México", 30 de mayo de 2023, http://mexico.un.org/es/233897-gesti%C3%B3n-digna-de-la-menstruaci%C3%B3n-una-prioridad-para-el-trabajo-coordinado-de-unicef-y-sus. Acceso junio, 2023.

270 Elisa Soto y Jonathan Grabinsky, "Tasa cero en productos de gestión menstrual, tema angular en la lucha por la equidad de género", *Animal Político*, 18 de agosto de 2022, animalpolitico.com/analisis/invitades/tasa-cero-en-productos-de-gestion-menstrual-y-equidad-de-genero. Acceso mayo, 2023.

271 Gobierno de Escocia, "Free Period Products", 13 de junio de 2023, https://www.mygov.scot/free-period-products. Acceso julio, 2023.

cesarias para gestionar nuestra menstruación de manera saludable y funcional".[272] Esto implica la obligación del Estado de garantizar el acceso gratuito a productos de gestión menstrual para quienes los requieran, pero también el derecho a una educación sensible, abarcadora, que no se agote en el aspecto de la reproducción y que incluya a todas las personas, no solo a quienes menstrúan, para romper el silencio y los prejuicios en torno a la menstruación.

En mayo de 2021 durante una protesta por la menstruación digna en el centro de la Ciudad de México, un grupo de manifestantes extendieron en el suelo una compresa sanitaria gigante con un trozo de tela roja que aparentaba ser sangre menstrual. Resulta simpático y hasta cierto punto preocupante que cuando la gente cruzaba sobre ella evitaban pisar la sangre simulada, "saltando" la parte roja, como si tuvieran miedo de que se tratara de algo sucio (aunque en realidad era solo un parche de tela roja), como relata la artista Martha Muñoz Aristizábal, una de las creadoras de esta pieza.[273]

Cólicos menstruales y endometriosis

"Es normal, es parte de ser mujer", "No exageres", "Seguro estás estresada"… Hemos escuchado una y otra vez este tipo de explicaciones cuando las mujeres acuden a consulta médica en busca de un diagnóstico, una respuesta a los cólicos menstruales que pueden llegar a ser muy dolorosos e incluso inhabilitar a quien los padece durante varios días al mes: inflamación, fatiga, mareos, migrañas, infertilidad, dolor al tener relaciones sexuales, desordenes intestinales, desmayos. Una de las posibles causas es la endometriosis, cuyos síntomas son muy diversos y cambian en cada persona. Las causas de la endometriosis aún se desconocen. Ocurre cuando el tejido endometrial —aquel

---

272 Álvarez Hernández, "Hablemos de menstruación digna".

273 Entrevista con la artista, mayo de 2023.

Colombia (2022).[280] Es decir, en la mayoría de los países del continente, quienes deciden abortar no cuentan con las mínimas garantías para hacerlo de manera segura o gratuita, lo cual afecta de manera diferenciada a las mujeres con escasos recursos económicos.

Y es que, aun cuando se ha ganado terreno, continúan existiendo muchos obstáculos para que los derechos obtenidos puedan ejercerse: la imposición de creencias o valores morales; el rechazo de familiares y miembros de la comunidad, quienes discriminan a las personas que abortan y las inculpan movides por prejuicios; la objeción de conciencia de les médiques alimentada por los estigmas sociales que suponen que por haber nacido con una vagina tenemos integrada una cosa que llaman "instinto maternal" y que el sentido de nuestra vida debería ser la reproducción. Con frecuencia, los medios de comunicación también contribuyen a la estigmatización, al violar el derecho a la intimidad y a la dignidad de quienes interrumpen su embarazo y presentándoles como asesines, egoístas, crueles o insensibles.

Derecho a decidir

La posibilidad de decidir sobre nuestro cuerpo y sobre nuestra salud sexual y reproductiva es un derecho humano. Es nuestro derecho decidir si queremos tener hijes, cuándo y cómo. Ninguna persona, religión o Estado puede decidirlo. La lucha por el derecho a decidir es un camino difícil y con muchas aristas. Por muchas décadas,[281] mujeres comprometidas con esta causa han trabajado y se han movilizado para que hoy, en algunos lugares, podamos ejercer nuestro derecho. En la Ciudad de México, el 24 de abril de 2007 la Asamblea Legislativa aprobó la ley que

280 "El aborto en América Latina", *Statista*, 13 de marzo de 2023, es.statista.com/temas/10230/el-aborto-en-america-latina/#topicOverview. Acceso mayo, 2023.

281 Las primeras propuestas de despenalización del aborto en México surgieron en 1920 con el movimiento feminista emergente. Andrzej Kulczycki, "De eso no se habla: aceptando el aborto en México", *Estudios Demográficos y Urbanos 18*, núm. 2 (mayo de 2023), 361.

despenalizó el aborto hasta la semana 12 de gestación. Desde entonces, las clínicas de interrupción legal del embarazo (ILE) proporcionan el servicio de manera gratuita y segura. La ley establece claramente que no se obliga a abortar a ninguna persona que no lo solicite, pero permite que quienes así lo decidan puedan interrumpir su embarazo en un espacio seguro. También se brinda atención a las personas que acudan desde otros estados.[282] Sin embargo, es preciso continuar luchando: el 7 de septiembre de 2021, la Suprema Corte de Justicia anunció: "Las mujeres y personas gestantes ya no podrán ser castigadas penalmente en ningún momento por abortar en México",[283] un paso muy importante; sin embargo, aún faltan 22 entidades por despenalizarlo, en las cuales las sanciones legales y la estigmatización social continúan operando. También cabe resaltar que la prohibición del aborto y su estigmatización no solo afecta a quienes buscan terminar un embarazo; también lo hace a quienes buscan embarazarse, pero sufren abortos espontáneos, debido a lo cual viven maltratos, se les niegan servicios o incluso viven criminalización en los centros de salud al haber la sospecha de que haya sido un aborto inducido. Esta experiencia vuelve aún más difícil y dolorosa la pérdida y el duelo por ese embarazo deseado que no pudo llegar a término.

A veces se asume que la lucha por los derechos es un proceso progresivo; vamos avanzando y nos olvidamos de que la posibilidad de retroceso es también factible. El caso de Estados Unidos es un llamado de atención: en 2022 la Suprema Corte anuló la sentencia de la causa Roe vs. Wade que, desde 1973, permitía el acceso al aborto en todos los estados de la Unión Americana. Este terrible retroceso en materia de derechos sexuales nos recuerda que no podemos dar los derechos por sentado.

---

282 Para mayor información puedes consultar su sitio web: ile.salud.cdmx.gob.mx.

283 Beatriz Guillén, "La marea verde en México: 'Las opciones son aborto legal o aborto clandestino'", *El País*, 29 de septiembre de 2022, http://elpais.com/mexico/2022-09-29/la-marea-verde -en-mexico-las-opciones-son-aborto-legal-o-aborto-clandestino.html. Acceso julio, 2023.

PENE

DESDE LOS ORÍGENES DE LA CIVILIZACIÓN occidental, el pene ha sido fuente de significados centrales en la cosmogonía y relaciones sociales. Asociado con la irracionalidad de las fuerzas de la naturaleza y de la inteligencia divina, dadora de vida, ha sido pensado como un ícono de la creatividad, como un vínculo entre lo humano y lo sagrado. Ha sido también un arma contra mujeres, niñes y otros hombres. Sin duda, la manera de entender esta parte del cuerpo ha funcionado en distintas épocas y lugares como una metáfora del lugar que ocupa el hombre en el mundo,[284] y de cómo se han organizado las relaciones de género.

En las civilizaciones de la Antigüedad, la idea del pene como fuente de vida y fertilidad se encuentra en los mitos fundacionales. Por ejemplo, para les sumeries, la eyaculación del dios Enki llenó los ríos Tigris y Éufrates; en la tradición egipcia,

---

284 David Friedman, *A Mind of Its Own. A Cultural History of the Penis* (Nueva York: The Free Press, 2001), 5-6.

la simiente derramada, producto de la masturbación del dios Atum, dio origen a la vida en todas sus formas; el panteón griego, por su parte, estaba plagado de dioses con genitales mágicos: el más celebrado, Dioniso, quien con Afrodita, la diosa del amor, concibió a Príapo, una deidad representada con un pene descomunal y en permanente erección. Los festivales dionisiacos, celebrados anualmente, incluían procesiones en donde se llevaban los *phalloi*, representaciones de penes erectos de madera, como parte del culto.[285]

Esta centralidad fálica ha estado presente en la cultura occidental a través de la historia, expresada en prácticamente todas las dinámicas sociales, en las instituciones, en las familias, en el arte y hasta en la moda, con estrambóticos ejemplos como las braguetas de los siglos xv y xvi. El pene ha simbolizado el poder del padre, del que manda. Es sintomático que la palabra usada para nombrar los problemas de erección del pene (disfunción eréctil) sea "impotencia", es decir, la ausencia de poder, mientras que la erección simboliza la ostentación de este. En las pinturas murales prehistóricas, el falo era visto con frecuencia como una forma de protección frente al mal. Y en la antigua Roma se usaban amuletos fálicos para protegerse del mal de ojo.[286]

El pene también ha sido pensado como el lugar de la creación, dentro de la lógica del genio creador, quien necesariamente debe ser hombre y tener un pene. Cuando le preguntaron a Renoir cómo lograba pintar a pesar de la artritis en sus manos, él respondió: "con la polla", aludiendo al poder fálico del pintor frente al medio —el lienzo en este caso— que resiste. Una metáfora que parece estar refiriendo una violación.[287]

En la tradición judeocristiana surgió una creencia que en la actualidad podría parecer aventurada. Se sospechaba que,

---

285 Algunos de estos falos de madera eran decorados con ojos y cara, como si se tratara de un cuerpo independiente. Friedman, *A Mind of Its Own*, 20.

286 Sims, *Adam's Navel*, 248.

287 Nead, *El desnudo femenino*, 94.

Y actualmente es una operación relativamente común porque se considera recomendable en términos higiénicos e incluso estéticos, en contraste con las nociones en la antigua Grecia en las que un pene bello debía tener un prepucio largo.[294]

Es un procedimiento muy normalizado y existen resistencias en contra de dichas operaciones. Por ejemplo, en Estados Unidos hay un grupo de protesta llamado Bloodstained Men[295] ("hombres manchados de sangre") que brinda información sobre el procedimiento en actos de protesta públicos. La circuncisión es una de las operaciones más comunes en ese país: más de la mitad de la población con pene está circuncidada.[296] Esta es resultado de una decisión tomada por les padres sobre el cuerpo infantil; es cruel al tratarse de una mutilación en una zona íntima hecha sin la autorización de quien la vive.

En términos médicos, únicamente se recomienda si le bebé, tras un año de vida, tiene el prepucio demasiado cerrado o cuando existen problemas para orinar (obstrucción urinaria) o cuando se presentan infecciones, irritación o enrojecimiento del prepucio. En muchos hospitales alrededor del mundo esta operación se practica a le bebé tras nacer. Una de las justificaciones comunes para llevarla a cabo es que "es más higiénico". Respecto a este punto, es importante tomar en cuenta que con o sin circuncisión se debe mantener una limpieza adecuada, bajar el prepucio para lavar el glande y, en caso de tener la operación, de igual modo lavar el pene por completo con agua y jabón y secar correctamente.

Aunque existen datos que indican que la circuncisión puede ayudar a reducir el contagio de infecciones, esta no garantiza de ningún modo una protección infalible. Del mismo modo, con o sin circuncisión es necesario usar métodos de barrera o

---

294 Frederick M. Hodges, "The Ideal Prepuce in Ancient Greece and Rome: Male Genital Aesthetics and Their Relation to 'Lipodermos', Circumcision, Foreskin Restoration, and the 'Kynodesmē'", *Bulletin of The History of Medicine 75*, núm. 3 (octubre de 2001): 375-405.

295 Bloodstain Men, https://www.bloodstainedmen.com/about-us/. Acceso junio, 2023.

296 Centers for Disease Control and Prevention, "Trends in Circumcisions among Newborns", 6 de noviembre de 2015, https://www.cdc.gov/nchs/data/hestat/circumcisions/circumcisions.htm. Acceso junio, 2023.

preservativos para evitar infecciones de transmisión sexual. La evidencia demuestra que sí existe una correlación entre circuncisión y la adquisición de VIH.[297] De acuerdo con la médica especialista en VIH Brenda Crabtree,[298] el prepucio permite que la mucosa sea más extensa. Al remover el prepucio se retira la mitad de la superficie de la mucosa, donde se pueden alojar las células que tienen la capacidad de recibir el virus de VIH, así como otras enfermedades de transmisión sexual.

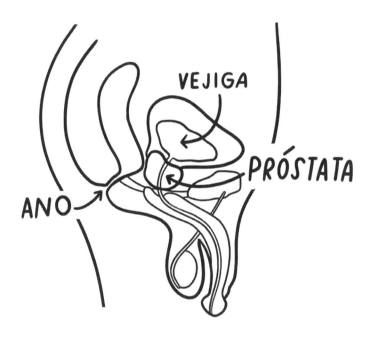

297 ONU SIDA, "Circuncisión masculina y VIH: aquí y ahora (parte 2)", 28 de febrero de 2007, https://www.unaids.org/es/resources/presscentre/featurestories/2007/february/20070228m cpt2#:~:text=Los%20cient%C3%ADficos%20afirman%20que%20la,cuando%20se%20mantienen %20relaciones%20sexuales. Acceso febrero, 2023.

298 Brenda Crabtree es especialista en enfermedades infecciosas. Es profesora asistente del Programa de VIH de la Universidad Nacional Autónoma de México y es investigadora de la clínica de VIH en el Instituto Nacional de Ciencias Médicas y Nutrición "Salvador Zubirán" en la Ciudad de México. Entrevista de febrero de 2023.

MASTURBACIÓN

EL AUTOPLACER ES UNA PRÁCTICA TAN ANTIGUA como la existencia humana, y como toda práctica humana ha tenido connotaciones diferentes a través del tiempo. Durante los últimos siglos, permeada de pensamientos morales y religiosos, se ha considerado una práctica negativa por la que debemos sentir culpa. Aún hoy en día persisten un montón de mitos en torno a la masturbación; algunos suenan ridículos, como el supuesto crecimiento de pelos en la mano, y otros más serios: encogimiento del pene, infertilidad o incluso ceguera. Nada de esto es cierto. Lo que sí es cierto es que, pese a ser tabú, es una práctica muy común y segura (si se hace con la higiene necesaria); es igualmente una forma fantástica de reducir el estrés y conocer nuestro cuerpo y el de las personas con las que nos relacionamos sexualmente.

La masturbación es también conocida como *onanismo*, palabra surgida a partir del relato del Génesis sobre Onán, quien fue castigado por Dios por haber vertido su semen en el suelo. En realidad, la mítica falta de Onán es lo que hoy conocemos como *coitus interruptus*, no estrictamente masturbación. Lo que podemos interpretar de esta historia es que la ira de Dios es el resultado del desperdicio del semen, por lo que las relaciones sexuales tendrían como fin la reproducción y no la búsqueda del placer. Bajo esta misma lógica entendemos por qué el orgasmo femenino ha sido poco atendido y estigmatizado, junto con la masturbación, el sexo anal y el sexo oral.

Es interesante la comparación con otras visiones sobre la masturbación en diferentes culturas. Por ejemplo, en Mesoamérica la masturbación masculina estaba asociada a la fertilidad de la tierra. Tanto la sangre como el semen eran considerados alimento para los dioses, y, como tal, fecundaban a través de ciertos rituales. Les arqueólogues han hallado vestigios que dan cuenta de la masturbación ritual masculina en distintas culturas: por ejemplo, en la zona del occidente de México y en la península de Yucatán se encontraron numerosas esculturas fálicas. En el Museo de Antropología de Guatemala hay una talla en piedra de un metro de alto que representa a un hombre con un enorme falo en actitud de masturbarse. Aunque actualmente la mirada es distinta, muchas de estas piezas han permanecido en bodegas por el pudor del personal a cargo de las instituciones museísticas.[299]

299 Carlos Navarrete Cáceres, "Acercamiento a la masturbación ritual en Mesoamérica", *Arqueología Mexicana*, núm. 104, julio-agosto de 2010, 46-50.

En Europa, a partir del siglo XVI, se extendió una obsesión entre las autoridades médicas y religiosas por regular la sexualidad y castigar las supuestas transgresiones a través de los discursos de patologización[300] y pecado. Esto alcanzó su máxima expresión en el siglo XIX. Para las autoridades religiosas la masturbación era vista, junto con la homosexualidad y el *coitus interruptus,* como un placer perverso que había que combatir. Por eso interrogaban a sus comunidades, especialmente a los jóvenes solteros, para evitar que cayeran en el terrible pecado de la "autopolución". Por su parte, las autoridades laicas también emprendieron una lucha contra lo que consideraban una "enfermedad social" que se esparcía por Europa.[301] Para la lógica capitalista que iba desplegándose, la masturbación representaba un "desperdicio", un gasto de energía que debía ser canalizado a la producción o a la reproducción.

El neurólogo suizo Samuel Tissot (1728-1797) en 1758 publicó su panfleto *Onania,* un texto en el que relacionaba la masturbación con la locura y que tuvo gran alcance en su época. Los médicos del siglo XVIII de Europa y Estados Unidos atribuyeron un enorme número de enfermedades físicas y mentales a la masturbación, como la neurosis, la neurastenia y otras enfermedades nerviosas. Los filósofos Voltaire y Rousseau también atribuyeron múltiples males físicos y mentales a esta práctica.[302] Incluso se diseñaron más de 20 objetos para prevenir el contacto furtivo durante las noches, como guantes nocturnos para evitar el tacto genital, hierros de cama para evitar la fricción de las sábanas contra el cuerpo, grilletes de contención que impedían la fricción de las dos piernas y una variedad de cinturones diseñados para evitar el tacto y la erección en el joven masturbador.[303]

---

300 Consultar el capítulo "Patologización".

301 Matthews Grieco, "El cuerpo, apariencia y sexualidad", 106.

302 Michael S. Patton, "Twentieth-Century Attitudes Toward Masturbation", *Journal of Religion and Health 25,* núm. 4 (invierno de 1986): 291-302.

303 Paul B. Preciado, *Manifiesto contrasexual* (Barcelona: Anagrama, 2020), 85-86.

Como lo tratamos en el apartado correspondiente al clítoris, por generaciones ha existido un profundo desconocimiento sobre su funcionamiento, su anatomía y su estimulación. Si bien hablar de masturbación y penes es aún en muchos lugares un tabú, hablar de vulvas, anos y masturbación lo es mucho más. Al punto de que los hombres heterosexuales cisgénero evitan siquiera tocar su ano (cuando su punto G es la próstata, que se encuentra dentro del recto); y las mujeres, por otro lado, hemos sido educadas para simplemente no tocar el tema: como si nuestro cuerpo no existiera, desconocemos nuestros genitales y no buscamos nuestro placer para no sentirnos "sucias" u "obscenas". Las personas comenzamos nuestra vida sexual con mala, poca o nula educación sexual y estigmatizando la búsqueda del autoplacer. En realidad, la masturbación puede tener efectos muy positivos sobre nuestro cuerpo, como conocerlo y descubrir qué nos gusta y qué no (lo cual supone múltiples beneficios en nuestros encuentros sexuales con otras personas, sin importar su género); también nos ayuda a dormir mejor, pues liberamos serotonina y dopamina, a fortalecer nuestros músculos pélvicos y a reducir el estrés.

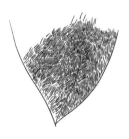

VELLOS

LOS MAMÍFEROS TENEMOS, entre varias características en
común, pelo en la mayor parte de nuestro cuerpo. El cuerpo
humano está prácticamente cubierto de pelo, excepto los labios, las plantas de los pies, las palmas de las manos y la mucosa genital. La principal función del vello es protectora: evita
infecciones por contacto con la piel, regula la temperatura del
cuerpo y su crecimiento depende de factores hormonales, la
nutrición, la exposición al sol y el clima.

De acuerdo con la época y el lugar en que nos situemos, la
presencia o ausencia de vello corporal suele revelar diferencias
de género, edad, salud e incluso ciertas ideas sobre higiene. A
pesar de que el vello corporal es algo extremadamente usual en
las personas adultas, nuestra relación con la presencia o ausencia del pelo corporal tiene enormes implicaciones, y, aunque
no supone el mismo impacto del cabello, muchos significados
culturales se desprenden de él.

El crecimiento o la caída del pelo marca el cambio de edad de una persona: con la vejez algunas personas comienzan a tener más o menos vello facial; del mismo modo, con la adolescencia el vello alrededor del cuerpo tiende a engrosarse y aparece en el área genital, axilar y facial. De hecho, la palabra *pubertad*, que designa el momento en que nuestros órganos reproductores despiertan y nuestras hormonas se activan, viene del latín *pubes*, que significa "joven con vello púbico".[304] Se trata de un momento muy delicado en nuestra vida en el que no entendemos muy bien los cambios que ocurren en nuestro cuerpo, y las comparaciones con quienes están a nuestro alrededor nos generan ansiedad frente a la posibilidad de no cumplir con las expectativas. Para evitar estos momentos de desasosiego, una compañía en Japón inventó una peluca inferior, es decir, una peluca púbica, fabricada con pelo humano, dirigida a mujeres jóvenes para situaciones en que el cuerpo podría quedar expuesto, tales como un gimnasio o un viaje grupal, cuando aún no han alcanzado el desarrollo sexual que las demás compañeras de clase.

El ejemplo de las pelucas japonesas contrasta con el mandato social de depilación o rasuración del vello en el "área del bikini" que viven las mujeres en Occidente, donde el vello púbico puede ser motivo de orgullo, pero también de vergüenza ante las modas que nos dicen que la vulva ideal es aquella depilada. ¿Ideal para quién? ¿Por qué querríamos remover el signo de nuestra madurez sexual? La decisión sobre nuestro cuerpo, cómo lo habitamos, cómo lo disfrutamos, es nuestra.

---

304 "Pubertad", *Dicciomed, Diccionario médico-biológico, histórico y etimológico* de la Universidad de Salamanca, https://dicciomed.usal.es/palabra/pubertad. Acceso mayo, 2023.

BARBA Y BIGOTE

A TRAVÉS DEL TIEMPO LA BARBA Y EL BIGOTE masculino han adquirido significados muy diversos: en algunas épocas se han relacionado con la autoridad paterna: por ejemplo, pensemos en Zeus, el dios padre del Olimpo según la mitología griega. También se han asociado con el genio artístico o con la sabiduría, como en el caso de los científicos y artistas europeos durante la segunda mitad del siglo XIX, quienes usaban profusas barbas, como Charles Darwin o Claude Monet. Una barba bien afeitada y moldeada conforme a la moda puede significar estatus económico, como esos bigotes y barbas puntiagudas que usaban los militares a principios del siglo XX; por el contrario, dejarla crecer "al natural" puede ser símbolo de rebeldía, como las barbas de los hippies de los años sesenta.

Como otros rasgos de las caras, el vello facial ha sido un elemento de diferencia racial. Un ejemplo puede encontrarse en la participación de México en la Feria Universal de Madrid de

1892.[305] El pabellón mexicano exhibió colecciones arqueológicas y antropológicas que dieran a conocer en Europa la gran civilización prehispánica. Les encargades de seleccionar los objetos que representarían a la nación en la feria mandaron a hacer maniquíes de guerreros aztecas a les escultores más notables de la época, quienes debieron enfrentar la controversial decisión sobre si los guerreros debían lucir barba o bigote. En opinión de les seleccionadores debían llevar "un soberbio bigote a la Capoul" (un cantante de ópera francés muy famoso en aquel momento), con la intención de mostrar, enaltecer y exotizar el pasado prehispánico, reflejando al mismo tiempo una imagen moderna y hacia el progreso del país en aquel momento. El bigote en esa lógica era un símbolo de civilización, ya que se asociaba al cuerpo que representaba la modernidad: el cuerpo masculino, blanco, europeo. Les artistas ante el señalamiento procedieron a pintar los bigotes solicitados, aunque, según crónicas de la época, no muy convencides de que el mostacho caracterizara fielmente la moda azteca, procedieron a borrarlo antes de empacar los maniquíes.[306]

Barbas y bigotes hay de muchos tipos y formas. Existe toda una industria para hacerlas crecer, rasurarlas y depilarlas. Usualmente relacionamos el bigote y la barba con lo masculino. La barba significa un paso de la infancia a la adultez; es para muchos un símbolo de "hombría", ya que por lo general los hombres cis la desarrollan durante la adolescencia, aunque no todos lo hagan. Además, la mayoría de las mujeres cis, al crecer, podemos tener brotes ligeros de pelo en la cara (común en la zona del bigote). También existen mujeres cis que presentan

---

305 Durante el siglo xix la celebración de las exposiciones universales era un aspecto muy importante en las relaciones internacionales y la diplomacia cultural. A su vez, estas servían para mostrar la superioridad de las naciones "civilizadas" sobre las demás. En ellas se exhibían e intercambiaban objetos artísticos y se mostraban los más recientes desarrollos tecnológicos. Era un espacio de espectáculo para deslumbrar a propios y extraños, en donde se cruzaba lo exótico, lo singular, lo científico y lo político.

306 María Haydeé García Bravo, "La exhibición del cuerpo nacional: maniquíes, cráneos y tipos indígenas mexicanos en Madrid, 1892", en *Cuerpos mostrados: Regímenes de exhibición de lo humano*, coords. José Pardo-Tomás, Alfons Zarzoso y Mauricio Sánchez Menchero (México: Siglo XXI/UNAM, 2019), 174.

pelo grueso en las mejillas, el bigote, el mentón y otras partes del cuerpo como el pecho. A esta condición se la conoce en medicina como hirsutismo. Si bien pueden existir muchas causas para este síntoma y no tiene absolutamente nada de malo tener barba en la cara, es importante asistir a una revisión médica para descartar que se deba al síndrome de ovario poliquístico, tumores en los ovarios u otras enfermedades que elevan los niveles de andrógenos.

Existen múltiples métodos de depilación y rasuración para "controlar" el pelo facial de las mujeres, así como existen tónicos, suplementos y técnicas de afeitado para hacer crecer o hacer lucir más grueso el pelo facial de los hombres. Lo anterior nos demuestra, una vez más, cómo modificamos nuestros cuerpos para cumplir con las convenciones de género. Aquellas diferencias que damos por hecho que son "naturales" en realidad son acentuadas por nuestras prácticas sociales.

DEPILACIÓN Y RASURACIÓN

EN DIFERENTE MEDIDA, prácticamente todas las personas tenemos vello en la cara y alrededor de los genitales; sin embargo, en nuestra sociedad, durante las últimas épocas, comenzó a ser "mal visto" que las mujeres lo portaran. En términos generales, el mandato de belleza les exige a las mujeres deshacerse del vello facial, de las piernas, de las axilas e incluso de los brazos y el área genital. Es por ello por lo que existen múltiples productos para rasurar, decolorar o depilar de manera definitiva el pelo del cuerpo. Estos procedimientos son muy recurrentes, pese a que algunos son dolorosos durante y después de su aplicación, como la depilación con cera caliente, que involucra no solo arrancar los pelos de raíz, sino también tolerar la temperatura de la cera.

La depilación en general es una práctica bastante antigua que ha variado según la época y el lugar. Como todo constructo social, no siempre ha funcionado de la misma manera; por ejemplo, es común encontrar en el arte europeo retratos del siglo XV[307] en los que posan mujeres con frentes muy altas: esto se debe a que la moda de las clases altas era deshacerse del pelo de arriba de la frente.

La rasuración femenina hoy en día, a pesar de ser generalizada (casi que la tomamos por sentado), en realidad es una necesidad reciente creada por la publicidad. Fue hasta inicios del siglo XX que se comenzó a impulsar el deshacerse de los vellos axilares. En 1915 la primera rasuradora Gillette para mujeres fue introducida en el mercado (Milady Décolleté Gillette Razor), creada para "la mujer moderna", y se anunció en revistas como *Harper's Bazaar*. Actualmente las maquinillas de afeitar son una industria millonaria; son usadas por millones de personas, y las que son diseñadas para mujeres, pese a que tienen funciones idénticas que las diseñadas para hombres, son más caras: pagan lo que se conoce como "impuesto rosa" (*pink tax*).

Es común que el mandato de belleza nos exija a las mujeres deshacernos de los vellos en nuestras piernas y muslos, e incluso en nuestras partes del cuerpo más íntimas y cuya piel es más sensible. Pese a lo intrusiva y dolorosa, la depilación en la zona genital, también conocida como "depilación brasileña", es una moda que se ha vuelto muy común. Por otro lado, no podemos ignorar la relación entre esta tendencia y la pornografía *mainstream* que presenta a cierto tipo de cuerpos como deseables: cuerpos sin vellos. Pero la realidad es que quienes han pasado la pubertad y quienes pueden tener relaciones sexuales consensuadas tienen vellos.

Hay personas que incluso consideran que se trata de un "asunto de higiene" para las mujeres, mientras que, en términos generales, al menos en el caso de los hombres heterosexuales, ellos no enfrentan la exigencia social de depilarse el área genital o axilar. Podríamos decir que incluso las nociones de higiene tienen un doble rasero respecto al género.

---

307 Como los de Jan van Eyck (1390-1441), Rogier van der Weyden (*ca.* 1400-1464), Alesso Baldovinetti (1427-1499).

Sin embargo, esta noción de higiene que se relaciona estrechamente con lo "saludable" está alejada de lo que recomiendan quienes son profesionales en salud. La depilación, de hecho, está vinculada al incremento de las infecciones de transmisión sexual debido a que el pelo púbico tiene una función protectora. Durante las relaciones sexuales, combinados con métodos de barrera (como los preservativos), los vellos ayudan a reducir notoriamente el contagio de infecciones como el virus de papiloma humano VPH.

De acuerdo a Ramón Grimalt, de la Academia Española de Dermatología y Venereología, si la depilación se realiza el mismo día o el día anterior a tener relaciones sexuales, la piel se encuentra aún irritada y esto favorece la transmisión de las infecciones. Si el pelo ha sido afeitado con pocos días de anticipación, estos actúan como minicuchillas que rascarán y herirán la piel durante el acto sexual, lo que aumenta la probabilidad de contraer infecciones, ya que las pequeñas heridas que se producen encima de la piel púbica permiten a los microorganismos penetrar y crear una infección.[308]

---

308 Academia Española de Dermatología y Venereología, "Depilación integral, peligro de infección de ETS", abril de 2014, https://aedv.es/comunicacion/notas-de-prensa/depilacion-integral-peligro-de-infeccion-de-ets/. Acceso junio, 2023.

PIERNAS

LAS PIERNAS SON UN SÍMBOLO DE LA MOVILIDAD del cuerpo. "Salir por piernas" es una expresión que significa salir a toda velocidad, huir de alguna situación. La manera en que hemos pensado nuestras extremidades inferiores está relacionada, en un primer momento, con sus funciones como motor y sostén del cuerpo. Para las distintas disciplinas que estudian la evolución humana, el primer hito de lo que se convirtió en la humanidad es el bipedalismo, cuando nuestres antepasades homínides comenzaron a caminar en dos piernas, abriendo los horizontes de posibilidad, con un sistema propulsor único que es el caminar.[309] Sin embargo, desde entonces hasta ahora, las piernas han adquirido numerosas capas de significado.

---

309 Rebecca Solnit, *Wanderlust* (Londres: Penguin Books, 2001), 34.

Mostrar pierna

En la antigua Roma, tanto hombres como mujeres usaban túnicas que no se diferenciaban mucho entre sí; el elemento de distinción entre personas nobles y campesinas era la cantidad y la calidad de tela usada para la túnica. De acuerdo con su ocupación, las túnicas de los varones podían ser más cortas con fines prácticos, ya que tanta tela no les permitía moverse. Pero en el caso de las túnicas femeninas, la extensión, más que parecerles un problema, parecía una virtud que permitía controlar mejor sus movimientos. Los pueblos del norte dominados por los romanos, conocidos como "bárbaros", preferían el calzón, prenda bífida que sobrevivió a la romanización.[310]

Con el tiempo, la indumentaria masculina adoptó prendas bifurcadas y ajustadas al cuerpo que protegían y facilitaban el movimiento: en la Edad Media las piernas solían cubrirse con entalladas calzas, acompañadas de braguetas y jubones en el torso que resaltaban la espalda y el pecho; al parecer en aquellos tiempos la vestimenta de los varones solía ser bastante reveladora.[311] Más tarde, los caballeros de la aristocracia lucían calzón (*culotte* en francés), que cubría de la cintura hasta las rodillas y se complementaba con medias de seda para resaltar sus pantorrillas. Un ejemplo es el del célebre Rey Sol, Luis XIV de Francia, quien, según han escrito sus biógrafes e historiadores, se sentía muy orgulloso de sus largas piernas y no perdía oportunidad para mostrarlas. Según los modelos de belleza de la época, el hombre atractivo debía tener unas pantorrillas torneadas; de modo que aquellos de piernas flacas recurrían a rellenos que colocaban en sus medias para disimular.[312] Mientras tanto, los campesinos usaban pantalones largos para llevar a cabo sus trabajos, razón por la cual eran llamados *sans-culot-*

---

310 Christine Bard, *Historia política del pantalón* (Buenos Aires: Tusquets, 2012), 13.

311 Joanne Entwistle, *El cuerpo y la moda: una visión sociológica* (Barcelona: Paidós, 2002), 187.

312 Bard, *Historia política del pantalón*, 12.

Un lugar especial tienen las medias de red en esta historia. Aunque sus rastros se remontan más atrás, durante la primera mitad del siglo XX estuvieron muy relacionadas con la escena del cabaret y las estrellas del burlesque (desde la legendaria Gypsy Rose hasta las chicas *pin-up* como Bettie Page y Jayne Mansfield), y durante la segunda, desplazaron su significado hacia otros referentes, al incorporarse en los estilos de las subculturas punk o gótica.[320] Otro momento protagonizado por las piernas enfundadas en medias de todos los colores fue la década de los sesenta, con la llegada de la minifalda. La tecnología continuó avanzando y el nailon fue desplazado por la licra. Se comenzaron a usar pantimedias de todos colores, divertidas, dejando atrás la obligación de usarlas por cuestiones de etiqueta o moral; ahora era por el gusto de jugar y experimentar.

320 Kristen Bateman, "The Long History of Fishnet Stockings", *The Observer*, 19 de enero de 2017, http://observer.com/2017/01/the-long-history-of-fishnet-stockings/. Acceso mayo, 2023.

PIES

Ya que no tengo alas,
me bastan
mis pies que danzan
y que no acaban
de recorrer el mundo.

ALAÍDE FOPPA, *Elogio de mi cuerpo*

SIMBÓLICAMENTE, LOS PIES SON la base del cuerpo, lo que nos une a la tierra. En la Edad Media era muy frecuente la metáfora que asociaba a les campesines con los pies de la sociedad, ya que eran la base de la economía feudal, ligades al trabajo en el campo. Los pies, sin embargo, son también los que nos permiten desplazarnos y caminar por el mundo, vagar, recorrer, huir. Una antigua costumbre de hospitalidad en los países de Medio Oriente consistía en lavar los pies de les cansades viajeros cuando llegaban a algún refugio. Esta práctica tiene connotaciones rituales en distintas religiones, como en el catolicismo, en el que este acto simboliza humildad y vocación de servicio.

Tacones

En 1973 Russell Harty le preguntó a David Bowie en una entrevista, respecto a sus glamurosas y coloridas plataformas, si eran zapatos de hombre, si eran zapatos de mujer o si eran zapatos bisexuales, a lo que el cantante respondió espontánea y cariñosamente, a pesar del tono de la pregunta: "They're shoeshoes, silly" ("Son zapatos, bobo"), zanjando con simpatía y astucia el asunto con las risas del público.[321] Son zapatos, pero ¿podemos ver hoy, 50 años después, los zapatos sin asociarlos con aquella lógica binaria que Harty desplegaba? Por mucho tiempo los zapatos para hombres y mujeres fueron bastante similares. De hecho, hubo momentos, como en la corte francesa del siglo XVII, en que los zapatos masculinos solían ser más vistosos porque los de las mujeres estaban cubiertos por sus largas faldas. Es legendario el gusto que tenía el rey Luis XIV por los zapatos de tacón: el poder que le inferían y la forma en que hacían lucir sus largas piernas, como se puede observar en los retratos del monarca.[322] Sin embargo, después de esa época de brillo rococó, los zapatos femeninos y masculinos comenzaron a distinguirse cada vez más: los varones se concentraron en las botas, muchas veces con tacón, pero considerablemente ancho y tosco; y el placentero o tortuoso uso de las estilizadas zapatillas de tacón pasó al ámbito de lo femenino exclusivamente y se convirtieron en un símbolo de seducción. Una vez feminizados —salvo algunas excepciones, como, por ejemplo, las

---

321 Entrevista de Russell Harry a David Bowie (1973). Fragmento tomado del documental de *Moonage Daydream* (2022).

322 Joan Dejean, *La esencia del estilo: Historia de la invención de la moda y el lujo contemporáneo* (San Sebastián: Nerea, 2008).

plataformas de los años setenta o las botas vaqueras—, los tacones no volvieron a formar parte del guardarropa masculino. Actualmente, cada vez son más frecuentes los casos de varones que desafían las normas de género y disfrutan de usar tacones altos en las pasarelas, en las redes, en los clubes nocturnos, en la escuela o en las calles.[323]

En particular, los zapatos de tacón han materializado la compleja relación entre sexualidad, género y poder. Una prenda que erotiza el cuerpo, al colocarlo en una postura que lleva la pelvis hacia atrás, al tiempo que empuja las nalgas y el pecho hacia afuera, arquea el empeine, tensa las piernas y provoca que la cadera se mueva de manera exagerada al caminar. En los años ochenta, por ejemplo, se asociaban con el *power dressing*, vestir para triunfar. Había un estereotipo de las nuevas mujeres ejecutivas que estaban triunfando, caracterizado por mujeres blancas, jóvenes y de clase alta. Su arraigo en los códigos de vestimenta femenina continúa hoy, lo que ha provocado cansancio, tobillos torcidos, protestas y peticiones en distintos puntos del planeta para exigir leyes que les prohíban a les empleadores imponer su uso a sus trabajadores.[324] También son un requerimiento indispensable en los códigos de etiqueta femenina al grado de que aún hoy resulta un escándalo presentarse a una ocasión elegante sin ellos, como ocurrió hace unos años en el festival de cine de Cannes de 2015: a un grupo de mujeres de alrededor de 50 años se les impidió la entrada a la proyección de una película por no cumplir con esa norma tácita de la alfombra roja. Según se dijo, algunas de ellas incluso tenían razones de salud para incumplir con el absurdo requisito. Las críticas y señalamientos no se hicieron esperar en contra del festival, que había declarado aquel año como el "año de la mujer".

---

323 Lorenza García, "¿Quién dijo que los hombres no usan tacones?", *Harper's Bazaar*, 24 de septiembre de 2021, www.harpersbazaar.mx/moda/quien-dijo-que-los-hombres-no-usan-tacones. Acceso junio, 2023.

324 Hisako Ueno y Daniel Victor, "Sin tacones: una petición para prohibir el uso de zapatos de taco en el trabajo", *The New York Times*, 5 de junio de 2019, www.nytimes.com/es/2019/06/05/espanol/zapatos-tacon-trabajo-japon.html. Acceso junio, 2023.

En palabras de Elizabeth Semmelhack, curadora del Bata Shoe Museum, este desafortunado incidente no hizo más que subrayar que en pleno siglo XXI ya deberíamos tener más claro que el poder de una mujer no tiene nada que ver con la altura de sus tacones.[325]

Amantes de los pies

Existen páginas web y canales de videos de paga dedicados a les "amantes de los pies". En estos videos, se muestran acicalados pies para el disfrute de clientes anónimes que solicitan estilos de *pedicure* y poses particulares para resaltar el *sex appeal* de los pies. Los pies son una parte del cuerpo que para muchas personas puede resultar atractiva, y por ende también los zapatos. Como dice la estudiosa de la moda Valerie Steele, los zapatos han funcionado como una extensión íntima del cuerpo que comunica muchas cosas sobre quien los usa.[326] Uno de esos aspectos es su asociación con la sexualidad. Por ejemplo, el tamaño de los pies: unos pies grandes revelan un hombre fuerte y, por alguna razón, se han relacionado con el tamaño del pene. Esto ha dado paso a divertidos episodios históricos, como lo fue la moda de las polainas o *poulaines*, zapatos puntiagudos usados por los varones, los cuales, además de causar una epidemia de juanetes por sus delgadas puntas,[327] alcanzaron en algunos sitios proporciones descabelladas como lo revelan las leyes suntuarias de la época. En 1363 una ley promulgada en Inglaterra asignó a cada clase social una longitud de punta para el calzado: los plebeyos podían llevar hasta 15 centímetros; los caballeros, hasta 37.5 centímetros; y la nobleza, hasta 60 centímetros.[328]

325 Elizabeth Semmelhack, "Shoes that Put Women in Their Place", *The New York Times*, 23 de mayo de 2015, www.nytimes.com/2015/05/24/opinion/sunday/shoes-that-put-women-in-their-place.html. Acceso junio, 2023.

326 Valerie Steele, "La obsesión por los zapatos", en *Fashion Theory: Hacia una teoría cultural de la moda* (Buenos Aires: Ampersand, 2020).

327 Mónica Arrizabalaga, "La moda de los zapatos puntiagudos en la Edad Media multiplicó los juanetes", *ABC*, 11 de junio de 2021, www.abc.es/cultura/abci-moda-zapatos-puntiagudos-edad-media-multiplico-juanetes-202106111135_noticia.html. Acceso mayo, 2023.

328 Cosgrave, *Historia de la moda*, 108.

Por oposición, los pies pequeños en una mujer han sido considerados bellos, signo de delicadeza y deseabilidad. Tan solo hace falta recordar al príncipe de Cenicienta, dispuesto a casarse con aquella a quien le quedara ese minúsculo zapatito de cristal, el cual, por supuesto, era demasiado pequeño para los grandes pies de las malvadas hermanastras, quienes son representadas de manera grotesca. Esta asociación de la belleza femenina, delicada y frágil, con los pies pequeños no solo se dio en Occidente. De hecho, el registro más antiguo del cuento de Cenicienta viene de China en el siglo IX,[329] en donde la práctica del vendado de pies, también conocida como "pies de loto", se llevó a cabo por más de un milenio. Este doloroso procedimiento consistía en moldear el pie rompiendo y acomodando los huesos de los dedos en una variedad de estilos posibles. Belleza y erotismo, fetichismo, marcador de clase, opresión patriarcal, prestigio social, la posibilidad de acceder a una vida mejor... La historiadora Dorothy Ko señala que esta práctica tuvo numerosos significados en la vida de las mujeres chinas y, tras su declive, las últimas mujeres con pies de loto debieron habitar un mundo para el cual su cuerpo parecía pertenecer al pasado.[330]

Las fantasías en torno a los pies en ocasiones parecen ir más allá de su anatomía. Está también el caso de las zapatillas de punta en el ballet: los pies de quienes se dedican a este tipo de danza son producto de un trabajo arduo que involucra sudor, sangre, múltiples lesiones y deformidades. Las zapatillas de punta entraron en escena en 1832 cuando Marie Taglioni deslumbró al público en *La sílfide* y transformó la manera de bailar. Los pies en punta producían un efecto sorprendente: las bailarinas parecían volar, etéreas y delicadas. Esta imagen idealizada de belleza femenina pone de manifiesto la relación contradictoria entre el mandato de belleza y el dolor.

329 The Museum at FIT, "Shoes. Anatomy, Identity, Magic. Exhibition Conversation", 19 de diciembre de 2022, www.youtube.com/watch?v=CNn39TN444E. Acceso mayo, 2023.

330 Dorothy Ko, *Cinderella's Sisters: A Revisionist History of Footbinding* (Berkely/Los Ángeles: University of California Press, 2005).

CAMINAR

AL CAMINAR DESDE ÁFRICA nuestres ancestres poblaron el mundo hace aproximadamente 60 000 años y, desde entonces, los seres humanos continuamos migrando, caminando en busca de un lugar en donde vivir mejor.[331] Como dice el arquitecto italiano Francesco Careri, el andar ha producido arquitectura y paisaje, ya que transformamos simbólica y físicamente el espacio con nuestro transitar. El andar también pone de manifiesto las fronteras, los límites de un territorio. Tradicionalmente solían llamarse marcas a los lugares situados en los confines de un territorio.[332]

Aunque la mayor parte de las veces caminamos por una motivación pragmática, la escritora estadounidense Rebecca

---

331 Peter Bellwood, *First Migrants: Ancient Migration in Global Perspective* (Chichester: Wiley-Blackwell, 2013), 1.

332 Francesco Careri, *Walkspaces: El andar como práctica estética* (Barcelona: Gustavo Gili, 2002), 16.

Solnit en su libro *Wanderlust* examina los distintos significados culturales que pueden investir al acto de caminar, ya sea rituales, sexuales, artísticos, espirituales, incluso revolucionarios.[333] Estos pueden verse, por ejemplo, en las maneras en que habitamos la ciudad y nos movemos dentro de ella. La estructura de la ciudad se relaciona estrechamente con las geografías corporales de sus habitantes. Por ejemplo, el historiador Richard Sennett relata cómo en la antigua Roma las nociones sobre la perfección geométrica del cuerpo, que se pueden ver en sus proporcionadas esculturas, se aplicaron al trazado de la ciudad en tiempos del emperador Adriano, y cómo en el desarrollo de las ciudades cristiano-europeas durante la Edad Media las ideas sobre la impureza del cuerpo derivaron en la creación tanto de los santuarios como de los guetos judíos.[334]

Más aún, la ciudad organiza nuestras relaciones sociales (familiares, laborales, sexuales) en términos espaciales, en la medida en que divide nuestra vida entre el terreno de lo público y de lo privado, separando físicamente las posiciones sociales concretas que ocupamos individual y colectivamente.[335] Esto ha sido muy claro en las relaciones de género a través de la historia y la manera en que los espacios son pensados en términos binarios: masculinos o femeninos. Así, el espacio público ha sido pensado como masculino, el espacio en donde ocurren los grandes acontecimientos: las transacciones importantes, las decisiones políticas, los hechos históricos. Por el contrario, el espacio privado se pensó como femenino: el lugar de los cuidados y de las labores domésticas, esos trabajos fundamentales para el sostén de la vida, pero que permanecen invisibles, aquello de lo que no se habla. Durante el siglo XIX, con la industrialización y crecimiento de las ciudades, estas demarcaciones se hicieron muy rígidas, principalmente desde la moral burguesa de la épo-

---

333 Solnit, *Wanderlust.*

334 Linda McDowell, *Género, identidad y lugar: Un estudio de las geografías feministas* (Madrid: Cátedra, 2000), 104.

335 McDowell, *Género, identidad y lugar,* 103.

ca. Pero terminaba afectando a muchas mujeres que tenían que trabajar en las calles, en las fábricas o en establecimientos de consumo, espectáculo y de trabajo remunerado, los cuales por su carácter público eran marcados como inapropiados, ajenos y hostiles para ellas. La historiadora del arte Griselda Pollock narra: "Para las mujeres ir al centro de la ciudad y mezclarse con multitudes de composición social heterogénea resultaba amenazante, no solo porque se convertía en algo cada vez más alejado de lo familiar, sino porque era moralmente peligroso [...] el espacio público era oficialmente un terreno de y para los hombres, el que una mujer entrara a sus fronteras suponía riesgos inusitados".[336] No obstante, esta división espacial polarizada en femenino y masculino operaba de manera muy distinta con respecto a la clase social, racialización y sexualidad de las personas que lo habitaban.

La idea de caminar por la calle como un acto peligroso para las mujeres ha persistido a través del tiempo, con consecuencias devastadoras en muchos lugares del mundo. El control sobre la sexualidad y el control sobre la movilidad de las mujeres están estrechamente vinculados. La idea de que las mujeres no caminan para desplazarse, conocer y mirar el mundo, sino para ser vistas y atraer la miradas de los hombres, ha conducido a confundir visibilidad con disponibilidad sexual, lo que deriva en la oposición *mujer respetable*, o sea, aquella que se queda en el espacio doméstico, versus *mujer disponible*, aquella que sale a la calle y ningún hombre controla su sexualidad.[337] Los usos del lenguaje recogen estas visiones del mundo y las posiciones desiguales que generan. Por ejemplo, el término "mujer pública" suele referirse a una mujer disponible sexualmente o que se dedica al trabajo sexual. Este tipo de argumentación ha servido para justificar la criminalización de las mujeres que cami-

---

336 Griselda Pollock, "Modernidad y espacios de la femineidad", en *Crítica feminista en la teoría e historia del arte*, ed. Karen Cordero e Inda Sáenz (México: Programa Universitario de Estudios de Género-UNAM/UIA/Conaculta/Fonca, 2007), 263-264.

337 Solnit, *Wanderlust*, 254-255.

nan por lugares no permitidos fuera de las horas adecuadas o, peor aún, la impunidad frente al ejercicio de la violencia. Por esta razón, históricamente ha sido tan simbólico que los movimientos de mujeres tomen la calle: las sufragistas en Inglaterra a principios del siglo XIX, después de años de luchar en el campo intelectual, se manifestaron en las calles, una transgresión y un desafío a leyes y normas para controlarlas. Hoy también salimos a la calle para manifestarnos por nuestro derecho a caminar a cualquier hora con la confianza de que llegaremos a casa seguras.

Otros grupos sociales han sido afectados por sistemas opresivos que limitan su movilidad. Cuando muchos cuerpos se reúnen en las plazas, los parques, los espacios públicos, haciendo uso de su "derecho de aparición", es decir, de hacerse visibles, ser vistes y tomades en cuenta, en palabras de la filósofa feminista Judith Butler, se trata de la "reivindicación corporeizada de una vida más vivible".[338] El tomar la calle, ya sea a través de la manifestación política o de la fiesta popular, de la procesión religiosa o del grafiti, es una manifestación de apropiación del espacio, del hacerse ver y escuchar. A través de la movilización colectiva la idea de lo público deja de ser una abstracción para volverse real y tangible;[339] en ella nuestros pasos se convierten en discurso, en resistencia, en fuerza colectiva.

---

338 Judith Butler, *Cuerpos aliados y lucha política: Hacia una teoría performativa de la asamblea* (Bogotá: Paidós, 2017), 31.

339 Solnit, *Wanderlust*, 236.

Conceptos para pensar nuestra corporalidad

BELLEZA

POR *CANON DE BELLEZA* nos referimos al conjunto de características que las sociedades establecen para definir algo como bello o feo. Cada sociedad lo ha hecho de manera distinta a lo largo del tiempo, por lo que no es algo universal ni atemporal. La belleza puede entenderse como un conjunto de conceptos, representaciones, discursos y prácticas que sirven para jerarquizar e imponer un sistema de valores para clasificar a las personas. Esta ha tenido una gran importancia en la definición de los géneros: ha sido considerada, sobre todo en Occidente, un atributo femenino, una expectativa que deriva prácticamente en una obligación impuesta a los cuerpos de las mujeres.

Más aún, en Occidente, la belleza femenina ha sido asociada por generaciones y generaciones a una serie de virtudes morales e incluso espirituales. Basta mirar los cuentos infantiles donde la protagonista representa la bondad y la juventud en amplio contraste con la antagonista de la historia: una bruja que es mala, fea y vieja. De modo que la exigencia a las mujeres de cultivar la apariencia se coloca como un aspecto central de nuestra existencia, una suerte de valor moral, la manera de obtener reconocimiento y validación social. Los ideales de belleza no surgen de la observación de los cuerpos, sino de la imaginación y la certeza de que esas ilusiones pueden —o por lo menos deberían— ser asequibles mediante la disciplina y el moldeado de nuestro cuerpo con las tecnologías disponibles. Sin embargo, al pensar la belleza como una cualidad femenina, se esperaría que fuera algo "natural" y no algo por lo que deberíamos esforzarnos; de este modo se genera un discurso contradictorio entre lo considerado natural y lo artificial.

El teólogo Tertuliano (*c.* 160-225) planteaba que las cosas naturales venían de Dios y las cosas relacionadas con el aseo y el arreglo, como los perfumes y afeites, al buscar el engaño, se asociaban con el diablo.[340] Partiendo de esta tradición de pensamiento, a lo largo de la historia, las mujeres que han recurrido al maquillaje y tratamientos de belleza han sido admiradas y criticadas al mismo tiempo. Esta contradicción se complejiza con la oposición seducción-pureza, una tensión compleja en el patriarcado: por un lado se les exige a las mujeres ser bellas para ser atractivas, pero por el otro no deben serlo demasiado y resultar peligrosamente atractivas ni vivir su sexualidad libremente. Esta ambigüedad se expresa en la tradición cristiana con la figura de María Magdalena, retratada sobre todo en la pintura renacentista y barroca como una pecadora reformada, elegida para representar la salvación por medio del arrepentimiento y la penitencia,[341] siempre acompañada de un bote de ungüento y largas cabelleras rojas.

---

340 Rodilla León, *De belleza y misoginia*, 53.

341 Michelle A. Erhardt y Amy M. Morris (eds.), *Mary Magdalene: Iconographic Studies from the Middle Ages to the Baroque* (Leiden: Brill, 2012); Elena Monzón Pertejo, "La evolución de la imagen conceptual de María Magdalena", en *Emblemática trascendente: Hermenéutica de la imagen, iconología del texto*, coords. Rafael Zafra Molina y José Javier Azanza López (Navarra: Universidad de Navarra, 2011).

Las nociones de belleza están estrechamente relacionadas con el estatus y la posición social; por ejemplo, en la Europa en proceso de industrialización del siglo XIX —que tanto influyó al resto del mundo—, en la que nuevas clases sociales estaban empujando y compitiendo por el reconocimiento, la belleza de una dama burguesa era considerada directamente proporcional a la bonanza de su familia, es decir, del hombre responsable de ella, ya fuera su esposo o su padre. Profusamente ornamentadas con las elegantes modas del momento, soportadas por ostentosas crinolinas y estructuras que moldeaban el cuerpo de manera caprichosa, peinados, maquillaje, perfumes y otros accesorios. Una voz notable de la época, el poeta y crítico de arte francés Charles Baudelaire (1821-1867), consideraba que la belleza femenina se basaba en la idea del artificio, un privilegio de la cultura, un elemento ennoblecedor que embellecía y mejoraba la naturaleza.[342] El cuerpo es el portador del prestigio social no solamente por el vestido, sino también por la forma de conducirse, moverse, caminar y hablar, de modo que la función decorativa que se les exigía a las mujeres no se limitaba a su aspecto. De acuerdo con los valores morales asociados a este ideal de belleza femenino, debían ser amables, saber entretener; ser capaces de recitar, cantar, tocar un instrumento y, al mismo tiempo, ser dulces, eficientes cuidadoras, madres cariñosas, discretas y sumisas.

La idea de belleza se relaciona estrechamente con las concepciones de normalidad y perfección en las sociedades contemporáneas. Al respecto, un libro que nos ayuda a entender el mandato de belleza en nuestras sociedades es *El mito de la belleza* de Naomi Wolf (1990). La autora explica que la noción de belleza daña y somete a las mujeres porque nos volvemos, casi de manera obligada, habituales consumidoras de productos que la procuran y, con ello, nos convertimos en objetos de consumo. Perdemos nuestro carácter

---

342 Entwistle, *El cuerpo y la moda*, 161-162.

individual para llegar a ser "perfectas" y alcanzar un canon imposible que, opuesto a la diversidad, busca unificarnos en un molde estricto (revisar el capítulo "Violencia estética").

El historiador francés Georges Vigarello también ha trabajado sobre la idea de la belleza. Él la entiende como lo que gusta o disgusta del cuerpo en una sociedad y en un tiempo determinado. Por lo tanto, se trata de una exigencia que depende de la cultura. Particularmente en la modernidad,[343] esta tiene una distinción de género: las mujeres se conciben como el modelo de belleza, y la belleza, por su cuenta, valoriza a las mismas mujeres.[344]

El mandato de belleza genera expectativas muy rígidas, prácticamente imposibles de cumplir, sobre la apariencia que debemos tener. Lo que nos hace sentir constantemente insatisfechas: como si esperáramos a ser lo suficientemente bellas para poder comenzar a vivir la vida de manera alegre y sencilla. Esto puede llegar a ser cierto porque el trato que recibimos de las otras personas también cambia dependiendo de nuestro físico. Si bien los hombres también lo experimentan —con la exigencia de tener cuerpos marcados y musculosos, vello facial, pelo en la cabeza— podemos decir que las mujeres somos las principales receptoras de esta carga social. Existen muchos ejemplos: una mujer con grasa abdominal es criticada de manera muy diferente que un hombre (aunque, evidentemente, las lógicas gordofóbicas permeen en distintos géneros). Otro es la crítica a envejecer: una mujer con canas es criticada por "dejarse", mientras que un hombre con canas puede llegar a considerarse muy atractivo, "maduro". No es casual que la industria de los tintes de cabello alcance las decenas de millones de dóla-

---

343 Por Edad Moderna nos referimos, a grandes rasgos, al periodo entre el siglo XV y el siglo XVIII. Hay quienes sitúan este periodo con los procesos sociales que son posteriores a la llegada de Colón a América, el desarrollo de la imprenta de Johannes Gutenberg o la ruptura de Martín Lutero con la Iglesia católica —que dio pie al protestantismo—, y ubican su final con el inicio de la Revolución francesa en 1789. Sin embargo, como toda categoría, esta es arbitraria y no son verdades "talladas en piedra", por lo que hay que tomarla como aproximativa.

344 Georges Vigarello, *Historia de la belleza: El cuerpo y el arte de embellecer desde el Renacimiento hasta nuestros días* (Buenos Aires: Nueva Visión, 2005), 9-12, 13-3.

res anuales.[345] Es tan inusual que una mujer se sienta cómoda con su pelo gris que sigue siendo motivo de encabezados en tabloides. Por ejemplo, la actriz Andie MacDowell (1958) en 2021 dio una entrevista a la revista *Vogue* en la que, ante el revuelo provocado por desfilar con el pelo plateado en Cannes, explicó por qué decidió dejar de teñírselo: "Me gusta compararme con George Clooney [...] de hecho, mis *managers* me dijeron: 'No es el momento'. Y yo les dije: 'Creo que se equivocan, y voy a ser más poderosa si acepto donde estoy ahora'".[346]

Podríamos decir que, en términos generales, las mujeres somos quienes experimentamos la mayor opresión por el mandato de belleza, y esta tiene inmensas implicaciones en nuestra vida en términos de inversión de tiempo, dinero y esfuerzo, ante la fiscalización continua de la que somos objeto de pies a cabeza, y de salud mental, que pueden manifestarse en baja autoestima, desórdenes alimenticios y severos trastornos depresivos.

Los ideales de belleza expresan también el racismo y el clasismo de una sociedad. En los países colonizados, los procesos de imposición cultural han colocado la blanquitud —es decir, las personas europeas de tez blanca— como el modelo de belleza ideal, que hasta hoy se percibe como símbolo de lo bello, lo civilizado, lo deseable e incluso lo bueno, lo cual afecta de manera particularmente distinta a las mujeres racializadas. Por ejemplo, en México, en el siglo XIX, los ideales de belleza y buen gusto respondían a las tendencias de las ciudades francesas. Había una aspiración por la blancura y las élites porfirianas adoptaban las modas, conductas y sofisticadas usanzas galas, mientras que las costumbres locales les parecían feas y vulgares.[347]

---

345 Por ejemplo, 29 billiones de dólares en 2019 a nivel global. Dominique Petruzzi, "Hair Color/Dye Market in the U.S. - Statistics & Facts", 16 de febrero de 2022, https://www.statista.com/topics/6216/hair-color-dye-market-in-the-us/#topicHeader__wrapper. Acceso enero, 2023.

346 Lauren Valenti, "Andie MacDowell on Why Embracing Her Gray Hair Is the Ultimate 'Power Move'", *Vogue*, 21 de julio de 2021, https://www.vogue.com/article/andie-macdowell-gray-salt-and-pepper-hair. Acceso enero, 2023.

347 Esto se refleja muy bien en el trato que recibe el personaje de Amada en el largometraje *El baile de los 41* (2020), dirigido por David Pablos.

Actualmente en nuestro país, esa escala cromática que jerarquiza a las personas asociando la piel blanca con la belleza y el privilegio, y la piel oscura con marginalidad, fealdad y pobreza, continúa operando. No hace falta más que echar una mirada a los medios de comunicación y la publicidad, los cuales presentan casi exclusivamente personas blancas. De manera que, si alguien desde fuera mirara la televisión nacional, podría pensar que la población mexicana es principalmente rubia. Igualmente, se anuncia un sinfín de productos de belleza que prometen "blanquear" a quien los usa (cremas, tintes, maquillajes), con la perspectiva de que lograr una apariencia acorde al modelo de belleza implica también un ascenso social.

La socióloga Mónica Moreno Figueroa, quien ha estudiado las prácticas de opresión y exclusión racial en México, advierte cómo la experiencia histórica de la Colonia y la ideología racial parte de que "todas las personas en México somos mestizes", pero dentro de estas "mezclas raciales" hay jerarquías muy complejas que hacen del racismo experiencias íntimas, muy normalizadas, las cuales se pueden observar claramente en la percepción de la belleza. Muestra de ello es la famosa frase de "mejorar la raza", es decir, emparejarse con alguien de piel más clara con la intención de que su descendencia sea "más blanquita" y, por lo tanto, apreciada como más bella. Moreno Figueroa destaca que el sistema de clase se ha ido construyendo vinculado estrechamente con el sistema de jerarquías raciales, en donde la belleza es un componente importante en la manera en que se interseccionan las posiciones sociales.[348]

En 2015, una marca de jabón lanzó una campaña publicitaria titulada "Belleza Real", la cual pretendía representar la diversidad corporal de las mujeres mexicanas. Lamentablemente, aunque los anuncios presentaban a mujeres de distintas tallas y complexiones, todas ellas tenían la piel clara. Cuando se interrogó al encargado de la campaña al respecto, se explicó

---

348 Mónica Moreno Figueroa, "Racismo y belleza", El Colegio de México, 9 de julio de 2015, youtube.com/watch?v=A9zAsou7Id0. Acceso junio, 2023.

que querían ser incluyentes, pero no "irse a los extremos", una declaración altamente preocupante, más cuando se trata de un comercial dirigido al público mexicano, compuesto por personas diversas y en su mayoría de piel morena.[349]

Bellas imposibles

En nuestra sociedad contemporánea, caracterizada por la exigencia cada vez mayor de cuerpos perfectos, hermosos y saludables, se han adaptado y producido una gama de modelos de belleza, tanto para hombres como para mujeres, los cuales responden a nichos de mercado específicos, estratificados por diferencias generacionales, de clase social, etnicidad, espacio geográfico, entre otras características que definen los estilos reconocidos y deseados por les consumidores.

La manipulación digital de las imágenes ha contribuido también al modelado de cuerpos ideales en revistas y anuncios publicitarios que refuerzan los estereotipos y presentan siluetas imposibles con facciones y pigmentación blanqueada. La edición y retoque de fotografías ha alcanzado tales niveles que las propias fotografiadas han exigido que se retiren sus fotos de los anuncios y publicaciones. Esto ocurrió con las actrices Kate Winslet y Lena Dunham, porque no se reconocían en ellas y consideraban que tenían una responsabilidad con las mujeres más jóvenes de mostrarse como son, difundiendo el mensaje de que no es malo envejecer o no ser delgada.

Sin embargo, lejos de eliminarse, el fenómeno se ha extendido a través de las redes sociales y les *influencers* que promueven imágenes de vidas "perfectas", así como herramientas o filtros para "embellecer", que editan los rostros de quienes los usan y homogeneizan sus facciones: afinan la nariz, cambian el color de ojos, aclaran la piel o engrosan los labios. Usuaries, consumidores y lectores de este tipo de imágenes también han

---

349 Sacnicté Bastida, "Cuestión de color", *Expansión*, 20 de septiembre de 2011, https://expansion.mx/expansion/2011/09/14/cuestin-de-color. Acceso junio, 2023.

alzado la voz a través de peticiones y críticas que demandan imágenes más realistas, señalando el enorme impacto que tienen estas imágenes en jóvenes adolescentes. En algunos países se ha legislado al respecto; por ejemplo, en Francia en 2017 se aprobó una ley que exige que las imágenes usadas con fines comerciales indiquen si han sido retocadas, y en Reino Unido, a partir de febrero de 2021, la Advertising Standards Authority (ASA) obliga a las marcas e *influencers* a prescindir de filtros en busca de imágenes más realistas.[350] Esta idea de "belleza real", sin embargo, como hemos argumentado, está cruzada por muchos otros filtros, no necesariamente digitales, que contribuyen a reforzar los estereotipos de belleza excluyentes.

---

350 Salomé García, "Adiós al engaño de la piel perfecta: El Reino Unido prohíbe los filtros de belleza a los 'influencers', en Instagram", *S Moda*, 9 de febrero de 2021, smoda.elpais.com/belleza/filtros-belleza-influencers-instagram. Acceso mayo, 2023.

VIOLENCIA ESTÉTICA

LA SOCIÓLOGA VENEZOLANA ESTHER PINEDA[351] ha desarrollado el concepto de *violencia estética* para nombrar los efectos psicológicos y físicos que tienen las exigencias sociales por la belleza. Pineda señala cómo en nuestras sociedades las mujeres somos las principales víctimas de esta forma específica de violencia, la cual aparentemente es sutil, por lo que pasa desapercibida, pero en realidad alcanza grandes proporciones con severas consecuencias en nuestra salud física y mental. A través del bombardeo mediático, la industria de la belleza, la moda, el cine y la música promueve un físico "perfecto". Un modelo imposible de cumplir que uniformiza a las personas y con ello pretende borrar nuestra unicidad. El mercado cosifica, mercantiliza y comercializa nuestros cuerpos, y, como resultado, las mujeres nos sometemos a cirugías invasivas, restric-

---

351 Además de su trabajo académico, Pineda realiza una labor de divulgación constante en su cuenta de Instagram @estherpinedag, donde sube contenido sobre género y racismo.

ciones alimentarias severas para bajar de peso o mantener un peso bajo, entre otros procedimientos agresivos que ponen en riesgo nuestra salud.[352]

Cirugía estética

La idea de alterar nuestro cuerpo, de mejorarlo para alcanzar metas, adaptarnos o, al contrario, salir de lo establecido, es muy antigua. El mito de Ícaro, quien se fabricó unas alas para volar y alcanzar el sol, captura ese búsqueda humana por ir más allá, siempre persiguiendo ser más rápides, más fuertes, más belles, para lo cual se han creado todo tipo de conjuros mágicos, pociones y elíxires, regímenes, ejercicios, prótesis y desarrollos tecnológicos. Sin embargo, nunca antes la posibilidad de llevar el cuerpo más allá de sus límites, borrar sus marcas y reinventar sus formas estuvo tan cerca. Hoy la posibilidad de modificar nuestro cuerpo para retrasar el envejecimiento o para moldear nuestras facciones y silueta es cada vez más común. La tecnología que permite estas intervenciones ha mejorado y se ha extendido entre amplias poblaciones del mundo, pero también ha contribuido al proceso de estratificación social y exclusión. A su vez, los medios de comunicación y la industria de la belleza propagan de forma masiva y global una imagen "ideal" de cómo deben verse los rostros y los cuerpos, lo cual provoca una presión constante sobre cualquier transeúnte en cualquier ciudad, alguien frente a un puesto de revistas y prácticamente cualquier persona conectada a internet, en particular, en las redes sociales.

La manera en la que somos percibides por el resto de las personas en las redes sociales influye en nuestro entendimiento sobre nuestra apariencia y nuestra autoestima. Existe una correlación causal entre el uso de redes sociales y el deseo de las mujeres jóvenes por someterse a cirugías plásticas, la cual

---

352 Esther Pineda, *Bellas para morir: Estereotipos de género y violencia estética contra la mujer* (Buenos Aires: Prometeo, 2020).

se manifiesta en un incremento anual notable de operaciones estéticas, de acuerdo con la American Society for Aesthetic Plastic Surgery.[353] Incluso en 2019 Instagram prohibió los filtros faciales que les permitían a les usuaries aparentar que se habían sometido a una cirugía plástica.[354]

En México, la cultura desprendida del crimen organizado también ha cruzado el cuerpo de las mujeres. En una entrevista para *BBC News* en 2021, la cirujana Rafaela Martínez Terrazas, cuyo consultorio está en la ciudad de Culiacán, Sinaloa, explicó cómo la mayoría de las mujeres buscan hacerse procedimientos como el incremento de senos, la reducción de la cintura al mínimo, el engrosamiento de caderas y el aumento de glúteos. Este tipo de operaciones conlleva también la idea del cuerpo de las mujeres como propiedad del hombre, cuyas expectativas deben ser cumplidas. La doctora señaló que son las parejas de las mujeres las que pagan por las cirugías, y estas exigen cierto tipo de resultados: "Un hombre me llamó y me dijo: 'Va a llegar fulanita. Me la pela. Y lo hace así como ya sabe que me gusta. No le vaya a hacer caso a ella, que para eso le pagué'". Incluso en la muerte el cuerpo de las mujeres y sus modificaciones son contempladas como propiedad del varón: "Recuerdo el caso de una mujer joven, reina de belleza, que era novia de un narcotraficante. Él pagó por su cirugía estética. Cuando a ella la asesinan, los balazos que le dan se los tiran a las partes que se había operado: a sus pechos y caderas. Expresan su crueldad en las partes del cuerpo en las que el narco había invertido".[355]

---

353 Candice E. Walker *et al.*, "Effects of Social Media Use on Desire for Cosmetic Surgery among Young Women", *Current Psychology 40*, núm. 7 (julio de 2021): 3355-3364.

354 Sabrina Barr, "Instagram Bans Filters with 'Plastic Surgery' Effect", *The Independent*, 23 de octubre de 2019, https://www.independent.co.uk/life-style/instagram-filters-plastic-sur gery-face-spark-ar-statement-facebook-a9167186.html. Acceso mayo, 2023.

355 Linda Pressly, "México: cómo la narcoestética está cambiando el cuerpo de las mujeres de Sinaloa", *BBC News*, 19 de agosto de 2021, https://www.bbc.com/mundo/noticias-america-latina-57942206?at_ custom2=facebook_page&at_custom3=BBC+News+Mundo&at_custom4=4A1D0EAC-0108-11EC-9F1B-84C796E8478F&at_custom1=%5Bpost+type%5D&at_campaign=64&at_medium=custom7&fbclid=I wAR2RRYgdGc2p5H9s6eUCXKupq67XO2uOVl5cawD9uOzADUrDqFaPUGxfEiY. Acceso mayo, 2023.

La cirugía cosmética fabrica fragmentos corporales con el objetivo de conformar el cuerpo deseado, bello, que responda a los ideales; en el pasado parecían lejanos de la realidad; hoy son alcanzables, materializables mediante procesos quirúrgicos. Sin embargo, poco se habla de lo que implican, del mantenimiento, los riesgos y los efectos secundarios.

Desde el arte contemporáneo, la *performer* francesa Orlan reflexionaba sobre esta forma de pensar el cuerpo: un territorio transformable en los años noventa, cuando comenzó a someterse a numerosas cirugías estéticas como ejercicio artístico. En sus operaciones, el quirófano se transformaba en un espacio distinto: los doctores se ataviaban con vestuarios especiales, los procedimientos se filmaban y transmitían en vivo para que las personas pudieran verlos y participar, con la intención, entre otras cosas, de plantear una crítica sobre la manipulación ideológica que se pretende imponer con este tipo de intervenciones. En uno de sus trabajos más sonados, por ejemplo, usó las representaciones femeninas paradigmáticas de la historia del arte europea y tomó sus rasgos: la frente de la Mona Lisa de Leonardo da Vinci, el mentón de la Venus de Botticelli, la boca de Europa de François Boucher... Intentó así recrear en su cara, a través de la cirugía, el modelo de la belleza ideal occidental. El rostro de Orlan se convierte en una superficie simbólica, en una especie de máscara intercambiable que evidencia los procesos de manipulación corporal que intervienen en la conformación del género y de los modelos de belleza.

BINARISMO

EL HECHO DE QUE LA SOCIEDAD SE ORGANICE de manera binaria no quiere decir que en realidad las personas nos podamos reducir únicamente a dos clasificaciones opuestas y complementarias. Las personas somos muy complejas como para ser clasificables en categorías como hombre/mujer, heterosexual/homosexual, normal/anormal. Diferentes especialistas que han trabajado con perspectiva de género nos explican cómo en la historia de la ciencia los discursos biocientíficos están repletos de narrativas que reproducen una relación binaria y jerárquica, a veces de oposición y a veces de complementariedad, entre hombres y mujeres. Esto es muy relevante porque, tal como Jennifer Germon lo explica, las narrativas biocientíficas se presentan a menudo con una virtud de autoridad y se consideran apolíticas. Como todes les investigadores, las personas que se dedican a las ciencias biológicas no están exentas de sesgos; todes estamos moldeades dentro de una experiencia sociocultural y eso también conlleva estereotipos de género arraigados. Los prejuicios nos pueden llevar a hacer interpretaciones deterministas y esencialistas del cuerpo y sus procesos y, con ello, a malas prácticas.

Germon analiza los sesgos en el desarrollo de la ciencia en distintos ámbitos. Un ejemplo de ello es el discurso médico y popular occidental sobre el desarrollo sexual fetal, en el que persisten narrativas duales que refuerzan un modelo complementario opuesto de sexo-género. Del mismo modo, como lo hemos visto en distintas partes del libro (ver los capítulos "Cabeza" y "Racismo"), los prejuicios han usado la biología para justificar relaciones sociales desiguales, ya sean de raza, clase o género. Como lo explica la autora, la idea generalizada que tenemos actualmente sobre la diferencia sexual —como opuesta y complementaria— forma parte del legado de las concepciones del siglo XVIII sobre los cuerpos sociales y corpóreos de la política sexual revolucionaria francesa, como la teoría de la complementariedad sexual del filósofo Jean-Jacques Rousseau, que gozó de gran popularidad en su época y permea hasta nuestros días. Por ejemplo, en estos relatos se considera que el desarrollo sexual masculino es el resultado de procesos complejos generados por el cromosoma Y, mientras que el desarrollo sexual femenino es algo sencillo, una especie de "sexo por defecto". Reforzando la idea de que la masculinidad es siempre activa, mientras que la feminidad es pasiva. En realidad, los procesos que conforman la diferencia sexual son mucho más complejos que las metáforas de presencia/ausencia o activo/pasivo. Las nuevas investigaciones apuntan a que los genes responsables del desarrollo de los testículos coexisten con los responsables del desarrollo de los ovarios y viceversa.[356]

La biotecnóloga Lu Ciccia nos recuerda en su libro *La invención de los sexos* que la biología no es sinónimo de destino. Las explicaciones metafísicas de siglos pasados para argu-

---

356 Jennifer Germon, "Researching Masculinities, Narrating Sexual Difference", *Qualitative Research Journal* 14, núm. 1 (2014): 50-63.

mentar la diferencia entre las mujeres y los hombres —con un punto de vista que hacía superior a los hombres sobre las mujeres— condujeron a crear argumentos biológicos en el siglo XVIII, XIX y XX para interpretar esta misma diferencia sexual, proyectando valores dicotómicos y jerárquicos sobre los cuerpos. Esta diferencia que comenzó centrándose en los genitales también lo hizo en el cerebro (ver el capítulo "Cabeza") y con ello se argumentó que la biología era capaz de predisponer ciertos comportamientos. De este modo, como Ciccia lo reitera "el discurso neurocientífico proyectó la cisheteronorma en la propia materialidad cerebral y consolidó la idea de sexo en los cerebros".

Por supuesto, el compartir (más o menos, porque somos muy diverses entre nosotres) un tipo de cuerpo y tener una misma identidad de género, en nuestras culturas cisnormativas, conlleva compartir experiencias, así como también supone una misma sexualidad en un marco heteronormativo. Este sistema binario, que aprendemos desde que nacemos, aplasta subjetividades y patologiza e incluso criminaliza identidades.

Sin embargo, hoy en día existen nuevos enfoques de investigaciones que nos permiten cuestionar las lecturas genital-céntricas y androcéntricas, como las de la NeuroGenderings Network, que objetan la legitimidad de la clasificación sexual predominante y visibilizan la variabilidad biológica. Porque existe la plasticidad cerebral, las redes neuronales son flexibles y sus dinámicas son reversibles. Su trabajo nos ayuda a romper con las lecturas deterministas y especialistas que, además, patologizan a las personas que no entran en estas categorías: como las personas intersex consideradas "cuerpos atípicos", una noción deshumanizante. Como subraya Ciccia: ninguna descripción biológica puede predecir si naceremos cis o heterosexuales.[357]

---

357 Ciccia, *La invención de los sexos*, 225-239.

BIOLOGICISMO

SE TRATA DE UNA POSICIÓN REDUCCIONISTA que sucede cuando se recurre a categorías biológicas para explicar fenómenos sociales. Esto conlleva creer que ciertas disposiciones biológicas son suficientes para explicar cierto comportamiento. Este tipo de pensamiento, al ser simplista, tiende a estar permeado de prejuicios ideológicos que a veces son incluso muy lejanos a la biología como disciplina científica y se usa para justificar las diferencias sociales. Históricamente ha servido para justificar la supremacía de los hombres blancos, con intentos de excusar sobre bases supuestamente biológicas la situación de inferioridad de las mujeres y de las personas racializadas. Este tipo de lógicas ha servido, pues, para perpetuar el racismo y misoginia, escudándose en la pseudociencia para negarles derechos a las personas: por ejemplo, el voto a las mujeres o a las personas racializadas por su supuesta inferioridad intelectual, en contraste con los hombres o las personas blancas.

ESENCIALISMO

EL ESENCIALISMO DE GÉNERO ATRIBUYE cualidades fijas a hombres y a mujeres porque, según esto, estas características son parte de su "esencia": una parte sustancial de la persona, inherentes a su ser. Este tipo de pensamiento está cargado de generalizaciones. Asume que un rasgo biológico es razón suficiente para pertenecer a cierta categoría universal. De este modo, se considera que hay una naturaleza universal femenina y se le da un carácter biológico y psicológico. Por ejemplo: "todas las mujeres, como tienen útero, pueden maternar y, por lo tanto, son sensibles, cuidadosas y tiernas". Las ideas esencialistas uniforman y definen a un grupo a través de propiedades fijas, ignorando por completo su identidad. Por ello han servido para legitimar diferencias discriminatorias entre los seres humanos, no solo de género. Podemos también encontrar argumentos esencialistas en la defensa de ideas racistas y homofóbicas.

BLANQUITUD

COMO LO EXPLICA LA ESCRITORA Y ACADÉMICA

Sara Ahmed, la blancura es una orientación que pone ciertas cosas a nuestro alcance. Por cosas no solo se refiere a objetos físicos, sino también a estilos, capacidades, aspiraciones, técnicas y hábitos. Heredamos la accesibilidad de algunos objetos, los que son puestos a nuestra disposición. La blancura se hereda y también se reproduce como un hábito. Es el proceso de racialización lo que da forma a lo que los cuerpos pueden hacer. De esta manera las instituciones "mantienen las cosas en su sitio" y "la blancura es aquello en torno a lo que se orienta la institución". Instituciones como los medios de comunicación perpetúan el racismo y la xenofobia en su lugar histórico en la cultura occidental: como una tradición fuerte y permanente. Aunque intenten ocultarlo con medidas simbólicas —como añadir una mujer o una persona racializada a la mesa de especialistas en un debate televisivo o un foro académico—, esos esfuerzos son inevitablemente superficiales. "Algunos cuerpos son reclutados más que otros", de ahí que "incluso los cuerpos que pueden no parecer blancos tienen que habitar la blancura si quieren 'entrar'".[358]

Pero ¿por qué hablar de blancura? Hay que tener en cuenta que esta también ha puesto las reglas de cómo se articula el mundo. Como la socióloga Patricia Hill Collins señala, los hombres de las élites blancas son quienes han controlado históricamente las estructuras occidentales de validación del conocimiento. De este modo, sus intereses impregnan los temas, los paradigmas y las epistemologías[359] de la erudición tradicional. Como resultado, las experiencias de las mujeres negras estadounidenses (el caso de Hill Collins), así como las de las mujeres afrodescendientes trasnacionales, se han distorsionado sistemáticamente o se han excluido de lo que cuenta como conocimiento.[360]

La blancura es lo que Johanna Hedva llama una suerte de "neutralidad inconsciente", la presunción de lo universal. Por su parte, el filósofo Bolívar Echeverría reconoce la blanquitud como una condición que alude más bien a un carácter civilizatorio que debe ser demostrado. Aunque es la forma visible de la identidad ética capitalista, va más allá del color de la piel: tiene que ver con el manejo del cuerpo, la apropiación de los códigos, rasgos y valores culturales (como la entrega al trabajo, la racionalidad productiva, la conducta moderada), que definen si una persona puede ser investida con esa identidad moderna. Esta blanquitud civilizatoria promueve un racismo para el que no es suficiente alcanzar los rasgos físicos de la blancura racial (pelo lacio o una nariz afilada, por ejemplo); la inclusión o exclusión de las personas o colectividades radica en su adopción exitosa de la corporalidad, el comportamiento y la interiorización del *ethos* del capitalismo.[361]

---

358 Sara Ahmed, "A Phenomenology of Whiteness", *Feminist Theory 8*, núm. 2 (2007): 149-168.

359 A grandes rasgos, la epistemología es la rama de la filosofía que se encarga del estudio del conocimiento y su relación con "lo real", cómo conocemos, por qué conocemos, así como el establecimiento de los métodos o estándares usados para medir tanto nuestra confianza en la evidencia que se nos presenta como la manera en que esta nos predispone.

360 Patricia Hill Collins, "Black Feminist Epistemology", en *Black Feminist Thought: Knowledge, Consciousness, and the Politics of Empowerment* (Londres/Nueva York: Routledge, 2000), 251.

361 Bolívar Echeverría, "Imágenes de la blanquitud", en *Sociedades icónicas: Historia, ideología y cultura en la imagen*, de Bolívar Echeverría, Diego Lizarazo Arias y Pablo Lazo Briones (México: Siglo XXI, 2007).

LA MIRADA MASCULINA

EN LA TRADICIÓN OCCIDENTAL, la representación de las mujeres la han llevado a cabo principalmente los hombres: sus puntos de vista les han dado forma no solamente en los cuadros, esculturas y fotografías, sino también en la literatura. El crítico de arte John Berger desde los setenta ha explicado cómo la historia del arte europeo ha estado marcada por la mirada masculina: en la "pintura al óleo europea promedio del desnudo nunca se pinta al protagonista principal", que no es la mujer retratada, sino un hombre. "Él es el espectador frente al cuadro y se presume que es un hombre. Todo está dirigido hacia él".[362]

Mostrar los cuerpos de las mujeres y sus historias desde la mirada de los hombres hoy en día sigue siendo la norma. El acto de mirar tiene género. En su ensayo "Visual Pleasure and Narrative Cinema" (1975), Laura Mulvey advierte que el placer de mirar "se ha dividido entre activo/masculino y pa-

---

362 John Berger, *Ways of Seeing* (Londres: British Broadcasting Corporation/Penguin Books, 1977).

sivo/femenino". La mirada masculina determinante proyecta su fantasía sobre la figura femenina, que se estiliza en consecuencia. El cine "se ve reforzado por patrones preexistentes de fascinación que ya funcionan dentro del sujeto individual y las formaciones sociales que lo han moldeado". Desde un punto de vista psicoanalítico, Mulvey argumenta que la imagen de la mujer como pasiva es materia prima para la mirada activa de los hombres. Explica que en el cine narrativo tradicional hay un instinto "escopofílico", que se refiere al placer de mirar a otra persona como un objeto erótico.[363]

Asimismo, esta mirada masculina también es una mirada blanca. Así lo entiende bell hooks cuando habla de la *mirada opositora*. Les dueñes de esclaves, que eran personas blancas (tanto hombres como mujeres), castigaban a les esclaves negres esclavizades por mirar a sus "ames". Por eso para hooks la mirada ha sido y es "un sitio de resistencia para les negres colonizades a nivel mundial".[364] La autora da cuenta de una mirada opositora que es feminista y negra, la cual se opone a las formas en que se presentan las narrativas blancas.

---

363 Laura Mulvey, "Visual Pleasure and Narrative Cinema", *Screen* 16, núm. 3 (octubre de 1975): 6-18.

364 bell hooks, "The Oppositional Gaze", en *Black Looks: Race and Representation* (Londres: Routledge, 2015).

CAPACITISMO

LA PALABRA *CAPACITISMO* **SE REFIERE A** la discriminación contra las personas con discapacidad (en inglés, *ableism*). El discurso médico por generaciones ha considerado "normal" a un tipo de persona, con un tipo de cuerpo estándar, que se mueve, camina, se comunica de cierta manera, y ha rechazado a quienes no. Este modelo médico aísla a quienes no cumplen con el estándar de "normalidad" y no se les permite ser integrades a la sociedad. Sin embargo, las personas con discapacidad forman parte de la sociedad y tienen una presencia importante: representan alrededor de 15% de la población.[365] Más allá de las dificultades que puede conllevar vivir con alguna discapacidad, el problema *per se* es cómo la sociedad trata a las personas con discapacidad al limitarlas y excluirlas, tratarlas como personas sin agencia ni capacidad propia de tomar decisiones; no la discapacidad como tal.

---

365 Banco Mundial, "La inclusión de la discapacidad", 3 de abril de 2023, https://www.banco mundial.org/es/topic/disability#:~:text=Unos%201000%20millones%20de%20habitantes,que%20 las%20personas%20sin%20discapacidades. Acceso mayo, 2023.

La experiencia de vivir con alguna discapacidad también cruza el género; por ejemplo, cuando se trata de neurodivergencias prevalece el estigma de "la mujer loca", que ha sido parte de la historia de las instituciones psiquiátricas, en la que las mujeres eran recluidas en manicomios y sufrían experimentos forzados tras ser diagnosticadas de histeria, una condición supuestamente femenina causada por alteraciones en el útero.[366] Otro ejemplo es el autismo: más niños que niñas son diagnosticados en el espectro autista; como las niñas no se ajustan a los estereotipos, sus síntomas son mal interpretados y son diagnosticadas tardíamente. Además, en general, a las mujeres se nos exige desarrollar muchas habilidades de socialización desde que somos pequeñas, como fingir una sonrisa o participar en juegos de grupo. En este sentido podemos decir que la socialización tiene efectos incluso en los diagnósticos médicos: las mujeres que viven dentro del espectro, aunque les requiera un gran esfuerzo, tienen más habilidades para la convivencia que los hombres, a los que, en términos generales, se les permite ser más ermitaños, raros, ajenos, incluso más egoístas.[367] También hay sesgos racistas al hablar de autismo. Cuando se empezó a diagnosticar se pensaba que era algo que solo les sucedía a los hombres y se relacionaba con una inteligencia muy desarrollada; y la noción social sobre la inteligencia considera que los "genios" son los hombres blancos. La escritora y activista Morénike Giwa Onaiwu lo explica muy bien: "El 'rostro' típico del autismo tiende a ser el de un niño blanco, independientemente de la prevalencia real del autismo en todos los grupos raciales, de edad y de género".[368] En este último punto, los medios de comunicación también tienen un papel muy importante en

366 Marleide da Mota Gomes y Eliasz Engelhardt, "A Neurological Bias in the History of Hysteria: from the Womb to the Nervous System and Charcot", *Arquivos de Neuro-psiquiatria 72*, núm. 12 (diciembre de 2014): 972-975.

367 Azeen Ghorayshi, "Cada vez más niñas son diagnosticadas con autismo", *The New York Times*, 15 de abril de 2023, https://www.nytimes.com/es/2023/04/15/espanol/autismo-ni nas-mujeres.html. Acceso mayo, 2023.

368 Morénike Giwa Onaiwu, "'They Don't Know, Don't Show, or Don't Care': Autism's White Privilege Problem", *Autism in Adulthood 2*, núm. 4 (diciembre de 2020): 270-272.

la reproducción de estereotipos; por ejemplo, las series donde aparecen personajes autistas usualmente tienen protagonistas masculinos y blancos (*The Big Bang Theory* o *Athypical*).

Los malos de la historia

Como lo mencionamos en el apartado anterior, los medios de comunicación masiva tienen mucha influencia en cómo nos relacionamos con otras personas y con nosotres mismes: desde fomentar estereotipos de género hasta dinámicas de consumo y aspiraciones profesionales. La cultura pop nos moldea y condiciona mucho más de lo que a veces nos damos cuenta o de lo que queremos aceptar. Nuestra manera de relacionarnos con la discapacidad también es mediada por la televisión, el cine y la literatura. Por siglos se ha retratado a villanes como personas con alguna discapacidad: el capitán Garfio en *Peter Pan*; Richard III, de William Shakespeare, cojea y tiene un brazo que no puede mover; Freddy Krueger con prótesis en las manos; los villanos de James Bond, como Emilio Largo, quien no tiene un ojo, o Raoul Silva, quien usa prótesis faciales; o Catalina Creel, la villana de la aclamada telenovela mexicana *Cuna de lobos*, quien usaba un parche en el ojo derecho. Desde hace siglos existe una noción en nuestra cultura: la perfección física es un valor, un reflejo del mundo interno. La discapacidad, en consecuencia, es un recurso para retratar a los personajes malos típicos de la ficción, y, por el contrario, se retrata a los personajes buenos como bellos y sin ninguna discapacidad aparente.[369]

Discapacidad y sexualidad

La educadora sexual Verónica Maza Bustamante explica que la ausencia de educación y de atención a la salud sexual de las personas con discapacidad afecta de manera negativa sus expe-

---

369 David T. Mitchell y Sharon L. Snyder, *Narrative Prosthesis* (Míchigan: University of Michigan Press, 2001).

riencias sexuales y violenta sus derechos sexuales y reproductivos. Esto les expone al abuso y violencia sexual, embarazos no planeados o infecciones de transmisión sexual. El problema crece cuando se piensa en las personas con discapacidades intelectuales. Y es que se suele considerar a las personas con discapacidad como eternamente infantes, que no deben relacionarse eróticamente con nadie, bajo la falsa creencia de que no desean ni pueden ser deseados por otras personas.

La psicóloga, escritora y activista por el derecho a la muerte digna Ana Estrada refiere a este prejuicio hacia las personas con alguna discapacidad, el cual sugiere que no son personas sexuales, pero en realidad es lo contrario: "Todos los cuerpos tienen derecho a experimentar placer, afecto y ser tocados, vistos y apreciados". Así como todas las personas, todos los cuerpos son diferentes", al tener sexo, las personas "se tienen que acomodar en ese encuentro". Reconoce que para muchas personas con discapacidad es muy difícil encontrar pareja; igualmente, algunes la pierden después de adquirir una discapacidad. "Todos los cuerpos son eróticos porque el deseo está en la mente. El hecho de que el cuerpo de alguien no sea o no funcione como estás acostumbrada o cómoda no significa que no pueda disfrutar de su sexualidad".[370] Tal como lo señala el sexólogo mexicano César Galicia, respecto al capacitismo y la sexualidad: es necesaria "la demolición de los mitos del sexo normativo" para poder "construir una nueva mirada de la sexualidad: una donde quepan todos los cuerpos y todas las identidades con sus necesidades específicas y deseos particulares".[371]

---

370 Raquel Rottman, *Corazón con leche* (Lima: Planeta, 2020), 154-157.

371 César Galicia, "Instrucciones para el placer: tener un cuerpo", *Revista de la Universidad de México*, noviembre de 2020, 95.

EDADISMO Y GERONTOFOBIA

SE DICE QUE LAS PERSONAS DE MAYOR EDAD están en declive mental y físico, y que sus mejores años han quedado atrás. En algunos casos se les atribuye madurez y sabiduría. En otros, las abuelas desempeñan cuidados con su descendencia; pero esto es cada día más una excepción en las culturas occidentales y en nuestra sociedad capitalista que valora a las personas de acuerdo a su capacidad de generar dinero. Al dejar de ser miembros no productivos o —supuestamente— sexuales (porque existe la falsa creencia de que las personas mayores no tienen deseo o no pueden ser deseadas sexualmente) se les trata de manera peyorativa.

A finales del siglo XX se comenzó a discutir sobre estos temas en la academia. En 1969 Robert Butler definió el *edadismo* como la sistemática estereotipización y discriminación en contra de la gente mayor, de forma paralela al clasismo, racismo y sexismo en Estados Unidos.[372] Pocos años después, en 1972,

---

372 Robert N. Butler, "Age-Ism: Another Form of Bigotry", *The Gerontologist 9*, núm. 4 (diciembre de 1969): 243-246.

Joseph H. Bunzel acuñó el término *gerontofobia* y lo definió como el miedo irracional o el odio a les ancianes.[373] En 1980, Jack Levin y William C. Levin ampliaron el concepto acuñado por Bunzel al explicar que "la gerontofobia se produce por la asociación de la vejez con la muerte y con el hecho de que la mayoría de las personas jóvenes serán en su momento ancianas".[374] De esta manera, podemos inferir que cosificamos a las personas mayores al descargar en ellas nuestros prejuicios sobre la edad y al proyectar nuestros miedos a depender de los cuidados de alguien más y a la muerte.

En un mundo con un sistema jerárquico de edades, y con una presión fuerte sobre los cuerpos para ser bellos y jóvenes, la industria en contra del envejecimiento tiene un papel crucial al rodearnos de publicidad que refuerza los estereotipos edadistas. Tal como señala Toni Calasanti, los anuncios de la industria antienvejecimiento se basan en construcciones culturales que se cree que resuenan en la mayoría de les clientes potenciales; por tanto, se puede considerar que reflejan y remodelan construcciones culturales sobre el envejecimiento, el cuerpo y el género.[375]

El rechazo a la gente anciana también cruza el género: la voz de un hombre mayor a veces es entendida como signo de autoridad, pero la de una mujer mayor se relaciona con la locura ("una vieja loca") o con tropos como el de "la bruja". Los hombres pueden ser atractivos con cabellera canosa, pero en el caso de las mujeres se considera inadecuada. Por otro lado, en el terreno de lo sexual, a las mujeres cisgénero, por la disminución de estrógenos asociada a la menopausia, se las empieza a considerar menos femeninas; los hombres cis, por su cuenta, viven una constante presión por demostrar su "hombría"

---

373 Joseph H. Bunzel, "Note on the History of a Concept—Gerontophobia", *The Gerontologist 12*, núm. 2 (julio de 1972): 116.

374 Jack Levin y William C. Levin, *Ageism: Prejudice and Discrimination Against the Elderly* (Belmont: Wadsworth Pub, 1980).

375 Toni Calasanti, "Bodacious Berry, Potency Wood and the Aging Monster: Gender and Age Relations in Anti-Aging Ads", *Social Forces 86*, núm. 1 (septiembre de 2007): 335-255.

a través de sus erecciones, basando las relaciones sexuales en la penetración y ejerciendo una presión innecesaria sobre sus cuerpos. Además, como a los hombres se les enseña a no hablar de sus problemas emocionales y sexuales por temor a ser vistos como vulnerables, es común que permanezcan mucho tiempo con ansiedad e insatisfacción.

GORDOFOBIA

MUCHAS PERSONAS, SOBRE TODO LAS MUJERES —pero no exclusivamente—, vivimos con una presión constante que nos acompaña todos los días y todo el tiempo: el miedo constante a engordar y tener la sensación de que cuando seamos más delgadas vamos a ser más felices. Como si la vida valiera la pena si fuéramos un par de tallas de pantalón más pequeñas, este miedo se manifiesta constantemente en nuestros hábitos: elegimos qué comer, cómo vestirnos o qué actividades físicas hacer basadas en la exigencia de un cuerpo delgado. Se traduce en contar obsesivamente calorías en vez de elegir los alimentos que nos causen placer o incluso que nos nutran; en saltarnos comidas o quedarnos con hambre; en usar fajas apretadas o ciertas telas con patrones, cortes y colores que "nos favorezcan" aunque no nos sintamos cómodas; en ir al gimnasio no para disfrutar el deporte, sino para adelgazar.

La gordofobia es un sistema de opresión. Como bien señala Constanzx Álvarez Castillo en su libro *La cerda punk*: "[Esta es] una patología que se traduce en una aversión obsesiva o temor a la gordura y, por ende, a las personas con mayor peso del que se establece como la media normal".[376] Vivimos con la muy dañina ilusión de que, si llegamos a ser más delgadas, la gente nos va a tratar mejor, podremos usar la ropa que queramos, vamos a ser personas más atractivas y más libres o alegres, tendremos la vida de nuestros sueños. Este miedo nocivo a engordar se conoce como *pocrescofobia* y es la base de la cultura de dieta.

Se conoce como *cultura de dieta* al sistema de creencias que considera que el peso y el tamaño del cuerpo de una persona determina su bienestar. Por lo que la pérdida de peso es el camino para conseguir una "buena salud" aunque esta pérdida pueda involucrar un gran gasto económico o emocional, o someterse a medicamentos u operaciones paradójicamente perjudiciales para la salud física y mental. En la cultura de dieta, en el nombre de la salud muchas actitudes gordofóbicas se disfrazan de comentarios no solicitados sobre el físico de alguien más. Los escuchamos y leemos en todas partes: en las sobremesas, las redes sociales o en la prensa del espectáculo. La cultura de dieta también afecta nuestra forma de vivir el deporte: hacemos ejercicio para "ganar" el derecho a comer, condicionamiento que no solo nos quita el placer de alimentarnos y nutrirnos, sino la satisfacción que nos puede llegar a otorgar el movimiento; dejamos de hacerlo por gusto y lo hacemos por obligación. Sentimos culpa si no nos ejercitamos lo suficiente o incluso si comemos lo suficiente. Entramos en un círculo vicioso que pone como rehén a nuestro cuerpo, su salud física y mental.

La gordofobia actúa en diferentes niveles: intrapersonal, interpersonal, institucional e ideológico.[377] Se conoce como gordofobia intrapersonal a la que cometen las personas que se

---

376 Constanzx Álvarez Castillo, *La cerda punk* (Chile: Trío, 2014).

377 Para conocer sobre los diferentes niveles de cómo actúa recomendamos el blog Acuerpada. Ana Pau Molina, "¿Qué es la gordofobia?", Acuerpada, s. f., acuerpada.com/post/que-es-la-gordofobia. Acceso mayo, 2023.

perciben como gordas a sí mismas, porque al crecer en un mundo gordofóbico reproducen muchas dinámicas de manera inconsciente. Así como los estándares de belleza sirven para controlarnos al normar nuestro comportamiento, con la obsesión por la flacura pasa algo similar. Y la realidad es que, aunque es cierto que en una sociedad gordofóbica las personas más delgadas son mejor tratadas que quienes tienen cuerpos gordos, los cánones de belleza son prácticamente imposibles de cumplir. Esta presión y exigencia por la belleza y la delgadez nos afecta a todes, pero un peso aún mayor recae sobre las mujeres, a las que nuestra sociedad constantemente les exige y reconoce un valor: la belleza.[378] Así pues, la gordofobia interpersonal es la que cometemos contra otras personas: hacer chistes sobre el peso de les demás, criticar a alguien por subir de peso o felicitarle por bajar de peso.

La gordofobia ideológica es una serie de creencias que nos hace rechazar a las personas gordas por el simple hecho de serlo; es una manera de discriminación que se nutre de la opinión de que las personas gordas "no tienen voluntad" para "quererse a sí mismas" y hacer el "esfuerzo necesario" para cambiar su cuerpo y sus hábitos. De esta manera se presupone —conscientemente o no— que las personas gordas son moralmente inferiores que las personas delgadas, que son más perezosas y menos disciplinadas al carecer de fuerza de voluntad. De manera inversa, bajo esta lógica se considera que las personas delgadas, tan solo por ser delgadas, son más sanas, inteligentes, capaces, atractivas, etcétera. Pero la realidad es que no podemos basar nuestra seguridad personal en nuestro peso ni valorar a las demás personas de acuerdo a ello, sentirnos menos o más importantes según la talla de nuestra ropa.

La gordofobia usa discursos aleccionadores como "es por tu salud" o "vence la flojera y ve al gimnasio", "ten fuerza de voluntad y no comas carbohidratos", como si existiera una

---

378 Consulta el capítulo "Violencia estética".

especie de relación moral entre el peso y nuestros valores. Aprendemos que es correcto opinar sobre el cuerpo de les demás disfrazando las críticas nocivas de preocupación. La activista afromexicana Gina Diédhiou expresa: "La gente se siente con derecho de opinar sobre tu cuerpo o sobre tu salud; porque tienes mucho volumen corporal, porque creen que estás 'enferma', que vives depresión y te refugias en la comida, creen que te abandonaste físicamente y por ello tienes sobrepeso y obesidad".

Además, los estándares sobre el peso perfecto y sus discursos moralizantes también son racistas.[379] En su libro *Fearing the Black Body*, Sabrina Strings documenta una investigación histórica del discurso médico, filosófico, literario y artístico alrededor de las mujeres, las mujeres negras y la gordura. Explica que los orígenes de la gordofobia que vemos hoy en día se remiten a varios siglos atrás y está estrechamente relacionada con la esclavitud. Si bien los cuerpos grandes de las mujeres eran deseables en el siglo XVI, durante los siglos XVIII y XIX, el tamaño del cuerpo se convirtió en un signo de raza y moralidad: una figura esbelta era considerada moralmente correcta. En oposición, la mujer negra se consideró anormal. El miedo a la "mujer negra y gorda", explica Strings, fue creado por ideologías tanto para degradar a las mujeres negras como para disciplinar a las mujeres blancas. De este modo, el arte, la filosofía, la medicina y la religión se combinaron para producir prejuicios a favor de la delgadez en el siglo XX.[380]

Por último, la gordofobia institucional pasa desapercibida al ser "invisible", pero tiene efectos profundos al limitar la vida de las personas gordas. Son las barreras estructurales que les impiden tener una vida plena. Les niega experimentar el mundo de la misma manera que las personas delgadas. Esta

---

379 Gina Diédhiou, "Cuerpos no normativos", *Opinión 51*, 8 de noviembre de 2021, https://www. opinion51.com/p/georgina-diedhiou-cuerpos-no-normativos?r=tezza&utm_campaign=post&utm_medium=web&utm_source=. Acceso mayo 2023.

380 Sabrina Strings, *Fearing the Black Body: The Racial Origins of Fat Phobia* (Nueva York: New York University Press, 2019).

sucede todo el tiempo, aunque pase desapercibida, como la falta de ropa en las tiendas o la falta de mobiliario urbano para personas gordas. Sucede en los consultorios médicos cuando los síntomas de alguien son ignorados debido a su peso; por ejemplo, vas a tratar una alergia y te aconsejan bajar de peso en vez de hacerte los exámenes necesarios. También sucede en los espacios profesionales: ahora sabemos que el mercado laboral castiga a las mujeres que no son delgadas con efectos cuantificables. A diferencia de los hombres, sus oportunidades no radican únicamente en sus capacidades, su inteligencia o educación: también en su peso. En países como Estados Unidos, Gran Bretaña, Canadá y Dinamarca las mujeres con cuerpos gordos tienen alrededor de 10% menos ingresos en comparación con las mujeres delgadas.[381]

Romper con las ideas gordofóbicas con las que crecimos es muy difícil, sobre todo cuando existe una industria millonaria que nos bombardea de publicidad desde que somos muy jóvenes para que adquiramos productos que nos permitan perder peso, haciéndonos creer que no somos merecedoras de amor si no tenemos un cuerpo esbelto, como si el cuerpo gordo mereciera ser tratado como un problema y no tuviera derecho a ocupar espacio. Pero nuestro valor como persona no cambia dependiendo de nuestro peso. Si buscamos adelgazar para que una persona o un grupo de personas nos acepten, nos procuren o nos quieran, quizá no son las personas indicadas para compartir nuestro tiempo. Del mismo modo, nos toca trabajar en dejar de tratar de manera condescendiente y violenta a las personas gordas, parar de presuponer su personalidad tan solo por su cuerpo y dejar de hacer comentarios sobre el peso y el físico de otres.

Hay personas que encuentran el término *gordofóbico* insuficiente o incluso erróneo. Por ejemplo, la *performer* Erika Bülle habla del *gordo-odio*, porque la palabra *fobia* se refiere a

381 "The Economics of Thinness", *The Economist*, 20 de diciembre de 2022, https://www.eco nomist.com/christmas-specials/2022/12/20/the-economics-of-thinness. Acceso marzo, 2023.

un miedo irracional hacia algo; sin embargo, ella considera que eso no es lo que ocurre, porque la violencia y actitudes de odio que de manera sistemática se despliegan contra las personas gordas vienen de una serie de estereotipos que las consideran poco activas, sucias, una carga para el presupuesto de salud del Estado, enfermas, etcétera. Además de su práctica artística, Erika Bülle también tiene una editorial llamada Cuerpa dedicada a la diversidad corporal.[382]

¿Cómo comenzar a cambiar nuestra relación con nuestros cuerpos? Aunque este es un proceso complejo y hasta cierto punto doloroso —porque nos hace cuestionar y resignificar aprendizajes y experiencias que tenemos desde la infancia—, hay muchas cosas que podemos hacer para tener una mejor relación con nuestro cuerpo y la comida que son bastante simples: dejar de opinar sobre los cuerpos ajenos, evitar hablar sobre la forma de comer de alguien más, dejar de presuponer que las mujeres siempre están a dieta o buscando alimentos bajos en calorías, no felicitar a las personas si bajan de peso ni regañarles cuando suben de peso, dejar de usar la palabra "descuido" para referirse al aumento de peso, no dar consejos no solicitados sobre dietas o rutinas de ejercicio.

El problema con el índice de masa corporal

El índice de masa corporal (IMC) se obtiene al dividir la masa corporal (en kilogramos) entre el cuadrado de la altura (en metros). Esta medida no toma en cuenta las diferentes complexiones corporales ni la composición del peso de una persona, como la grasa corporal o masa muscular (una atleta de alto rendimiento, una gimnasta o una nadadora pueden tener un índice de masa corporal elevado tan solo por las grandes dimensiones de sus músculos). A partir de esta simple ecuación se categorizan los cuerpos de las personas como "debajo del

---

382 Erika Bülle, "Activismo gorde y ¿gordofobia? O...", *Revista Hysteria*, mayo de 2023, hysteria. mx/activismo-gorde-y-gordofobia-o. Acceso junio, 2023.

peso *normal*", "peso *normal*", "sobrepeso", "obesidad" y "obesidad extrema". Al ser un cálculo simplista, resulta problemático en muchos aspectos que se materializan en el acceso a la salud. Por ejemplo, hay aseguradoras que siguen usando el IMC para incrementar la cuota de sus pólizas médicas.

Es importante conocer también la historia de cómo se desarrolló este cálculo para comprender por qué, además de una generalización, es una reducción eurocéntrica. El IMC fue desarrollado en el siglo XIX no por un médico, sino por el astrónomo y matemático belga Adolphe Quetelet (1796-1874), y la muestra que usó para desarrollar sus estudios eran hombres y mujeres belgas. Este dato es particularmente importante porque el cálculo toma los cuerpos blancos de Europa occidental como punto de partida. Años después, en 1846, John Hutchinson, un cirujano británico, publicó su tabla de los pesos "medios". Esta tabla se convirtió en la referencia para la población inglesa y fue usada por las compañías de seguros de vida como guía para evaluar a los solicitantes. En 1867, Henry Clay Fish publicó *The Agent's Manual of Life Assurance* para la Mutual Life Insurance Company de Nueva York, con una tabla de estatura y peso adaptadas de la referencia inglesa.[383] La realidad es que todes somos muy diverses alrededor del globo y no existe un cuerpo "normal" que pueda usarse como referencia para hacer cálculos estandarizados con fines burocráticos como la contratación de un seguro médico. Las personas tenemos distintas complexiones y longitudes (por ejemplo, el largo de nuestras piernas influye bastante en este cálculo), por lo que el IMC no puede ser un parámetro universal.

---

383 Komaroff, "For Researchers on Obesity".

COLORISMO

EL TÉRMINO COLORISMO SE REFIERE A las lógicas de distinción y ordenación de jerarquías sociales en función del color de piel. La lógica colorista está imbricada con otros factores de discriminación, como la clase social, el género, la raza y la etnia, que se entrelazan entre sí en las dinámicas de exclusión y atribución de privilegios.

Estas prácticas de discriminación ocurren en el ámbito público: el trabajo, la escuela, la atención a la salud, el acceso a la justicia, la obtención de servicios, en espacios de ocio; pero también dentro de las relaciones más cercanas: entre familiares, amigues, vecines e incluso en las relaciones afectivas (no es raro escuchar que alguien aconseje buscar como pareja a una persona más blanca para "mejorar la raza"). En México, por ejemplo, estas prácticas de distinción a partir del color de piel, que se configuraron y consolidaron en el periodo colonial, actualmente se traducen en modelos, representaciones y una compleja trama de actitudes y prácticas de desigualdad y discriminación.[384] El sociólogo Jorge Gómez Izquierdo explica que les mexicanes hemos sido históricamente inoculades con el dispositivo racialista de la autovaloración a partir del color de la piel, que coloca en lo más alto de la escala lo más blanco o la piel más clara posible. La vida cotidiana, la cultura, la educación formal, las relaciones sociales y los medios de comunicación despliegan una especie de entrenamiento que nos enseña a leer los cuerpos desde esta lógica e identificar visualmente "las características físicas que definen la pertenencia social e identitaria de una persona", es decir, determinar el "quién es quién del universo del racismo mexicano".[385]

La lógica colorista es arbitraria: a pesar de su pretensión clasificatoria como si respondiera a marcas biológicas, se usa de manera contextual y relacional, es decir, las categorías se establecen desde el punto de vista y los prejuicios de quien mira. Por ejemplo, la distinción entre güeres y prietes, aunque parece una clasificación dicotómica, en realidad distingue una amplia gama de tonalidades de piel y, por tanto, de posiciones jerárquicas, aun entre personas morenas. Son caracterizadas como güeras las personas que se encuentren más lejos de aquellas consideradas más prietas; la clasificación asignada dependerá de la "prietez" de quien se encuentre en el punto más bajo de esta escala.

La abogada brasileña Alessandra Devulsky señala que esta lógica racial colorista opera como un mecanismo para garantizar los espacios de poder político y económico para les blanques. De acuerdo con esta autora, el colorismo surge como un cuadro identitario racial y político que instala a los sujetos racializados negros y racializados blancos en un arquetipo predefinido. La blanquitud no se refiere simplemente al color de

---

384 Gerardo Mejía Núñez, "La blanquitud en México según Cosas de Whitexicans", *Revista Mexicana de Sociología 84*, núm. 3 (julio-septiembre de 2022): 717-751.

385 Jorge Gómez Izquierdo, "Ideología mestizante", 29 de agosto de 2018, https://www.youtube.com/watch?v=XZ5nhSIiink&feature=emb_logo. Acceso mayo, 2023.

piel, es un atributo, un capital cultural,[386] es decir, un valor reconocido socialmente que legitima y atribuye privilegios a las personas blancas y blanqueadas en detrimento de les identificades como no blanques.[387] Como lo hemos señalado a lo largo del libro, las opresiones se entrecruzan.

En el caso mexicano, los economistas Luis Monroy Gómez Franco, Roberto Vélez Grajales y Gastón Yalonetzky han investigado cómo el acceso a oportunidades y la movilidad social se ven completamente afectados dependiendo del color de piel y el género de una persona. En la escalera socioeconómica, las personas con tez clara, independientemente de su género, tienen más posibilidades de permanecer en la parte superior si se encuentran arriba, mientras que, si se trata de una persona con piel oscura, las posibilidades de caer son mayores. Del mismo modo, las personas con piel oscura tienen menos posibilidades de escalar y las mujeres con piel oscura tienen mayores posibilidades de descender en todas las circunstancias. Esto quiere decir que las mujeres de tez oscura tienen menor posibilidad de ascender en todas las circunstancias.[388] En el caso estadounidense las tendencias son similares: los datos históricos demuestran que las mujeres negras suelen tener menores posibilidades de movilidad intergeneracional ascendente y son sustancialmente más pobres que los hombres negros.[389]

---

386 Este término fue acuñado por el sociólogo francés Pierre Bourdieu y, a grandes rasgos, se refiere a la acumulación cultural propia de una clase social (ya sea heredada o adquirida gradualmente con la socialización). Puede referirse a formas de conocimiento, habilidades, maneras de comportarse y relacionarse, reconocimientos institucionalizados, como los títulos escolares, al tipo de bienes culturales que se consume, como los libros, obras de arte, etcétera. De este modo, es un principio de diferenciación entre clases casi tan poderoso como el capital económico. Pierre Bourdieu, "Segunda parte: el oficio aplicado a un campo", en *Capital cultural, escuela y campo social* (México: Siglo XXI, 1998).

387 Mejía Núñez, "La blanquitud en México según Cosas de Whitexicans".

388 Luis Monroy Gómez Franco, Roberto Vélez Grajales y Gastón Yalonetzky, "Unequal Gradients: Sex, Skin Tone and Intergenerational Economic Mobility", documento de trabajo 01/2023, Centro de Estudios Espinosa Yglesias, enero de 2023, https://ceey.org.mx/wp-content/uploads/2023/01/01-Monroy-Gomez-Franco-Velez-y-Yalonetzky-2023.pdf. Acceso junio, 2023.

389 Elisa Jácome, Ilyana Kuziemko y Suresh Naidu, "Mobility for All: Representative Intergenerational Mobility Estimates over the 20th Century", documento de trabajo 29289, National Bureau of Economic Research, septiembre de 2021, https://www.nber.org/papers/w29289. Acceso mayo, 2023.

En esta lógica racial-colorista en que las tonalidades de piel más claras son lo deseable, la comercialización de productos blanqueadores es un negocio mundialmente millonario. Este ideal se disfraza de neutralidad. Un ejemplo de esta falsa neutralidad son las "curitas", esas banditas adhesivas para el cuidado de las heridas, las cuales desde su creación han tenido un color pálido, conocido también como "color carne", para emular el tono de la piel de les posibles usuaries, es decir, les fabricantes asumieron esta tonalidad como un lugar de neutralidad. En 2020 la farmacéutica Johnson & Johnson, tras el movimiento Black Lives Matter, lanzó una nueva línea de bandas adhesivas con distintos colores para "abarcar la belleza de la diversidad de pieles", incluyendo tonalidades negras y cafés. Las reacciones no se hicieron esperar: desde consumidores agradecides que apreciaron el gesto incluyente hasta quienes lo señalaron como una estrategia de mercadotecnia, criticando que la marca quisiera sacar provecho de un momento de alta tensión en la lucha contra el racismo y la injusticia para aumentar sus ventas.[390] Como el caso de las banditas hay infinidad más: por ejemplo, el mundo de la danza, en el que hasta los últimos años comenzaron a comercializarse zapatillas y puntas de ballet de colores oscuros.[391]

---

390 Alcorn Chauncey, "Band-Aid Will Make Black and Brown Flesh-Toned Bandages", *CNN Business*, 12 de junio de 2020, edition.cnn.com/2020/06/12/business/black-band-aids/index.html. Acceso julio, 2023.

391 Lyndsey Winship, "'That Took Long Enough!' Black Ballerinas Finally Get Shoes to Match Their Skin", *The Guardian*, el 1 de abril de 2019, https://www.theguardian.com/stage/2019/apr/01/pointe-shoes-black-ballet-ballerinas-dancers. Acceso julio, 2023.

RACISMO

CON LOS PROCESOS DE RACIALIZACIÓN se ha asumido que el cuerpo blanco es "neutro" y los otros cuerpos, los de las personas racializadas, son "anormales". Esto provocó clasificaciones que implican jerarquías sociales. Es así como el racismo moldea nuestra sociedad; queramos verlo o no, está ahí y regula la vida de las personas. Posicionando a ciertas vidas como más importantes que otras. Limita oportunidades, acceso al trabajo, vivienda, salud e incluso al sistema de justicia. Alrededor del mundo el racismo es un problema arraigado en distintas sociedades y, si bien en algunas más que otras, o más evidente que en otras, es una constante. Y así como hablamos de un "doble rasero" en cuanto a las experiencias de las mujeres respecto a los hombres, lo mismo sucede en cuanto a las personas racializadas en comparación a las personas blancas.

Un caso emblemático de este problema es el de Caster Semenya, una corredora sudafricana a la que la Asociación Internacional de Federaciones de Atletismo hizo pasar por una serie de exámenes y pruebas invasivas para determinar si se le permitiría o no competir como mujer. Mientras tanto, comenzaron a surgir rumores sobre su cuerpo acompañados de lamentables comparaciones. La corredora italiana Elisa Cusma declaró: "Este tipo de personas no deberían correr con nosotras [...]. Para mí ella no es una mujer. Ella es un hombre".

Los resultados de tan invasivas pruebas se filtraron al público y con ello el rumor de que Semenya supuestamente tenía tres veces el nivel de testosterona de lo "normal" para las mujeres. Se empezó a discutir en los medios de comunicación la supuesta forma de los genitales de Semenya. Incluso la reconocida revista estadounidense *Time*, en 2009, publicó un artículo sobre Semenya titulado "¿Podría esta campeona mundial femenina ser un hombre?".[392] Para 2018 la asociación decidió que las mujeres que producen ciertos niveles de testosterona, como es el caso de Semenya, no serían elegibles para competir en carreras de media distancia a menos que comenzaran tratamientos médicos para reducir sus niveles de testosterona.

Por otro lado, el nadador estadounidense Michael Phelps, el atleta olímpico más condecorado de la historia, tiene pulmones con el doble de capacidad que el atleta promedio. El resto de su cuerpo también es excepcional: por ejemplo, sus tobillos se pueden doblar 15% más que los de su competidor promedio. Phelps, al igual que Semenya, es anatómicamente extraordinario, pero en su caso, en vez de ser un castigo, es algo que se celebra como extraordinario.

La manera en la que se ha tratado la figura de la corredora demuestra cómo el racismo, la misoginia e incluso la discriminación por el país de origen de una persona se entrecruzan.

Hay varios ejemplos a lo largo de la historia que muestran cómo el cuerpo y la sexualidad de las mujeres han sido tratados por el discurso médico como anormales, del mismo modo que

---

392 Sarah Siegel, "She's Fast, They're Furious: What Caster Semenya's Story Teaches Us about Colonialism", *The Daily Californian*, 3 de julio de 2022, https://www.dailycal.org/2020/07/03/shes-fast-theyre-furious-what-caster-semenyas-story-teaches-us-about-colonialism. Acceso junio, 2023.

los cuerpos y la sexualidad de los hombres racializados han sido tratados desde un punto de vista patologizante. La raza y el género se cruzan reflejando e infligiendo a las mujeres racializadas. Tal es el caso de la llamada "Venus de Hottentot". Su caso es emblemático ya que muestra lo cruel que pueden llegar a ser las acciones promovidas desde una mentalidad colonial y racista. Se trataba de una mujer khoekhoe que fue secuestrada y llevada a Europa en 1810 para ser exhibida como objeto exótico en las Ferias Universales (eventos símbolo de la modernidad y el "progreso", donde se exhibían los descubrimientos e inventos tecnológicos, industriales y científicos más relevantes).

Esta mujer fue nombrada por les europees Sara Baartman, pero no se sabe su verdadero nombre ni nada de su vida antes de ser raptada: fue despojada de su propia historia. Su caso, además, muestra cómo discursos aparentemente científicos han promovido una visión de la sociedad racista y misógina. Su cuerpo fue estudiado como "espécimen" por el naturalista francés Georges Cuvier. Por si fuera poco, su cerebro y sus genitales se conservaron durante años en Francia y se exhibieron en el Musée de l'Homme de París hasta la década de 1970.[393]

Esto recuerda a lo que describe Hortense J. Spillers: las mujeres negras no han sido tratadas como mujeres, sino como carne; no como un ser humano, sino como algo que se puede consumir, un "grado cero de conceptualización social".[394]

Por si fuera poco, este vergonzoso caso de racismo institucional está lejos de ser una excepción en la historia reciente. Por mencionar algunos, en 1992, una persona pequeña que también era mujer negra fue exhibida en la Feria Estatal de Minnesota. Su presencia era anunciada como "Tiny Teesha, la princesa de la isla".[395] Y hasta 1997 el cuerpo disecado de

---

393 Mara Mattoscio, "What's in a Face?: Sara Baartman, the (Post)Colonial Gaze and the Case of *Vénus Noire* (2010)", *Feminist Review*, núm. 117 (2010): 56-78.

394 Hortense J. Spillers, "Mama's Baby, Papa's Maybe: An American Grammar Book", *Diacritics 17*, núm. 2 (verano de 1987): 64-81.

395 Coco Fusco, "The Other History of Intercultural Performance", *The Drama Review 38*, núm. 1 (primavera de 1994), 143-167.

un hombre negro, llamado popularmente el Negro de Bañolas (*Negre de Banyoles*) estuvo expuesto en un museo catalán.
Retirar el cuerpo de este hombre se logró tras una larga campaña impulsada por Alphonse Arcelín (1936-2009), un médico
hatianoespañol, y no sin el rechazo de una buena parte de les
habitantes de Bañolas y su ayuntamiento, que rehusaban se llevaran a "su" *negre*.[396]

Racialización

El proceso de biologización es la construcción de diferencias
supuestamente "naturales" entre el racializado y el conquis-
tador. La patologización de las personas racializadas se volvió
indispensable en las relaciones de poder coloniales porque estas necesitaban codificar como diferentes a unas personas con
respecto a otras. Y esto tiene que ver con el sistema económico:
la esclavitud sostenía las cadenas de producción.

La raza es un conjunto complejo de correlaciones que establecen lo que es "normal" y lo, supuestamente, "anormal". Con
el proceso de racialización se comenzó a circular, como conocimiento aparentemente científico, la idea de que existía una
raza superior y esta era la blanca. Como lo señala María Lugones, la invención de la raza ayudó a reposicionar las relaciones
de superioridad e inferioridad establecidas a través de la domi-
nación. Esta concibe a las personas a través de una ficción, en
términos biológicos.[397]

Como lo explica la socióloga mexicana Mónica Moreno Figueroa, hablar de opresión y de racismo nos permite cuestionar la manera como está organizada nuestra sociedad, "cómo
nos relacionamos y cómo nos confundimos sobre quiénes so-

---

396 Teresa Amiguet, "El Negro de Banyoles: la exhibición de un 'animal exótico'", *La Vanguardia*,
22 de octubre de 2016, www.lavanguardia.com/hemeroteca/20161022/411000402862/negro-ban
yoles-exhibicion-animal-exotico.html; E. M., "Obituarios. Alphonse Arcelín: El concejal benefactor del 'Negro de Bañolas'", *El Mundo*, 18 de septiembre de 2009, https://www.elmundo.es/el-
mundo/2009/08/18/opinion/18887618.html. Acceso marzo, 2023.

397 María Lugones, "Colonialidad y género", *Tabula Rasa*, núm. 9 (julio-diciembre de 2008): 79.

mos. Notar el racismo nos permite ver los procesos de deshumanización a los que nos hemos sometido para justificar las lógicas de normalización del maltrato social cotidiano y estructural".[398]

Tal es el caso de los derechos sexuales y reproductivos en diferentes países modernos. Como ocurrió con la eugenesia del nazismo, los gobiernos de todo el mundo siguen siendo responsables de la violencia reproductiva y sexual. Por ejemplo, la esterilización forzada contra mujeres indígenas durante el siglo xx en América Latina y hacia mujeres negras, mexicanas y encarceladas en Estados Unidos, por mencionar solo algunos ejemplos de esta atroz práctica.[399] Por lo tanto, cuando la consigna feminista "mi cuerpo mi decisión" se pronuncia, también se está haciendo referencia al derecho a decidir sobre tener une bebé en un mundo que se lo ha prohibido a las personas a las que se les han negado sus derechos reproductivos.

Existen datos muy concretos que muestran cómo el racismo permea los sistemas de justicia. En el caso de Estados Unidos, donde aún existe la pena de muerte, las cifras revelan que la mitad de las personas actualmente condenadas a esta pena son negras, según señala Innocence Project. Además, es más probable que se recurra a la pena de muerte en casos en los que muere una persona blanca, y les condenades por matar a personas blancas son ejecutades 17 veces más que les condenades por matar a personas negras. Asimismo, las personas inocentes negras tienen siete veces más probabilidades de ser condenadas injustamente por asesinato que las personas blancas inocentes. Sin embargo, se tarda más en exonerar a una persona

---

398 Mónica Moreno Figueroa, "Los límites de la discriminación racial", *Opinión 51*, 21 de marzo de 2022, https://www.opinion51.com/monica-moreno-limites-discriminacion-racial/?r=r1xsw. Acceso junio, 2023.

399 Pablo Uchoa, "Esterilización forzosa en Perú: 'Me abrieron la barriga cuando aún no estaba dormida'", *BBC News*, 1 de marzo de 2021, https://www.bbc.com/mundo/noticias-america-latina-56243650; Alexandra Stern, "Forced Sterilization Policies in the US Targeted Minorities and Those with Disabilities – and Lasted into the 21st Century", Institute for Healthcare Policy and Innovation, University of Michigan, 30 de septiembre de 2020, https://ihpi.umich.edu/news/forced-sterilization-policies-us-targeted-minorities-and-those-disabilities-and-lasted-21st; Acceso mayo, 2023. Achille Mbembe, "Necropolitics", *Public Culture 15*, núm. 1 (invierno de 2003): 11-40.

negra inocente, y les condenades a muerte pasan una media de 13.8 años encarcelades injustamente antes de ser exonerades. Las personas negras suelen recibir condenas más duras cuando son acusadas de agresión sexual y en promedio pasan 4.5 años más en prisión que las personas blancas antes de ser exoneradas. Finalmente, como se señalan constantemente en las manifestaciones del movimiento Black Lives Matter, alrededor de un tercio de las personas desarmadas muertas a manos de la policía son negras.[400]

En el caso mexicano, así como sucede en muchos otros países, el racismo generalizado tiene consecuencias graves y cuantificables. Una de ellas es la detención de personas, supuestamente migrantes, como consecuencia de prácticas de perfilamiento racial.[401] No hay criterios definidos para las autoridades migratorias para detener a las personas; sin embargo, se ejerce este tipo de acciones, de forma supuestamente aleatoria, en los aeropuertos y en las centrales de autobuses en todo México. Estas detenciones se basan en prejuicios y estereotipos de lo que les agentes deciden qué es o no es mexicano. Ha habido casos de personas detenidas y torturadas en Chiapas y trasladadas o incluso deportadas a Guatemala, que en realidad eran personas indígenas mexicanas, pero las autoridades simplemente decidieron que "no se veían mexicanas".[402]

---

400 Daniele Selby, "8 Facts You Should Know About Racial Injustice in the Criminal Legal System", The Innocence Project, 5 de febrero de 2021, https://innocenceproject.org/facts-ra cial-discrimination-justice-system-wrongful-conviction-black-history-month/; Samuel R. Gross, Maurice Possley y Klara Stephens, "Race and Wrongful Convictions in the United States", National Registry of Exonerations/Newkirk Center for Science and Society/University of California Irvine, 7 de marzo de 2017, https://www.law.umich.edu/special/exoneration/Documents/ Race_and_Wrongful_Convictions.pdf. Acceso mayo, 2023.

401 El perfilamiento racial es toda acción ejecutada por la policía o un cuerpo de seguridad contra una persona o un colectivo de personas, basada en sus características físicas (como el color de su piel, su origen étnico, su apariencia, etcétera), que pretende justificar una actuación sin existir siquiera un sustento legítimo. Por lo tanto se trata de una expresión discriminatoria que afecta a grupos de personas en específico. María Carrasco Pueyo, Guía práctica para elaborar informes sobre perfilamiento racial (Panamá: OACNUDH, 2015), 5.

402 Ángeles Mariscal, "INM se disculpa con chiapanecos torturados para que dijeran ser de Guatemala", Pie de Página, 10 de noviembre de 2019, https://enelcamino.piedepagina.mx/inm-se-dis culpa-con-chiapanecos-torturados-para-que-dijeran-ser-de-guatemala/. Acceso abril, 2023.

En México, el racismo se ejerce no solo contra las personas que migran, sino también en contra de les mismes nacionales, tal como lo señala el proyecto "Discriminación Étnico Racial en México" de El Colegio de México. El tono de piel tiene implicaciones en la percepción de la posición socioeconómica, lo que influye en las lógicas discriminatorias cotidianas. Las características asociadas a la pertenencia indígena socialmente son vinculadas a la pobreza, y la movilidad social depende estrechamente del fenotipo de una persona: es más fácil escalar socialmente para las personas con tonos de piel más claros si nacen en pobreza que para las personas con tono de piel más oscuro. De forma inversa, la persistencia en pobreza es mayor para los tonos de piel más oscuros.[403] Por ello se habla de *pigmentocracia* para señalar las consecuencias que el tono de piel tiene en la desigualdad de oportunidades al crear jerarquías al interior de nuestra sociedad.

Por mucho tiempo se ha invisibilizado el racismo en nuestro país. Bajo el discurso de que todos somos mestices, se afirma que no hay diferencias, ignorando las múltiples experiencias de opresión, discriminación y exclusión que viven en nuestro país personas por ser morenas, por tener rasgos indígenas o hablar una lengua indígena o por ser afromexicanas.

---

403 "El color de México", El Colegio de México, s. f., colordepiel.colmex.mx. Acceso abril, 2023.

EL MITO DEL VIOLADOR NEGRO

Los árboles del sur, frutos extraños,
sangre en las hojas y sangre en la raíz,
cuerpo negro balanceándose en la brisa del sur,
fruta extraña que cuelga de los álamos.

Strange Fruit, poema de ABEL MEEROPOL,
grabado como canción por BILLIE HOLIDAY en 1939

EL CUERPO DE LOS HOMBRES NEGROS ha sido sistemáticamente tratado como peligroso, inscribiéndolo en la narrativa del violador negro. Como explica la filósofa estadounidense Angela Davis, en el contexto estadounidense la figura del violador negro desempeñó un papel central en la configuración del racismo en el periodo posterior a la esclavitud (1863).[404] Con ello ayudó a normalizar los linchamientos, aunque la mayoría de estos ni siquiera involucraron una supuesta violación. El poder cegador del mito los justificaba ya que se daba por sentado que el linchamiento era una respuesta "aceptable" ante los "bárbaros crímenes sexuales contra la mujer blanca". Las representaciones de los violadores como hombres racializados tienen consecuencias discursivas: la idea normalizada de que los hombres negros son violadores que no pueden controlar su deseo sexual y que, a su vez, las mujeres negras merecen ser violadas. Davis además apunta cómo políticos, historiadores y novelistas a lo largo del tiempo han representado sistemáticamente a las mujeres negras como promiscuas e inmorales. La "imagen ficticia del hombre negro como violador siempre ha fortalecido a su compañera inseparable: la imagen de la mujer negra como crónicamente promiscua".[405] Estos mitos también permearon en la práctica ginecológica: generaciones de médiques aseguraron que las mujeres negras eran más susceptibles a tener infecciones de transmisión sexual.[406]

La abogada Kimberlé Crenshaw señala que "históricamente, la conceptualización dominante de la violación como esencialmente del delincuente negro/víctima blanca ha dejado a los hombres negros sujetos a la violencia legal y extralegal". Es por ello por lo que la "presentación de todos los hombres negros como amenazas potenciales a la santidad de la feminidad blanca era una construcción familiar que les antirracistas confrontaron e intentaron disipar hace más de un siglo". Crenshaw revisó los datos de la década de 1980 en Estados Unidos y comprobó que los hombres negros que cometían un delito eran castigados de manera diferenciada según la raza de la víctima, es decir, si el

---

404 Contrario a las creencias populares, Estados Unidos no fue el primer país en abolir la esclavitud en sus leyes. De hecho, lo hizo bastante tarde en comparación con Haití (1803), México (1810), Chile (1811) y Colombia (1813).

405 Angela Davis, "Rape, Racism and the Capitalist Setting", *The Black Scholar 9*, no. 7 (abril de 1978), 25. La traducción es nuestra.

406 Cooper Owens, *Medical Bondage*, 21.

delito era cometido contra una persona blanca, las penas eran mucho más severas que si el delito era cometido contra una persona de color.[407] Esto no es solo cosa del pasado: a la fecha en Estados Unidos (ver el capítulo "Racismo") el trato que reciben las personas negras en las cárceles es diferenciado en comparación con las personas blancas.

---

407 Kimberlé Crenshaw, "Mapping the Margins: Intersectionality, Identity Politics, and Violence against Women of Color", *Stanford Law Review 43*, núm. 6 (julio de 1991): 1241-1299.

EUGENESIA

LA HISTORIA DE LA CIENCIA DEMUESTRA cómo el conocimiento científico está en constante construcción y disputa;
ideas que en algún momento se consideraron verdaderas ya no
lo son. Porque la ciencia la hacen las personas y las personas tenemos sesgos que pueden ser racistas o machistas, y un ejemplo de ello es la teoría eugenésica que abogaba por una "mejora
racial" y la "reproducción planificada", muy popular a inicios
del siglo xx. El término fue acuñado por el estadístico, demó-
grafo y etnólogo inglés Francis Galton (1822-1911) en 1883.

Les seguidores de estas ideas y estrategias pensaban que se
podían "eliminar los males sociales" como "la degeneración"
o "la pobreza" a través de la promoción de la reproducción de
ciertos sectores poblacionales y la segregación e incluso la esterilización involuntaria de otros.

Esta es una muestra de racismo científico, ya que la eugenesia defiende ideas como que les blanques europees son superiores física e intelectualmente que el resto de las personas,

posturas xenofóbicas, coloniales, imperialistas, esclavistas y antisemitas.

La eugenesia tuvo popularidad en las élites de países como Alemania, Estados Unidos, Gran Bretaña, Italia, Canadá e incluso México. Por ejemplo, José Vasconcelos (1882-1959), quien tuvo un papel crucial en la historia de la educación y fundó la Secretaría de Educación Pública, en su famoso libro *La raza cósmica* diseminó ideas racistas, particularmente en contra de las personas negras. Son notables las influencias del pensamiento eugenésico, adaptado al contexto mexicano y aspirando a lo que él entendía como mestizaje: "Los tipos bajos de la especie serán absorbidos por el tipo superior. De esta suerte podría redimirse, por ejemplo, el negro, y poco a poco, por extinción voluntaria [...]. Las razas inferiores, al educarse, se harían menos prolíficas, y los mejores especímenes irán ascendiendo en una escala de mejoramiento étnico, cuyo tipo máximo no es precisamente el blanco, sino esa nueva raza, a la que el mismo blanco tendrá que aspirar con el objeto de conquistar la síntesis".[408]

Los discursos eugenésicos al sonar convincentes y serios, al pretender ser científicos, apropiándose e interpretando a conveniencia la teoría de la evolución de Charles Darwin y las leyes de la herencia de Gregor Mendel, han tenido terribles repercusiones en la historia de la humanidad. Tal es el caso de la Alemania nazi. Entre 1933 y 1945 el Estado decidió "limpiar" al pueblo alemán, lo que conllevó el asesinato, la esterilización forzosa y la experimentación científica sobre personas judías, sintió, romaníes, personas con alguna discapacidad o neurodivergencia y personas LGBTQ+.

En Estados Unidos existieron grupos eugenistas con mucha fuerza que hablaban sobre el "suicidio racial" por la cantidad de migrantes no blanques que llegaban al país. Del mismo modo, apoyaron la segregación de las personas negras. Promo-

---

408 José Vasconcelos, "Prólogo", en *La raza cósmica* (Baltimore/Londres: The Johns Hopkins University Press, 1997), 72.

vieron la esterilización involuntaria de individues "no aptes" o "débiles mentales" y "antisociales", la institucionalización forzosa y leyes xenófobas como la Ley Johnson-Reed de 1924 que excluía a les inmigrantes asiátiques.

Todas estas lógicas echan mano de las teorías médico-legales sobre la herencia, la "degeneración" y la "raza"; de los gobiernos coloniales donde el Estado ejerce violencias sobre la vida de las personas, administrando incluso su muerte, por ejemplo, con la exterminación de los pueblos vencidos. Lo podemos ver en la historia reciente con la prohibición de los matrimonios mixtos en países como Estados Unidos con las leyes Jim Crow (1865- 1964) o en Sudáfrica durante el *apartheid* (1948- 1994).[409] En Guinea, asimismo, durante la imposición militar española existieron tribunales especiales para españoles y otros para guineanes. A les europees se les encarcelaba en la península, nunca en Guinea, por mencionar solo una particularidad.[410]

Otro ejemplo de discriminación racial contra personas privadas de su libertad son las vivencias de les prisioneres sudafricanes durante el Apartheid, que tenían alimentos diferenciados. En el Prisoners Handbook otorgado por el gobierno se establecía que la calidad y cantidad de la comida para las personas blancas tendría que ser superior que las del resto.[411]

---

409 Mbembe, "Necropolitics"; National Human Genome Research Institute, "Eugenics and Scientific Racism", s. f., https://www.genome.gov/about-genomics/fact-sheets/Eugenics-and-Scientific-Ra cism#:~:text=Eugenics%20is%20the%20scientifically%20erroneous,bills%20through%20%20gene tics%20and%20%20heredity. Acceso junio, 2023.

410 Violeta Gil, *Llego con tres heridas* (Barcelona: Caballo de Troya, 2022), 46.

411 De acuerdo a la información y testimonios expuestos en el Constitution Hill Museum en Johannesburgo.

COLONIALIDAD

A GRANDES RASGOS, POR COLONIALIDAD entendemos al patrón de poder que emergió en el mundo como resultado del colonialismo moderno, en donde se introduce un poder hegemónico (las potencias imperiales europeas) que explota los recursos naturales y, con ello, los cuerpos de las personas en los territorios que conquista. Como lo describe Horacio Cerutti: "Todo fue geografizado, todo reducido a naturaleza y, por tanto, a útil, instrumentalizable, manipulable, explotable".[412]

El colonialismo crea una nueva estructura del trabajo, al codificar a las personas e introducir la idea de raza para justificar el esclavismo. De esta manera, la forma como trabajamos, aquello que reconocemos como conocimiento válido, la autoridad y las relaciones entre las personas se articulan entre sí a través del mercado capitalista mundial y de la noción de raza. Lo que es importante entender es que, aun cuando los imperios

---

412 Horacio Cerutti Guldberg, "América, un continente por descubrir", en *Presagio y tópica del descubrimiento* (México: UNAM/CCYDEL, 2018), 41.

coloniales no mantienen la misma fuerza que antes, y las naciones colonizadas se independizaron, la colonialidad persiste.

Hay autores como Pablo González Casanova que han trabajado el concepto de *colonialismo interno* para explicar cómo se renuevan las relaciones de desigualdad y explotación. Así prevalecen las estructuras de poder que el dominio colonial trajo a los territorios conquistados, y se renuevan las relaciones de desigualdad y explotación dentro de los nuevos Estados-nación independientes.[413] Por su parte, Silvia Rivera Cusicanqui señala que el colonialismo interno tiene dos características importantes: la primera es el fortalecimiento de una política colonial ante las poblaciones indígenas y la segunda son las alianzas del Estado colonial con las potencias colonizadoras.[414]

---

413 Pablo González Casanova, "Colonialismo interno (una redefinición)", Conceptos y Fenómenos Fundamentales de Nuestro Tiempo, Instituto de Investigaciones Sociales-UNAM, octubre de 2003, https://conceptos.sociales.unam.mx/conceptos_final/412trabajo.pdf. Acceso mayo, 2023.

414 Cristian Cabello, "Silvia Rivera Cusicanqui: 'Lo indio es parte de la modernidad, no es una tradición estancada'", Facso, 19 de octubre de 2012, http://www.facso.uchile.cl/noticias/85824/lo-indio-es-parte-de-la-modernidad-no-es-una-tradicion-estancada. Acceso mayo, 2023.

INTERSECCIONALIDAD

DESDE HACE VARIOS AÑOS se ha popularizado el uso de la palabra *interseccionalidad* en las conversaciones sobre feminismo. Este es un término que acuñó la abogada y académica de los estudios de teoría crítica sobre raza Kimberlé Crenshaw,[415] a finales de la década de los ochenta en Estados Unidos, para hablar acerca de cómo diferentes tipos de violencias pueden cruzar a una persona. Crenshaw analiza distintos casos legales para esbozar cómo, cuando se habla de discriminación en contra de las mujeres, se habla desde las experiencias de las mujeres blancas, mientras que cuando se habla de la discriminación racial se piensa únicamente en los hombres negros y no se reflexiona sobre la situación de las mujeres negras. Crenshaw usa la analogía de una intersección de tráfico para explicar que la discriminación se experimenta en un cruce de sentidos viales: el tráfico

---

415 Kimberlé Crenshaw, "Demarginalizing the Intersection of Race and Sex: A Black Feminist Critique of Antidiscrimination Doctrine, Feminist Theory and Antiracist Politics", *University of Chicago Legal Forum 1989*, núm. 1 (1989): 139-167; Crenshaw, "Mapping the Margins".

puede fluir en una dirección y puede fluir en otra. Si ocurre un accidente, este puede ser causado por automóviles que viajan desde cualquier dirección y desde todas las direcciones.

La académica apunta que el sistema legal estadounidense no considera las intersecciones entre el racismo, el sexismo y el clasismo. Si bien Crenshaw no es ni la primera ni única teórica que habla al respecto (por ejemplo, Frances M. Beal hablaba de un *double jeopardy* en ser mujer y ser negra en 1969), su legado tiene gran peso en la discusión feminista alrededor del mundo. Sería un error negar la importancia de su trabajo, pero también hay que ser conscientes de que, en gran parte, su popularización se debe a que el término fue acuñado desde el contexto estadounidense, un espacio con muchas ventajas sobre otras geografías en la aceptación de su producción académica.

La interseccionalidad es una herramienta a través de la cual se pueden reconocer las diferentes opresiones que ocurren de manera intragrupal y cómo se relacionan. Una mirada interseccional permite el avance colectivo. Pensemos en una manifestación feminista: aunque todas las que asistimos ahí lo hacemos porque la violencia patriarcal nos hiere en muchos niveles, las experiencias de las mujeres que asisten no son similares. No todas tienen las mismas oportunidades educativas, de vivienda o de salud, y son tratadas de manera muy distinta según la forma de su cuerpo, su color de piel, su acento, su nivel educativo o si viven o no con una discapacidad. No es el mismo trato el que recibe una mujer lesbiana o bisexual que el que recibe una mujer heterosexual; tampoco es similar la experiencia de una mujer trans a la de una mujer cisgénero. Por eso mismo, necesitamos ser conscientes de cómo las violencias que muchas mujeres experimentan no son iguales y que no "por ser mujeres" vivimos realidades idénticas; nuestras experiencias no son uniformes. Las mujeres también podemos ser opresoras de otras mujeres y de otros hombres. Del mismo modo, es necesario entender que no se trata de una especie de operación aditiva, como si hubiera una jerarquía de opresión en la que se "suman" o "restan" factores en una ecuación aritmética.

TOKENISMO

EL TOKENISMO (DEL INGLÉS *TOKEN*) es una práctica muy común en las empresas, en las universidades y en los medios de comunicación que consiste en poner en ciertos puestos a un pequeñísimo número de personas de grupos subrepresentados (como mujeres, personas trans, personas racializadas, personas con discapacidad, etcétera) para aparentar que es un espacio libre de discriminación e igualitario, sin realmente haber un compromiso profundo para mejorar la situación de todes les que integran el grupo o institución.

Un ejemplo muy común de este fenómeno son las empresas que tienen muy malas condiciones laborales para las mujeres en general, y en especial contra las personas que desempeñan trabajos de limpieza o secretariales, pero que ponen a su única directora de área como muestra de que son una empresa "inclusiva". El tokenismo es peligroso porque es un intento superficial, manipulador y simplista de "curar" el enorme problema que es la discriminación. Es como poner una curita en una pierna que tiene una fractura expuesta y celebrarlo como un logro: no solamente no resuelve, sino que solo distrae de la gravedad del problema.

INTERSEX

COMO LO HEMOS MENCIONADO ANTERIORMENTE,
los más recientes avances científicos muestran que el sexo es
un espectro y no una realidad binaria. Las personas intersex
son prueba de ello al nacer con cuerpos que no se ajustan a las
normativas genitales de las lógicas del dimorfismo sexual (endo-
sex). Sus características sexuales no se reflejan en las estrictas
nociones binarias sobre cómo debe ser un cuerpo masculino o
femenino. Intersex es en realidad un término general que se refiere a más de 30 rasgos y condiciones diferentes con las que una
persona puede nacer. En algunos casos, estos rasgos son visibles
desde bebés, mientras que en otros no se manifiestan hasta la
pubertad. Por generaciones a la mayoría de les bebés intersex se
les ha sometido a cirugías que en muchos casos son invasivas y
dolorosas, con consecuencias tanto físicas como psicológicas.[416]
Sus cuerpos han sido tratados como algo que se debe corregir,
por lo que deben sentir vergüenza y vivir en secreto. En nues-

---

416 Human Rights Watch y Advocates for Intersex Youth, *"I Want to Be Like Nature Made Me" Medically Unnecessary Surgeries on Intersex Children in the US* (Nueva York: HRW, 2017). Acceso mayo, 2021.

tras sociedades a menudo son estigmatizadas y expuestes a múltiples violaciones de derechos, como el derecho a la salud y a la integridad física; sin embargo, esto no siempre ha sido así, ni es una realidad de todas las sociedades. Por ejemplo, las personas intersex fueron reconocidas en diferentes sociedades tribales antes de las colonizaciones sin la necesidad de asimilarles en una clasificación sexual binaria.[417]

Aunque en muchos aspectos sigue siendo un tema tabú, existen quienes han decidido alzar la voz y organizarse para defender los derechos de las infancias intersex, incluso gente con perfiles públicos, como la modelo belga Hanne Gaby Odiele. Cuando la bebé Hanne tenía dos semanas de nacida desarrolló una infección y sus padres la llevaron al hospital. Los análisis de sangre que le hicieron concluían que Hanne era "un niño". Fue así como la familia se enteró de que Hanne tenía síndrome de insensibilidad a los andrógenos (AIS): nació con testículos internos y sin útero ni ovarios. El personal médico le informó a la familia que su hija era intersex y por lo tanto "necesitaría" cirugías "correctivas". Todo esto lo debían mantener en secreto, incluso para la propia Hanne.

Ahora es una modelo que ha desfilado en múltiples pasarelas internacionales; ha decidido hacer pública su historia como persona intersex y colabora con la organización InterACT. De acuerdo a la entrevista que otorgó a la revista de moda *Vogue*, a sus padres les dijeron que, si no le extirpaban los testículos cuando tuviera 10 años, desarrollaría cáncer. Y en lugar de explicarle a su hija para qué era realmente la cirugía, se les indicó que le dijeran que era una operación en la vejiga. Les dijeron que lo que tenía su hija era "extremadamente raro",[418] en vez de explicarles que es algo relativamente común. Según los datos de la Oficina del Alto Comisionado de las Naciones Unidas, entre

---

417 Lugones, "Colonialidad y género", 85.

418 Lynn Yaeger, "Model Hanne Gaby Odiele on What It Means to Be Intersex—And Why She's Going Public", *Vogue*, 23 de enero de 2017, https://www.vogue.com/article/hanne-gaby-odiele-model-intersex-interview. Acceso mayo, 2023.

0.05% y 1.7% de la población nace con rasgos intersex; el porcentaje que representa el umbral superior es similar al número de personas pelirrojas en el mundo.[419]

En palabras de la activista intersex mexicana Hana Aoi: "La intersexualidad es lo que la sociedad provoca en nuestros cuerpos y en nuestras trayectorias de vida: las disonancias de la experiencia cotidiana, de lo que se espera de nuestros cuerpos y de nuestro sexo, ese sexo que no es nuestro, pero que nos es impuesto, no muy diferente a las demás personas, pero de una forma increíblemente cruel, sin importar cuán legítimas sean las palabras de los médicos".[420] Esto ejemplifica cómo las instituciones de nuestra sociedad producen el género. Por ejemplo: las instituciones médicas a través de operaciones y terapias hormonales han modificado por generaciones los cuerpos de infantes intersex. Los sistemas educativos a su vez lo hacen al enseñarnos desde que somos pequeñes que solo existen dos tipos de cuerpos, o cuerpos "normales" que son "adecuados" y los supuestamente "anormales", ignorando totalmente la existencia de las personas intersex y que sus cuerpos son perfectamente adecuados y válidos.

---

419 Free and Equal United Nations, "What Does It Mean to Be Intersex?", s. f., https://www.unfe.org/what-does-it-mean-to-be-intersex/. Acceso mayo, 2023.

420 Hana Aoi, "Escuchar las voces intersexuales", *El Plural*, 26 de octubre de 2021, https://www.elplural.com/autonomias/andalucia/escuchar-voces-intersexuales_277417102. Acceso mayo, 2023.

TRANS*

LAS IDENTIDADES TRANS* son muy diversas y se pueden identificar de maneras muy distintas. Trans* es un término amplio que puede usarse para describir a las personas cuya identidad de género es diferente del género que se creía que tenían cuando nacieron, el que la sociedad les asignó (porque es un constructo social que aprendemos desde que nacemos). Para tratar a una persona trans* con respeto, hay que hacerlo de acuerdo a su identidad de género, es decir, si se refiere a sí misma con pronombres como "ella", "él" o "elle"; solo hace falta poner atención a cómo decide ser nombrada esta persona.

El primer registro del uso de la palabra *trans* fue en alemán, por el médico Magnus Hirschfeld (1868-1935). En el mundo anglosajón, a finales de los años cuarenta y principios de los cincuenta, la palabra *transexual*, que era entendida como un trastorno psíquico, empezó a ser usada por sexólogues como David O. Cauldwell y Harry Benjamin. En 1965 John Oliven propuso el término *transexualismo* en lugar de *transgenerismo*, y a principios de los años noventa se generalizó el uso de la palabra *transgénero* como término englobador para describir una serie de identidades y comunidades con variantes de género dentro de Estados Unidos.[421] Poco a poco se ha comenzado a usar únicamente el término *trans*, ya que engloba diversas identidades sin la necesidad de un lexema (como en *transexual*, *transgénero*, etcétera).

Actualmente, muchas personas usamos un asterisco al escribir esta palabra porque, como explica Avery Tompkins, permite una mayor inclusividad de nuevas identidades y expresiones de género, lo que representa mejor a una comunidad más amplia de individues. Trans* incluye no solamente las identidades como transgénero, transexual, hombre trans y mujer trans (aquellas que llevan el prefijo *trans-*), sino también identidades como *genderqueer*, intersex, agénero, género fluido, etcétera.[422] No todas las personas se identifican como "hombre" o como "mujer", por ejemplo, las personas no binarias.

Transfobia y transmisia

La transfobia se ejerce contra personas trans*, no binarias o de género no conforme. Hoy en día hay quienes prefieren usar el término *transmisia* porque el sufijo *-misia* viene de la palabra griega *mîsos*, que hace referencia al odio, distinto del sufijo *-fobia*, que hace referencia al miedo. Al igual que otro tipo de discriminación por motivos de género o por preferencia sexual, la transmisia tiene repercusiones graves sobre las personas que la viven y sus círculos cercanos. Alcanza esferas muy altas, como tomadores de decisiones en gobiernos, medios de comunicación, empresas y organizaciones civiles, lo que puede limitar de manera grave el acceso a derechos humanos, violen-

---

421 Viviana Carola Velasco Martinez y Gustavo Angeli, "Joana Nolais e o Enigma de Género: Uma Discussão Psicanalítica da Transexualidade", *Estudos Feministas 27*, núm. 1 (2019).

422 Avery Tompkins, "Asterisk", TSQ: *Transgender Studies Quarterly 1*, núms. 1-2 (mayo de 2014): 27.

cia física o verbal y con ello afectar considerablemente la salud física y emocional de las personas trans*.

Existen muchos ejemplos de cómo opera: aislar a las personas trans* o tratarlas como no dignas de cuidado, negar la validez de la identidad de una persona, referirse a ella con un género con el cual no se identifica (*misgendering*) o usar un nombre que no usa más (*deadnaming*). También persisten los discursos —en gran medida promovidos por el cine y la televisión[423]— que patologizan a las personas trans* o las estereotipan como personas malvadas, confundidas o hipersexuales. En cuanto a sus derechos, la transmisia repercute en leyes que les impiden a las personas trans* y a las juventudes trans* recibir atención médica o acceso a documentos de identidad adecuados, acceso a la vivienda o incluso violencia física, incluyendo violaciones sexuales y asesinatos.

___

423 Un buen ejercicio para analizar la representación de las personas trans* en Hollywood y los impactos de esta en la vida diaria de las personas trans* es el documental *Disclosure* (2020).

PATOLOGIZACIÓN

POR PATOLOGIZACIÓN NOS REFERIMOS A un fenómeno o una característica que se incluye en la categoría de enfermedad. Es el uso de categorías médicas para etiquetar una manifestación humana que puede ser perfectamente común y no algo "malo".

La patologización es un proceso y una forma de lectura de los cuerpos, las identidades y la subjetividad que funciona con lógicas binarias: salud en contraposición a enfermedad, normalidad en contraposición a anormalidad. Las personas que simplemente existen y con su existencia cuestionan los marcos de inteligibilidad cultural quedan automáticamente reducidas a categorías como anormalidad, depravación, desviación o desorden. De este modo la patologización abona a lógicas discriminatorias al estigmatizar a las personas que son etiquetadas como "enfermas" por no ser "normales", en lugar de ayudarnos a entender que todas las personas son diversas y necesitamos una perspectiva que acepte, respete y nos integre. Es una forma de deshumanización: al patologizar a una persona, vuelve su vida ilegible e invivible; su vida "vale menos" o simplemente no vale.

Un ejemplo muy claro de patologización en la historia de la psiquiatría es la categorización de las mujeres "histéricas" durante el siglo XIX, cuando se diagnosticó un supuesto trastorno mental a mujeres que realmente no lo padecían. Otro ejemplo muy común de patologización es la manera en la que el discurso médico por generaciones ha tratado la diversidad sexual: la homosexualidad fue considerada una "enfermedad mental" hasta 1990. Existe también una relación muy estrecha entre racismo y patologización, ya que por siglos se usaron categorías médicas y psiquiátricas (por ello se habla de racismo científico) para justificar el esclavismo, la segregación racial y la opresión en general. De esta manera se defendió la idea de que las razas son categorías biológicas (lo que no existe) y se clasificó a ciertas personas como "inferiores", "mentalmente deficientes" y más propensas a ser "criminales".

Por el contrario, la perspectiva de la despatologización implica afirmar el derecho de las personas a autodenominarse y a decidir sobre su propio cuerpo y su propia vida. Por ejemplo, los grupos de activistas por la despatologización trans* demandan que les profesionales de salud mental tengan otra aproximación a la atención de personas trans* y el cese del uso del diagnóstico de la transexualidad, disforia o incongruencia de género como trastorno mental. Con ello se desarrollan modelos de atención en salud inclusivos para las personas trans* y procesos legales de reconocimiento de género basados en derechos humanos para así abonar a la construcción de una sociedad que respete y reconozca la diversidad de género. La despatologización supone así quitarles poder a la psiquiatría y la medicina: quienes son las expertas de su vida son las propias personas, no el saber experto disciplinar.[424]

---

424 Amets Suess Schwend, "La perspectiva de despatologización trans: ¿una aportación para enfoques de salud pública y prácticas clínicas en salud mental?", *Gaceta Sanitaria* 34, núm. 1 (2020): 54-60. Las autoras agradecen los aportes de Tomás Ojeda, investigador en temas de género, sexualidad y diversidades, para este apartado.

MODESTIA

EL SIGNIFICADO Y LAS FORMAS DE INTERPRETAR la noción de pudor varían de cultura en cultura y a través del tiempo. Sin embargo, en términos generales, la idea de pudor se refiere al sentimiento de vergüenza que nos lleva a cubrir ciertas partes del cuerpo que, de acuerdo con ciertos sistemas de creencias, poseen una connotación sexual al ser mostradas en público, para buscar modestia y recato. Distintas religiones y tradiciones han asociado estos valores con la idea de virtud o incluso con la santidad. Cubrirse los brazos para entrar al templo, taparse el cabello con un velo o una peluca, llevar la falda lo suficientemente larga para ocultar las rodillas son ejemplos de ello.

El siglo XIX en Occidente fue una época de gran rigidez con respecto a mostrar al cuerpo. La manera en que las personas se presentaban en la playa es muy ilustrativa: los trajes de baño que usaban las mujeres consistían en un vestido corto sobre unos pantalones anchos y largos, normalmente de lana, ya que era más resistente al agua que el algodón, y de color negro o azul marino para ocultar la figura, por supuesto, sobre el correspondiente corsé. ¿Se pueden imaginar el peso de todas esas capas de tela mojadas? Pero hay más: en la década de 1860, cuando las mujeres iban a nadar al mar, llegaban completamente vestidas y se cambiaban en casetas situadas en la orilla de la playa, que eran trasladadas hacia dentro del océano, tiradas por caballos, para que ahí pudieran disfrutar de la frescura del agua, lejos de las miradas de los hombres.[425] Mientras tanto, los varones podían nadar libres usando trajes de punto que se ajustaban al cuerpo.

Aunque en las playas contemporáneas puede verse más piel, el pudor no ha desaparecido de la ecuación: en cada sitio continúan existiendo códigos morales que restringen las partes del cuerpo que podemos mostrar y cómo las mostramos: es el caso de los senos femeninos, que aparecen expuestos en todas partes siempre y cuando sea para vender algo, y cuando una persona muestra sus senos en un contexto distinto son vetados. El caso de la prohibición de los pezones femeninos en las redes sociales es otro ejemplo (ver el capítulo "Senos"). A los códigos morales se suman los ideales estéticos, un componente muy poderoso para establecer los límites entre lo mostrable y lo que no debe verse, lo que se considera apropiado y lo ofensivo o escandaloso. Por ejemplo, la idea de tener un cuerpo de verano: en cuanto se acerca el periodo vacacional, las revistas y medios de comunicación nos bombardean con consejos, dietas y ejercicios para lucir el cuerpo perfecto en traje de baño, haciéndonos sentir fuera de lugar, vergüenza o frustración al no cumplir con esos estándares. Digan lo que digan, para tener un cuerpo de verano, no hace falta más que tener un cuerpo y que sea verano.

En la actualidad, particularmente en Europa, hay una tendencia discursiva que retrata como víctimas a las mujeres que

---

425 Beverly Birks y José María Unsain Azpiroz, *Trajes de baño y exposición corporal: Una historia alternativa del siglo xx* (Donostia, San Sebastián: Nerea/Fundación Cristóbal Balenciaga, 2012), 16.

usan velos por motivos religiosos. Justificándose en ciertos valores aparentemente seculares, en algunos casos supuestamente feministas, se rechaza a las mujeres que optan por la modestia como parte de su práctica espiritual, sobre todo en el caso de las mujeres musulmanas. En Francia, en 2010, se prohibió el uso del velo en público, lo que además de violar la libertad de religión de las personas,[426] niega la agencia de las mujeres que practican el islam.

La académica italiana Sara R. Farris ha estudiado este fenómeno y ha acuñado el concepto *feminacionalismo* para describir los intentos de los partidos de derecha en Europa occidental por promover políticas xenófobas bajo la excusa de proteger la igualdad de género. Como explica Farris, los discursos feminacionalistas presentan a las mujeres como víctimas perpetuas que necesitan ser salvadas de los hombres musulmanes.[427] Las mujeres que nos consideramos feministas tenemos que entender que la relación de las mujeres religiosas con su cuerpo es una decisión que solo les concierne a ellas, y, si bien están marcadas por las condiciones estructurales y culturales, a todas las personas en todas las culturas nos cruzan las estructuras sociales y no podemos, "en nombre del feminismo", exigirles no usar un velo. Así como hay mujeres que cubren su cuerpo, existimos otras que sentimos una presión desbordada por descubrir nuestro cuerpo y mostrarlo "perfecto" en un bikini. Ambas decisiones están permeadas por nuestra cultura. Es hipócrita hablar sobre el derecho de decidir sobre nuestro propio cuerpo mientras criticamos o, peor aún, limitamos lo que mujeres de otras culturas deciden hacer con los suyos.

---

426 Giacomo Pirozzi, "La prohibición de vestir el velo integral en Francia viola la libertad de religión", Noticias ONU, 23 de octubre de 2018, news.un.org/es/story/2018/10/1444152. Acceso junio, 2023.

427 Sara R. Farris, *In the Name of Women's Rights* (Durham: Duke University Press, 2017).

OBSESIÓN CON LA JUVENTUD

SI BIEN LAS PERSONAS de todos los géneros pueden tener
miedo a envejecer, el rechazo al envejecimiento es una presión
sobre todo ejercida socialmente sobre las mujeres. Esto se evidencia con la enorme variedad de productos para evitar arrugas
destinados al consumo femenino alrededor del mundo. Igualmente, está el doble estándar sobre las cabelleras grises que en
hombres pueden parecer atractivas, en contraste con las mujeres (de esto hablamos en el capítulo "Pelo"). Lo mismo sucede en
el cine comercial, en el que parece que existe una obsesión con la
etapa reproductiva de las mujeres: es muy común que actrices
jóvenes interpreten los papeles protagónicos (menores de 40
años o que aparenten ser menores de esa edad), mientras que no
pasa lo mismo con sus contrapartes masculinas, quienes obtie-
nen protagónicos durante un plazo más amplio.

Existen otros ejemplos aún más crudos que tienen que ver
con nuestra sexualidad e intimidad: la erotización de las niñas.
El abuso sexual contra infantes cobra todo tipo de víctimas y

es sumamente grave sin importar el género de la persona (tanto de la víctima como de le victimarie), pero es notablemente feminizada la erotización del cuerpo infantil. Un ejemplo de ello es el modo en que se tratan nuestros genitales. Como el resto de nuestros cuerpo, nuestras vulvas cambian a lo largo de los años, es un proceso biológico: los labios vaginales crecen y cambian de color. Sin embargo la industria de la pornografía promueve un tipo de vulva en particular: pequeña y de color rosa… como de niña y no como de adulta. Hoy en día hay toda una industria que monetiza el deseo de tener un cuerpo "perfecto". Para modificar nuestros genitales hay cirugías, jabones vaginales, métodos de depilación y de blanqueamiento vaginal, que son cada día más solicitados pese a ser costosos, dolorosos e invasivos.[428] Como consecuencia, hay mujeres que se sienten avergonzadas por su vulva y hay hombres que les exigen a sus parejas depilarse completamente la zona de sus genitales o usar productos para cambiar su olor.

Estas exigencias por aparentar vulvas infantiles no son un hecho aislado; a esto se suman los certámenes de belleza infantiles con pequeñitas maquilladas, en bikini, con bronceado artificial y tacones (la crudeza de este fenómeno lo retrata la fotoperiodista estadounidense Colby Katz). No es trivial que la carrera de una modelo comience en la pubertad y culmine, en muchos casos, alrededor de los 25 años. Se les exige a las modelos tener cuerpos de adolescentes y no de mujeres adultas con caderas desarrolladas y bustos. Incluso es común que se les exija perder centímetros de cadera, como lo señala la ex-modelo mexicana Emilia Bryan, quien describe como "cultura pedófila" al mundo de la moda.[429]

---

428 La británica Lisa Rogers creó un documental al respecto: *The Perfect Vagina* (2008), en el que describe cómo la industria de la pornografía ha permeado de manera dañina nuestra relación con nuestra vulva.

429 Jorge Luis Mendívil, "Entrevista | Emilia Bryan y la violencia en el mundo de la moda", *La Pared*, 3 de septiembre de 2019, https://laparednoticias.com/entrevista-emilia-bryan-y-la-violencia-en-el-mundo-de-la-moda/. Acceso junio, 2023.

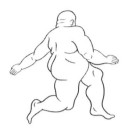

DESNUDEZ

CIERRA LOS OJOS E IMAGINA UN CUERPO, ¿cómo es? Con frecuencia solemos pensarlo en su concepción más elemental, desnudo, anónimo, aislado, desligado del contexto, casi como si flotara en el espacio. Pero todos los cuerpos están situados en un lugar y un tiempo específicos que nos dotan de significados aun cuando no tenemos ropa. En realidad, existen pocas situaciones en las que podemos mostrar nuestro cuerpo en total desnudez, y cuando sucede lo hacemos dentro de marcos determinados por convenciones sociales y sistemas de representación en los cuales no tener ropa puede ser una cuestión de vergüenza o "una falta a la moral". Pero no siempre ha sido así, ni es así en todos los lugares. En algunos momentos el vestido ha sido considerado prueba de civilización, de modo que se miraba de forma peyorativa a quienes no usaban ropa. En la antigua Mesoamérica, les nahuas, quienes solían portar un taparrabo o *maxtlalt*, se escandalizaban con las personas huastecas y purépechas porque no usaban nada que les cubriera.[430] El vestido está asociado también con la posición social que ocupa una persona desde tiempos antiguos. Por ejemplo, en el antiguo Egipto, en Creta y Grecia les esclaves y atletas iban comúnmente sin ropa, mientras que las élites se distinguían por llevar prendas elegantes. Aunque al moverse dejaban gran parte del cuerpo al descubierto, su preocupación no era definitivamente el pudor o la moralidad.[431] Sin embargo, la ausencia de ropa, con sus implicaciones de protección y efectos transformadores del cuerpo, comúnmente se considera un lugar de vulnerabilidad: estar al desnudo significa mostrarnos tal cual somos, sin artificios ni tapujos.

Cuando el fotógrafo estadounidense Spencer Tunick organizó sus desnudos masivos en la Ciudad de México en 2007, cerca de 20 000 personas completamente desnudas compartieron una experiencia de armonía y libertad, la desnudez parecía colocar a todos en una situación de vulnerabilidad y empatía... hasta que se llamó a las mujeres participando a unas sesiones sin los varones y a ellos se les permitió vestirse: la situación se transformó por completo, la ropa les daba poder sobre ellas, expuestas, desnudas aún.

Como Dios nos trajo al mundo

Con la tradición judeocristiana dicha percepción del cuerpo se transformó para ser codificada como pecaminosa, inmoral o incluso sucia. Los mitos permiten entender cómo las religiones han modelado los cuerpos y las conductas en Occidente, en especial, de las mujeres. A través de figuras arquetípicas como Eva, Pandora, Lilith y la Virgen María, el cuerpo femenino ha sido relacionado con la sexualidad y el pecado. En la Biblia la desnudez se convirtió en algo vergonzoso por la curiosidad de Eva, cuyo

---

430 Miriam López Hernández, "Desnudez y pudor entre los nahuas prehispánicos", *Indiana 34*, núm. 1 (2017): 255-280.

431 Squicciarino, *El vestido habla*, 235.

cuerpo encerraba el deseo y la tentación que conducía a los hombres al pecado, lo que trajo consigo la necesidad de cubrir y ocultar los cuerpos por medio del vestido. La cristiandad estableció discursos de modestia y castidad dirigidos principalmente al control de la sexualidad femenina; sin embargo, estos siempre parecían insuficientes: por su proximidad al cuerpo, el vestido puede taparlo, pero también realzarlo, estableciendo un juego ambivalente entre velar y desvelar, modestia y exhibicionismo, recato y seducción.[432] Por eso la fiscalización sobre cuánta piel muestra el cuerpo femenino ha sido una constante.

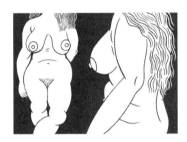

¿Tienen que estar desnudas las mujeres para entrar en el Metropolitan?

Esta es la pregunta que aparecía en los carteles con los que el colectivo de artistas feministas Guerrilla Girls tapizaron las calles de Nueva York en 1989. En ellos se explicaba que menos de 5% de les artistas de la sección dedicada al arte moderno del Museo Metropolitano eran mujeres, pero 85% de los desnudos colgados en las paredes correspondían a cuerpos femeninos cis. Esta intervención tuvo un gran impacto por su contundencia al revelar una situación que más de 30 años después no ha cambiado tanto: la hipervisibilidad de las mujeres como

---

432 Efrat Tseëlon, *The Masque of Femininity* (Londres: Sage, 1997), 14.

objeto de representación en las artes visuales, la literatura, la publicidad o el cine, y su invisibilidad como creadoras (ver el capítulo "La mirada masculina").

Las representaciones del cuerpo femenino desnudo en el arte europeo desde la Antigüedad hasta la modernidad fueron hechas siguiendo cánones que establecían cómo debían ser mostradas sus formas de manera armónica y contenida, sus proporciones, el tratamiento de sus partes, las situaciones y escenas en que estaba permitida su aparición y en las que no. Estas imágenes de desnudos femeninos eran codificadas para representar lo considerado bello de acuerdo con las ideas de cada época. Aquellas representaciones que no se ciñeran a las convenciones y normas eran consideradas obscenas, impúdicas y ofensivas. ¿Quiénes establecen estos límites?

Las academias de arte, las galerías y editoriales, la filosofía, la teoría y la crítica de arte marcan la pauta del sistema artístico y con ello las dinámicas de género dentro de este. Las escuelas de arte, por ejemplo, prohibieron por generaciones a las mujeres acceder a este tipo de educación, y cuando lo hacían, se les negaba el acceso a las clases de dibujo al desnudo: podrían ser modelos, ser retratadas, pero no retratar. No es casualidad que por ello existieran grandes mujeres exponentes de pinturas de bodegones o de botánica,[433] considerados "géneros menores", ya que eran las áreas que sí les eran permitidas.[434] Por ejemplo, la Royal Academy of Arts fue fundada en Inglaterra en 1768, pero solo les permitió a las mujeres entrar a clase de dibujo al desnudo hasta 1890.

Por esta razón, para las artistas feministas en el siglo XX trabajar con y desde sus propios cuerpos fue central: cuestionaron toda una historia de representaciones de cuerpos femeninos idealizados, hipersexualizados, complacientes, dirigidos a la mirada masculina, y comenzaron a generar nue-

---

433 Como Clara Peeters (1594- c.1657) o Giovanna Garzoni (1600-1670) o Maria Sibylla Merian (1647-1717), por mencionar solo a unas cuantas.

434 Katy Hessel, *The Story of Art Without Men* (Londres: Hutchinson Heinemann, 2022), 53-61.

vas formas de representarse desde su propia experiencia, sus dolores, haciendo visibles las violencias que enfrentan, pero también desde sus afectos, en busca de su propio placer. También dejaron claro que las mujeres no solo han sido modelos, recuperando las historias de aquellas mujeres creadoras que quedaron invisibilizadas por el relato dominante de la historia del arte.

El desnudo femenino es una categoría tanto cultural como sexual, parte de una industria cultural cuyas instituciones y lenguajes plantean ciertas definiciones de lo que debe entenderse por género, por sexualidad, por placer, tal como señala Lynda Nead.[435] Tanto en el arte como en otro tipo de imágenes que proliferaron con la invención de la fotografía, el desnudo femenino funcionó como un mecanismo de control del sexo y la sexualidad, que dirigía —y restringía— las posibilidades del deseo, y conformó un modelo de mujer transgresora, representada como *femme fatale*, el cual, en oposición al ideal femenino de la época como "ángel del hogar", contribuía a fortalecer las normas morales conservadoras.[436] En México durante el siglo XIX, el acceso a estas imágenes eróticas y pornográficas en un principio estaba restringido a la burguesía, pero con la masificación de la prensa, la producción gráfica de imágenes que mostraban cuerpos femeninos desnudos o semidesnudos con gestos y posturas sugerentes se extendió a todas las clases sociales a través de postales, fotografías y revistas dirigidas al público masculino.[437]

---

435 Nead, *El desnudo femenino*, 99.

436 La figura de la mujer fatal, según el imaginario de la época, se trataba de una mujer voluptuosa y seductora a quien se atribuían una serie de estereotipos negativos asociados con la perversión y la ruina, en oposición a la honorabilidad y el recato sexual deseable en las "mujeres decentes", modelo cristalizado en la figura del "ángel del hogar", la mujer sumisa, ama de casa, madre y esposa cuidadora y amorosa, dispuesta a renunciar a todo. Esa construcción ambivalente de tipologías femeninas contribuyó a establecer los criterios de lo considerado "perverso", "normal", "anormal" o "patológico".

437 Alba H. González Reyes, *Concupiscencia de los ojos: El desnudo femenino en México 1897-1927* (Xalapa: UV, 2009), 59-61.

Desnudos subversivos

En una época en que la aparición de desnudos pareciera haberse relajado por su frecuencia en los medios de comunicación, la censura de los desnudos no codificados desde la estética dominante (la de la pornografía o la publicidad) revela que el tabú persiste. Estos cuerpos desnudos pueden convertirse en un lugar de resistencia contra el orden imperante. No es posible hacer una caracterización fija de estos casos porque dependen completamente del contexto en el que suceden y los objetivos que buscan. Por ejemplo, aparecer sin ropa en el espacio público es un acto de transgresión que está plasmado en las leyes de muchos países. Incluso en aquellos en donde las normas son más laxas al respecto, suele tratarse como faltas a la moral. Desde el llamado *streaking* o acto de correr sin ropa en un lugar público, con la intención de llamar la atención sobre un problema o protestar, relativamente popular durante la década de los setenta, hasta la protesta colectiva, la desnudez puede ser una estrategia política poderosa.

En la Ciudad de México, durante muchos años el movimiento campesino de Los 400 Pueblos usó esta estrategia para manifestarse año con año; al principio para exigir la devolución de sus tierras, más tarde buscando justicia por la represión y el saqueo que sufrieron. La desnudez, de acuerdo con algunas entrevistas concedidas por participantes, les servía para llamar la atención y distinguirse: "Somos muy pocos, vestidos nos perderíamos entre las demás marchas. Por eso somos necios, somos *los encuerados*".[438] El cuerpo desnudo era su manera de hacerse visibles ante la ausencia de otros canales para expresar sus demandas, de sobresalir en las atestadas calles, donde se enfrentaban a la reacción de la gente al pasar: había quienes reían; les insultaban, usualmente con comentarios racistas y clasistas; les aplaudían o

---

438 Ana Karina Delgado, "Usar el cuerpo para pedir la tierra", *El País*, 19 de abril de 2016, elpais.com/elpais/2016/04/18/planeta_futuro/1460996958_515477.html. Acceso junio, 2023.

nunca faltaba la persona entusiasta que se desnudaba también. Hoy en día existen múltiples causas que recurren a la protesta nudista: reivindicaciones feministas en la lucha contra la violencia machista, activistas en pro de los derechos de los animales o ciclistas que demandan derechos viales (en la Ciudad de México, por ejemplo, la Rodada Nudista se retomó en 2022, después de haberse interrumpido por dos años por pandemia; antes de eso, se había llevado a cabo durante 14 años ininterrumpidos).

Desnudos en internet

Durante la última década, la tecnología ha transformado muchas de nuestras relaciones y, por supuesto, ha generado una nueva forma de ver, asumir y practicar la sexualidad. Así surgió el *sexteo,* que se refiere al intercambio libre y consensuado de imágenes, videos, audios y mensajes con contenido erótico o sexual a través de plataformas digitales. Esta palabra procede del neologismo en inglés *sexting* y se comenzó a usar en la primera década de los 2000.[439] En muchos sentidos se trata de una práctica sexual muy segura: al no necesitar contacto físico, no hay exposición a infecciones de transmisión sexual ni riesgos de embarazo. El riesgo de vivir violencia sexual física en un encuentro disminuye. También es una práctica segura para las personas LGBTQ+ que viven en un espacio hostil, ya que puede convertirse en una de las pocas vías para explorar su sexualidad sin el riesgo de sufrir agresiones por su círculo inmediato. Las *nudes* y el *sexting* pueden ser una práctica satisfactoria, divertida, ayudar a desarrollar lazos más fuertes con una persona y a tener mayor confianza. Sin embargo, los múltiples casos de delitos de abuso de confianza o robo de imágenes que salen a la luz suelen responsabilizar a las víctimas en lugar de les agre-

---

439 Eli Rosenberg, "In Weiner's Wake, a Brief History of the Word 'Sexting'", *The Atlantic*, 9 de junio de 2011, https://www.theatlantic.com/national/archive/2011/06/brief-history-sexting/351598/. Acceso mayo, 2023.

sores. Un ejemplo es la campaña "Mucho Ojo en la Red" que lanzó en México, en 2017, Fundación Televisa, con un enfoque centrado en desalentar la práctica del *sexting*. A través de mensajes estigmatizantes como "Respétate. Cuidado con lo que compartes", la campaña apelaba al miedo y la culpa para promover y evitar que las jóvenes ejercieran sus derechos sexuales. Esta propuesta de "abstinencia digital" refuerza las ideas machistas sobre el control del cuerpo de las mujeres, las revictimiza y deja fuera de cuadro a les perpetradores del delito.[440] Estas lógicas culpan a la víctima que ha vivido violencia sexual digital y no a quien agrede. Es por ello por lo que asociaciones como Luchadoras o Social TIC ofrecen recomendaciones muy útiles para sextear con seguridad.[441]

Recientemente, han hecho su aparición en las redes sociales otras violencias con respecto al uso de nuestra imagen corporal, como el llamado *fake porn* o la fabricación de desnudos falsos con inteligencia artificial y otras herramientas digitales, usando la imagen de personas sin su consentimiento. Esto fue lo que ocurrió con la imagen de la cantante española Rosalía, difundida por el rapero JC Reyes en mayo de 2023.[442] Otro tipo de violencia frecuente es la suplantación de identidad y el uso de nuestros contenidos con fines que no consentimos, como la venta de materiales sexuales. El insuficiente apoyo de las plataformas digitales para atender estos problemas ha puesto en evidencia el doble rasero en sus regulaciones y normas comunitarias sobre el desnudo y la sexualidad.[443] Al llevarse a cabo la mediación con algoritmos que no pueden analizar la compleji-

---

440 "Mucho ojo con culpar al sexting", Luchadoras, 23 de abril de 2017, luchadoras.mx/interne tfeminista/mucho-ojo-con-culpar-al-sexting/. Acceso junio, 2023.

441 Puedes obtener mayor información en la página web de SocialTIC, socialtic.org, y en la de Luchadoras, luchadoras.mx.

442 Luz Rangel, "Fotos de Rosalía y Johanna Villalobos: qué es el 'fake porn' y por qué es peligroso", *Animal Político*, 29 de mayo de 2023, animalpolitico.com/genero-y-diversidad/fotos-de-rosalia-y-johanna-fake-porn-porno-falso. Acceso junio, 2023.

443 Ixchel García, "Suplantación de identidad: acciones y respuestas desde lo legal hasta el acuerpamiento colectivo", Luchadoras, 27 de septiembre de 2002, luchadoras.mx/internetfe minista/suplantacion-y-robo-de-identidad-entre-el-tecnosolucionismo-el-algoritmo-selecti vo-y-la-censura. Acceso junio, 2023.

dad de los contextos en que ocurren los casos y que replican la mirada masculina, occidental y moralizante de las corporaciones a las que pertenecen, la eficacia para encarar abusos y delitos digitales es exigua, al tiempo que se censuran y excluyen imágenes consideradas no apropiadas de acuerdo con criterios poco transparentes. En el caso de las redes sociales asociadas a Meta (Facebook), se ha evidenciado el enfoque binario que plantea su algoritmo, el cual distingue solamente entre cuerpos masculinos y femeninos. No queda claro entonces cómo se aplican las reglas a las personas intersexuales, no binarias y transgénero.[444]

---

444 Ixchel García, "Cuerpos desnudos que asustan a los algoritmos", Luchadoras, 23 de marzo de 2023, luchadoras.mx/internetfeminista/cuerpxs-desnudxs-que-asustan-a-los-algoritmos.

VIOLACIÓN

ES IMPORTANTE COMPRENDER las diferencias entre una agresión sexual o abuso sexual y una violación. Lo primero se refiere a cualquier contacto sexual no deseado. Sucede cuando alguien fuerza —física o emocionalmente— a otra persona para entablar un acto de tipo sexual. Por ejemplo, cuando alguien sin consentimiento toca los pechos, genitalia o trasero de alguien más; cuando alguien muestra sus genitales o fuerza a la víctima a que los toque; cuando alguien frota sus genitales sin consentimiento (esto a veces sucede en lugares con mucha gente como el metro o el autobús); cuando alguien fuerza los besos o tocamientos. Por otro lado, la violación es cuando alguien fuerza a otra persona a tener sexo. Se refiere a la penetración vaginal, oral o anal forzada hecha con el cuerpo o con un objeto. Pese a estas diferencias, es importante matizar que en cada país y estado se definen los crímenes de "violación", "agresión sexual" y "abuso sexual" de maneras diferentes, por lo que estos temas dependen de la jurisdicción en turno. Por ejemplo, hay países como Alemania, Suiza, Reino Unido o España donde quitarse el condón en el acto sexual sin autorización es considerado —por sus leyes— un delito sexual.

Si has experimentado un abuso o una violación sexual recuerda que **no es tu culpa** y no lo merecías sin importar la ropa que llevaras puesta, si la persona que te atacó es tu pareja o alguien cercano, si en algún momento mostraste interés sexual por esta persona y luego cambiaste de opinión. Si no hay consentimiento, es abuso, y si hay penetración (pene, dedos u otros objetos) sin consentimiento, es violación. En caso de haber vivido una violación **es muy recomendable acudir a un centro médico** para recibir los cuidados necesarios, como anticonceptivos de emergencia, un examen de detección de ETS y medicamentos para ayudar a prevenir el contagio de VIH (profilácticos posexposición[445]) o en su caso abortar. También el personal médico puede recolectar evidencia para presentar una denuncia oficial si así lo decide la víctima. Esta evidencia puede incluir semen, cabello o células de piel **de la persona atacante**.[446]

---

445 Este tratamiento tiene eficacia durante las primeras 72 horas tras la exposición, por lo que se recomienda actuar con premura para la primera toma. El tratamiento en total dura un mes.

446 Las autoras agradecen a la abogada especialista en género Melissa Ayala García por su asesoría en este apartado.

ENFERMEDAD

*Si estar presente en público es lo que se requiere
para ser político, entonces franjas enteras de la población
pueden ser consideradas apolíticas, simplemente porque
no son físicamente capaces de sacar sus cuerpos a la calle.*

JOHANNA HEDVA, *Teoría de la mujer enferma*

COMO SUCEDE CON EL RESTO DE LOS ANIMALES, la enfermedad es parte de la experiencia humana. Frecuentemente
transitamos desequilibrios que sitúan al cuerpo en un vaivén
dentro de lo que consideramos salud, en ocasiones de manera ambigua, en otras con efectos contundentes. Se trata de una
alteración en la geografía corporal que aparece y es experi-
mentada de maneras muy distintas. Por ejemplo, a través del
tiempo, en distintas culturas la enfermedad se ha entendido y
tratado como castigo divino, como consecuencia de los excesos

del cuerpo, como penitencia, como una reacción directa ante fuertes emociones o fenómenos naturales, síndromes culturales o engaños de la mente. Como explica la escritora estadounidense Siri Hustvedt, los procesos de enfermedad son fenómenos complejos y multifactoriales, en ocasiones difíciles de definir o identificar, ya que vivimos nuestros estados orgánicos y emocionales tanto de manera personal como ubicades en un contexto social específico que interviene en la interpretación de nuestra realidad corporal; además, dichos procesos involucran aspectos psíquicos y físicos en donde se entretejen nuestras percepciones y experiencias intersubjetivas.[447]

De manera que nombrar la enfermedad no es nada fácil. La historiadora del arte y antropóloga Minerva Anguiano señala cómo los procesos de enfermedad en el marco de la medicina occidental nos hacen sentir apartades, excluides, como si al salir nuestro cuerpo de los códigos de lo normal se nos lanzara a otro plano de la realidad. Un espacio jerarquizado, porque no todas las enfermedades ni todes les enfermes merecen la misma atención; y solitario, que inicia el proceso de reconocimiento con un interrogatorio preliminar, llamado anamnesis, primer encuentro entre médique y paciente. Se trata de un ejercicio en donde la persona enferma debe describir su condición, su malestar, "confesar" sus fallos.[448] Los sistemas de salud suelen atribuir la responsabilidad de la enfermedad a quienes la padecen, como si se tratase de la culpa de la persona que falló en el control de su dieta, su estrés, no haciendo ejercicio o no dejando de fumar... Se nos cuestiona por nuestros hábitos, ignorando o no queriendo ver que existimos en un contexto en donde el aire que respiramos contiene altos niveles de partículas tóxicas, el agua que bebemos y con la que nos aseamos debe pasar por filtros y purificarse para evitar infecciones, los alimentos que comemos contienen químicos no aptos para el consumo huma-

---

447 Siri Hustvedt, *La mujer que mira a los hombres que miran a las mujeres* (México: Seix Barral, 2017), 276-284.

448 Minerva Anguiano, *A capite ad calcem* (México: Facultad de Medicina-UNAM, 2017), 37-43.

no, que estamos obligades a cumplir largas jornadas de trabajo, desplazarnos en interminables trayectos para llegar a nuestros empleos, con sobrecargas de estrés, sin dejar tiempo para ejercitarnos y cuidar de nosotres como quisiéramos.

Al mismo tiempo, ese sistema nos exige como requisito de contratación ser personas saludables y con buena apariencia.[449]

Curar la enfermedad

Con el viento de tus labios
retiras el polvo de los ojos,
les devuelves el color y la alegría,
liberas del cuerpo la calentura
y el sudor comienza a recuperar los sentidos.

NATALIA TOLEDO, *Marcelina (curandera)*

Para atender a la persona enferma y lograr su sanación, se han abierto caminos distintos: las culturas antiguas buscaban curar a les enfermes a través de rituales y conjuros que calmaran a les dioses causantes del mal. Hipócrates cambió dicha concepción de la enfermedad y responsabilizó a les pacientes de sus propios males; su causa era la gula, la pereza y los excesos que cometían, de modo que la cura se encontraba en equilibrar los humores y llevar una vida de moderación y ecuanimidad.[450] Esta perspectiva para el cuidado y tratamiento del cuerpo duró en Europa hasta el Renacimiento, mezclada con numerosas supersticiones y creencias religiosas. Sin embargo, a partir del siglo XI se difundió la medicina árabe y el empirismo tomó mayor importancia para el reconocimiento de la enfermedad. El diagnóstico se hacía a partir de la percepción sensorial: las enfermedades presentan apariencias diversas desde lo táctil,

---

449 Federici, *Más allá de la periferia de la piel*, 61.

450 Anguiano, *A capite ad calcem*, 37.

lo auditivo, lo visual, lo olfativo, incluso lo gustativo. El cuerpo de le enferme se torna una inagotable fuente de estímulos: la apariencia y color de la piel muta, los huesos y las articulaciones crujen, los dientes rechinan, le enferme tose, estornuda, se queja, solloza.[451]

Mientras tanto, tradiciones médicas de otras partes del mundo hicieron importantes descubrimientos y aportaciones a partir de formas distintas de mirar el cuerpo. Por ejemplo, muchas tradiciones medicinales en Mesoamérica trataban la enfermedad basadas en la polaridad entre frío y calor. Existe una clasificación de las cosas, alimentos y sustancias frías y calientes —la cual varía notablemente entre regiones, comunidades y personas— que provocan distintos estados en el cuerpo. Es interesante observar que las tierras también se clasificaban con esta misma lógica, una práctica fundamental para saber lo más conveniente para sembrar en ellas.[452] De igual modo, la medicina tradicional china, la más antigua aún en funcionamiento (consultar el apartado "Tatuajes"), se basa en el balance de temperaturas para establecer el equilibrio entre el yin y el yang, y permitir la libre circulación de la energía vital qi. Para ello se valen de una alimentación controlada y tratamientos como la acupuntura, el uso de hierbas medicinales, la acupresión, entre otros.

En contraste, con el desarrollo de la medicina clínica en el siglo XVI, el ejercicio de la práctica médica y su campo de percepción se fueron desplazando más a la mirada,[453] hasta el punto de que, al día de hoy, el contacto entre paciente y médique es prácticamente nulo. Lo visual se convirtió en el centro de la exploración, sin prescindir de los demás sentidos, pero con la mediación de instrumentos tecnológicos (estudios de laboratorio, por ejemplo).

---

451 Andrea M. Bau, "Elogio de la mano: el tacto, la mano y la piel en el discurso médico de la primera modernidad", *Ingenium*, núm. 12 (2018): 101-126.

452 López Austin, *Cuerpo humano e ideología*, 2T: TI, 22.

453 Michel Foucault, *El nacimiento de la clínica. Una arqueología de la mirada médica* (México: Siglo XXI, 1980), 160.

Por otro lado, llama la atención la frecuencia con la que la medicina occidental continúa usando un vocabulario bélico cuando se habla de curar una enfermedad: se libran batallas; los patógenos "atacan", se "desarman", "las amenazas se destruyen". En lugar de escuchar a nuestro cuerpo, lo que necesita, muchas veces nos unimos al ataque con todas las armas que la medicina puede ofrecer, en un esfuerzo por intentar sostener nuestro estatus como personas sanas. Para la filósofa italiana Silvia Federici, nuestra lucha debe comenzar con la reapropiación de nuestro cuerpo, la reevaluación y el redescubrimiento de su capacidad de resistencia, y la expansión y celebración de sus poderes individuales y colectivos.[454]

Políticas del dolor

El ejercicio del interrogatorio preliminar que mencionamos arriba es también el momento en que se habla de dolor. Sentimos dolor como respuesta de nuestro cuerpo ante una agresión, que puede ser desde una quemadura, un virus, hasta una situación de amenaza social. Sin embargo, aunque todas las personas lo hemos sentido, hablar de dolor es una cuestión delicada, un ejercicio de confianza, ya que, a diferencia de la temperatura o la presión arterial, es una experiencia subjetiva, imposible de medir con precisión. ¿Nos duele igual?

Keith Wailoo ha reflexionado ampliamente sobre cómo la manera en que se gestiona el dolor va más allá de ese consultorio, de esa entrevista, de la empatía o compasión que pueda o no generarse entre les participantes; para tomar proporciones políticas: la decisión que ahí se toma tiene que ver con políticas y regulaciones que definen qué dolor de qué individues y de qué sectores de la población debería ser aliviado y atendido. En particular, el autor ha estudiado la manera en que se ha entendido el dolor y el sufrimiento de la población afroamericana,

---

454 Federici, *Más allá de la periferia de la piel*, 128.

mediada por el contexto, es decir, por las políticas raciales en distintos momentos y lugares, las cuales definirán, por ejemplo, si le joven negre que entra a urgencias en un hospital será atendide con presteza o causará la desconfianza y resquemor del personal de salud ante la posibilidad de que esté mintiendo en busca de drogas, asistencia pública o que sea une criminal.[455]

El problema de los prejuicios implícitos de les médiques en Estados Unidos afecta a otras comunidades también: les pacientes de origen latinoamericano (que pueden ser de cualquier raza) suelen ser menos propenses a recibir analgésicos o a ser referides para atención avanzada que les pacientes blanques no hispanes con las mismas quejas o síntomas. Y es más probable que las mujeres mueran en el parto por causas prevenibles; en general, el personal de salud a cargo suele pasar menos tiempo con ellas y desestiman sus síntomas y su dolor. En especial, los prejuicios sobre las mujeres negras conducen a falsas creencias como que al tener caderas grandes no sienten el dolor como las mujeres blancas.[456] Estos casos ocurren en todo el mundo, de acuerdo con sus propia visión, sus prejuicios y maneras de entender el cuerpo.

455 Keith Wailoo, "Whose Pain Matters? Reflections on Race, Social Justice, and COVID-19's Revealed Inequalities", 18 de noviembre de 2020, youtube.com/watch?time_continue=25&v=_arei42wnXc&embeds_referring_euri=http%3A%2F%2Fwww.keithwailoo.com%2F&source_ve_path=Mjg2NjY&feature=emb_logohttp. Acceso junio, 2023.

456 Michael Ollove, "Algunos estados capacitan a los médicos para que el prejuicio implícito no afecte a los pacientes", *Chicago Tribune*, 26 de abril de 2022, chicagotribune.com/espanol/sns-es-estados-capacitan-medicos-para-que-prejuicio-no-afecte-pacientes-20220426-lb7jk2n5f5adzbhjgak3dpqloy-story.html. Acceso julio, 2023.

CUERPO-COMUNIDAD

UNA MANERA DE PENSAR EL CUERPO de manera relacional es la noción de holobionte. Como ya mencionamos, gracias a los estudios que desde los años setenta se han hecho sobre la relación entre las células humanas y no humanas que interactúan con el cuerpo, hoy sabemos que hospedamos en nuestro organismo a billones de microbios, los cuales conforman todo un ecosistema simbiótico. Estos microscópicos compañeros desempeñan un papel fundamental en nuestra salud y adaptación al entorno, ya que no solo forman parte de nuestros órganos, sino que protegen al cuerpo de diferentes enfermedades, influyen en nuestro cerebro e incluso en nuestro comportamiento.[457] "La microbiota normal cumple con múltiples funciones como las endocrinas, la señalización neurológica, la modificación de la densidad mineral ósea, la maduración del

---

457 T. D. Luckey, "Introduction to Intestinal Microecology", *The American Journal of Clinical Nutrition* 25, núm. 12 (1972): 1292-1294.

sistema inmune, la inhibición de patógenos, la síntesis de vitaminas (K, B12 y folato), el metabolismo de las sales biliares y la modulación de algunos fármacos".[458]

El concepto de *holobionte* (cuyas raíces vienen del griego *holos*, que significa "todos", y *bionte*, que quiere decir "seres" u "organismos") se ha usado durante las últimas décadas para designar al microbioma o espacio de interacción que conforman todas las plantas o animales con sus microorganismos, o sea, funcionamos como comunidades básicas de seres vivos.[459] En recientes investigaciones Ron Sender, Shai Fuchs y Ron Milo revisaron el número de células humanas y bacterianas en el cuerpo y los resultados arrojan que la relación entre bacterias y células humanas es de una bacteria por cada célula humana, es decir, la mitad de las células que nos conforman son microorganismos que nos habitan. Únicamente nuestro intestino está cubierto de hasta 200 gramos de seres vivos, los cuales se conocen como microbiota intestinal, pero varios millones de organismos más se extienden y viven en nuestra piel, en nuestra boca y en nuestros genitales (microbiota epitelial, oral y vaginal).[460]

¿Cómo es que vamos por la vida adquiriendo y relacionándonos con estos microorganismos? Desde que nacemos hasta los espacios que habitamos y lo que comemos al día de hoy se va conformando el llamado *hologenoma*, que está compuesto de toda la diversidad genética del microbioma del holobionte. Varía entre cada persona y es transferible;[461] eso quiere decir que nuestra primera adquisición de la microbiota es de nuestra

---

458 Susan V. Lynch y Oluf Pedersen, "The Human Intestinal Microbiome in Health and Disease", *The New England Journal of Medicine 375*, núm. 24 (diciembre de 2016): 2369-2379.

459 Ilana Zilber-Rosenberg y Eugene Rosenberg, "Role of Microorganisms in the Evolution of Animals and Plants: The Hologenome Theory of Evolution", *FEMS Microbiology Reviews 32*, núm. 5 (agosto de 2008): 723-735.

460 Ron Sender, Shai Fuchs y Ron Milo, "Revised Estimates for the Number of Human and Bacteria Cells in the Body", *PLoS Biology 14*, núm. 8 (agosto de 2016).

461 Daniel Cerqueda García y Luisa I. Falcón, "La construcción del nicho y el concepto de holobionte, hacia la reestructuración de un paradigma", *Revista Mexicana de Biodiversidad 87*, núm. 1 (marzo de 2016): 239-241.

propia madre, ya que durante la gestación estamos en contacto con la microbiota placentaria, y al nacer la composición de nuestra microbiota dependerá del tipo de parto, si es vaginal o cesárea.[462] En un parto normal se da una contaminación de la microbiota rectal, vaginal y epitelial. En el caso de un parto por cesárea es poco probable que se transfiera la microbiota completa, solo la epitelial, y eso podría afectar a le bebé con una mayor propensión a enfermedades inmunes, tales como el asma, o una mayor propensión a las alergias. Después adquirimos la microbiota por medio de la leche materna, los alimentos que consumimos y el contexto en el que nos desarrollamos.[463]

No somos cuerpos aislados, solo somos con otros organismos, con otros cuerpos.

---

462 Ya desde entonces se hace una distinción entre el tipo de bacterias que predomina en el neonato, que pueden ser similares a las que se encuentran en el intestino y la vagina de la madre, o como las que se encuentran en la piel. La microbiota intestinal de les bebés que nacen por cesárea tiene mayor proporción de especies y cepas como *Bacteroides sp, Escherichia-Shigella y Clostridium difficile.*

463 Cerqueda García y Falcón, "La construcción del nicho y el concepto de holobionte".

SEROFOBIA

LA SEROFOBIA ES LA DISCRIMINACIÓN en contra de las personas que viven con VIH, por la que se evita el acercamiento a las personas que son seropositivas y se las excluye. A pesar de ser aún, lamentablemente, muy común, este estigma no tiene justificación médica, ya que el VIH no se transmite por el acercamiento con una persona portadora, sino únicamente por el contacto sexual o durante el parto,[464] a través de secreciones vaginales, el semen, el líquido preseminal, por la sangre o con la leche al amamantar si se es VIH detectable.[465] Las consecuencias del estigma para la salud física y emocional de las personas que viven con VIH escalan niveles muy graves, que van desde los insultos, negarles el acceso a un baño público por miedo al con-

---

464 Actualmente es posible prevenir la transmisión de VIH perinatal si le bebé recibe medicamentos antirretrovirales lo más pronto posible después de nacer.

465 Las personas que viven con VIH pero tienen una carga viral indetectable durante seis meses no transmiten el VIH a través de las relaciones sexuales. Por eso se dice que "indetectable es igual a intransmisible".

tagio (de nuevo, no es posible), comentar la situación clínica de una persona a sus espaldas, hasta la pérdida de amigues y familiares, la pérdida de empleo y de vivienda o la falta de acceso a servicios de salud con compañías de seguros e instituciones médicas que se niegan a prestarles sus servicios a las personas seropositivas.

Además de la literatura médica, existen muchas películas de fácil acceso —tanto ficción como documentales— en las que se trata la historia de la pandemia por VIH, el activismo por los derechos humanos y las consecuencias de la serofobia. Una de las primeras películas de Hollywood que explícitamente trató el tema es *Philadelphia* (1993), que narra acontecimientos de discriminación en Estados Unidos. Sobre la situación francesa en los noventa, el filme *120 battements par minute* (2017) describe la vida de un grupo de jóvenes y sus batallas por acceder a servicios de salud. Y el documental *How to Survive a Plague* (2012) muestra el trabajo de activistas en Nueva York durante los primeros años de la epidemia.

TRABAJOS REPRODUCTIVOS

COMO LO EXPLICA LA ECONOMÍA POLÍTICA, las dinámicas de poder moldean los fenómenos económicos. Por ello
las dinámicas de género —en cuanto que tienen que ver con relaciones de poder— también repercuten en el sistema económico. Las economistas feministas explican que en realidad son los
trabajos de cuidados los que sostienen al sistema productivo.
Si los seres humanos estamos vivos es porque alguien cuidó de
nuestros cuerpos y nuestras mentes desde que nacimos. El trabajo reproductivo está relacionado con la reproducción biológica, los cuidados de las necesidades más básicas para la subsis-
tencia: limpiar, cocinar, dar de comer, cuidar a las infancias, a las
personas enfermas, a las personas ancianas, a quienes viven con
discapacidad, etcétera. Se encuentra usualmente en la esfera de
lo privado: la familia y la casa. Por generaciones se ha asociado
con lo supuestamente emocional y, por lo tanto, irracional y
con lo femenino. Por otro lado, el trabajo productivo es el que se

desarrolla en la esfera pública: las calles, las oficinas, las fábricas, y tiene un valor monetario; son los bienes y servicios, el comercio, la gobernanza. Históricamente se asocia con lo masculino y con lo supuestamente racional.[466]

Vivimos en un sistema que considera menos importante el trabajo reproductivo incluso cuando este sostiene el trabajo productivo, lo que perpetúa la marcada división de género: alrededor del mundo quienes desempeñan los trabajos de cuidado son las mujeres, ya sea por doble jornada (trabajos productivos y reproductivos) o porque ellas son quienes se encargan profesionalmente de este tipo de cuidados. En ese aspecto las barreras entre la esfera privada y la pública se difuminan: tal es el caso de las trabajadoras del hogar que limpian espacios y cuidan a sus familias o a otras familias, y quienes hacen labores de enfermería, un trabajo que también ha sido mayoritariamente feminizado. Desde una perspectiva interseccional es importante tomar en cuenta que estos trabajos no solo son desproporcionadamente hechos por mujeres, sino por mujeres racializadas, empobrecidas y migrantes (que se ven forzadas a abandonar sus comunidades de origen y se desplazan a los centros urbanos dentro de su propio país o que migran a otros países en busca de mejores condiciones de vida o huyendo de situaciones de violencia).

---

466 Isabella Bakker, "Social Reproduction and the Constitution of a Gendered Political Economy", *New Political Economy 12*, núm. 4 (diciembre de 2007): 541-556.

CONCLUSIONES: MAPAS INACABADOS, TRAZOS INFINITOS

LAS CÉLULAS DE NUESTRO CUERPO están en un proceso de renovación constante: las más efímeras, como las de nuestro intestino delgado, se renuevan cada dos o cuatro días; los hepatocitos, las células del hígado, perduran por más tiempo, de seis meses a un año. Más lento se mueven los adipocitos (células que almacenan grasa), que lo hacen cada ocho años; las musculares, cada 15; y los cardiomiocitos (células musculares del corazón) experimentan una renovación de entre 0.5% y 10%.[467] De manera que los distintos órganos y partes de nuestro cuerpo se rigen con ciclos diferentes, poseen su propio ritmo y, podríamos decir, tienen distinta edad. Lo mismo pasa con las ideas y percepciones sobre el cuerpo: cambian constantemente, pero en ritmos y mareas desigua-

---

467 Juan Ignacio Pérez, "¿Cada cuánto tiempo se renuevan las células de nuestro cuerpo?", Cuaderno de Cultura Científica, Universidad del País Vasco, 11 de marzo de 2018, culturacienti fica.com/2018/03/11/cuanto-tiempo-se-renuevan-las-celulas-cuerpo. Acceso julio, 2023.

les; algunas parecieran resurgir después de haber pasado mucho tiempo dormidas, pero en realidad regresan como nuevas mutaciones, adaptándose a otros contextos. Por esta razón, el esbozo cartográfico que aquí proponemos no es más que una serie de marcas en el camino, una parte del proceso de flujo en el que nos encontramos juntes.

Trazar este mapa nos ha permitido observar cómo el cuerpo está en constante cambio a través de una serie de procesos como el crecimiento y el envejecimiento, acciones que nosotres mismes ejercemos o que son el resultado de las circunstancias en las que nos desarrollamos. Nuestro cuerpo está moldeado por nuestra biología, por el medio ambiente y por el contexto social; por las cirugías, medicamentos, tratamientos capilares y cutáneos, maquillaje, tatuajes, dietas, rutinas de ejercicio y el uso de cierta vestimenta. Los mandatos y las aspiraciones moldean nuestro cuerpo. Lo que en una época se considera bello en otra no lo es; lo que hace décadas pensábamos que era sano hoy en día puede ser considerado problemático; lo que en una sociedad se considera un atributo femenino en otra se considera masculino; lo que para algunas personas es escandaloso e inmoral para otras pasa desapercibido.

Nuestros cuerpos son lugares plagados de significados e historias, también de restricciones, de violencias, de traumas que vamos cargando desde la infancia, muchas veces sin entender el porqué de esas apreciaciones, costumbres, cánones. Recorrer nuestro cuerpo y observarlo como un territorio nos permite entender que la relación que mantenemos con este y con el de las demás personas pasa muchas veces por historias y percepciones ajenas a nuestra experiencia. Al mismo tiempo, al ir mapeando territorios nos vamos apropiando de ellos, sentimos sus conexiones con nuestro entorno, con otros cuerpos, con otros seres sin los cuales nuestra supervivencia sería imposible.

La historia de la ciencia, los estudios de género, los estudios culturales, la antropología, la biología y la medicina nos enseñan cómo cada sociedad tiene diferentes maneras de relacionarse con sus cuerpos y que están cruzados por normas que sostienen estructuras que otorgan poder a cierto tipo de personas con determinado tipo de cuerpos. Desde las altas esferas del poder político, académico, religioso o médico se imponen fronteras, definiendo lo que es lo normal y adecuado, y excluyendo a las personas no lo son. Estos bordes, como lo hemos visto en tantos ejemplos, son porosos, encuentran resistencias, incursiones, fugas.

El lente del binarismo con el que hemos crecido solamente reconoce dos posibilidades de existencia, ha moldeado nuestra manera de entender cómo nos relacionamos con nuestra corporalidad; esto sumado a una falta enorme de empatía y de escucha a la experiencia de las demás personas niega los derechos de quienes existen fuera de sus patrones. Las lógicas discriminatorias están permeadas de ideologías que pueden ser racistas y misóginas, capacitistas y transfóbicas. Al analizarlas con calma, podemos romper con ellas, traicionar la educación que recibimos, la cual nos ha llevado a jerarquizar al resto de los cuerpos e incluso a despreciar y odiar el nuestro. Solo así podemos comenzar a sanar, al encontrar maneras de relacionarnos con nuestros cuerpos y con los cuerpos de los demás de manera comprensiva y respetuosa.

Este libro muestra que el género es una construcción social y, como toda construcción, podemos analizarla, cuestionarla, subvertirla para deconstruirla. La diversidad corporal existe. Contrario a lo que hemos aprendido desde la cuna, no hay un cuerpo más válido que otro: todos los cuerpos deben ser cuidados y respetados y ningún derecho humano puede ser condicionado por la forma de nuestros genitales, nuestro peso, el género con el que nos identificamos o el color de nuestra piel.

Esperamos que este mapa inacabado pueda continuar su proceso de traza con las experiencias, historias y saberes de quienes lo lean.

AGRADECIMIENTOS

A nuestra editora, Fernanda Álvarez, por su enorme apoyo y confianza.

Agradecemos mucho el trabajo, dedicación y creatividad de quienes estuvieron involucrades en hacer de este libro una realidad: Diana Sánchez, Amalia Ángeles.

Claudia quiere agradecer

Este libro recoge muchos de los temas y ejes de reflexión que han ocupado mi cabeza durante los últimos años: lecturas, discusiones, experiencias compartidas. Me siento infinitamente agradecida de poder compartirlas por este canal y quiero agradecer a quienes han hecho posible directa o indirectamente que se materialicen en estas páginas. Quiero agradecer a Lorena Malo por su invitación al taller Cuerpo Textil, un espacio revelador para compartir y reflexionar sobre la manera en que habitamos nuestros cuerpos.

Muchas gracias a mis compañeres e interlocutores en estas conversaciones sobre el cuerpo, a Minerva Anguiano por su lectura cuidadosa y la claridad de sus comentarios, a Claudia Gómez Cañoles, Ignacio Vázquez y Mabel Bello por su acompañamiento, retroalimentación y lectura aguda y cariñosa.

Gracias a Ignacio de la Garza por su asesoría en los temas sobre Mesoamérica prehispánica; a María José Sáenz, por su asesoría en temas de nutrición; a Natalia Tello por su orientación en temas ginecológicos; a Germán Paley, Laura Soria, Fabian Feuersänger, Yan Yan Yu, por aportar su valiosa perspectiva.

Agradezco mucho al Archivo Histórico de la UNAM, en especial a Roberto Gallegos Téllez Rojo por los fantásticos materiales compartidos.

Gracias también a Alma y Nacho, mamá y papá, por su apoyo incondicional; a Mónica por la escucha atenta, a mi abuela Martha Hernández por compartir conmigo sus historias y puntos de vista. Gracias a Said Dokins por ser siempre mi cómplice, crítico y creativo.

Eréndira quiere agradecer

Toda publicación es en distintos niveles un trabajo colectivo. Quiero agradecer a las becas académicas de la Fundación Jumex de Arte Contemporáneo y a Fonca-Conacyt, las cuales me permitieron continuar mis estudios en género y junto con ello comenzar este libro. Quiero también agradecer a todas las personas que hacen que las bibliotecas públicas, los centros culturales y los cafés funcionen. Estoy también enormemente en deuda con todas las personas que me han compartido su conocimiento tanto académico como administrativo en las aulas y los pasillos de la Universidad Iberoamericana y la London School of Economics. Este libro es también un reflejo de lo que he aprendido en los últimos años.

Me siento tan profundamente conmovida de estar rodeada de personas solidarias, cariñosas e inteligentes. Su amor me enseña y me mueve para escribir y dibujar.

Gracias a:

Lucía Alonso y Ricardo Gerhard, quienes me abrieron las puertas de su hogar en uno de mis momentos más vulnerables; su corazón alberga una gigantesca generosidad y bondad. Me siento afortunada de saberme su amiga. Fue en su casa que este libro comenzó a tener más forma. Especialmente quiero agradecer el enorme corazón y sabiduría de Lucía, por su cuidadosa lectura y sus comentarios, por ser una anfitriona maravillosa y por enseñarme sobre el cuerpo, el dolor, la enfermedad, la resiliencia y la ternura. A mi prima Alejandra Rangel por su paciencia al explicarme conceptos médicos y a la retroalimentación de Luis Monroy Gómez Franco y Melissa Ayala. A Lucía Berlanga por las tazas de café compartidas, por la amistad y los paseos. A Luis Young por ser mi cómplice y refugio, mi compañero de escritura, por nuestros desencuentros y nuestra capacidad de contentarnos. A Regina Torres por su sororidad y cuidado. A Juan Carlos Calanchini por las horas de risas y de lágrimas, por siempre contestarme el teléfono sin importar la hora cuando más lo necesitaba, por su lectura y, sobre todo, por el amor que nos tenemos. A Sofía Castelló y Tickel por su amistad, los viernes de trabajo, por inspirarme con su inteligencia, resiliencia y su creatividad. A Tessy Schlosser por la belleza de su amistad, su inteligencia y su lectura cuidadosa. A Daniela Meneses por su amistad y sus consejos. A Sofía Viramontes por su retroalimentación y su sapiencia combativa. A Juan Carlos Torralva, por los años de amistad, por abrirme las puertas de su casa en Xalapa, por sus cuidados y por su lectura. A Maxime Desmarais-Tremblay por la primavera en la que discutimos alrededor de los temas de este libro, el disenso, los cafés y por preparar las mejores cenas y desayunos que hay al sur del Támesis. A mi psiquiatra Andrea Atri, por cuidar de mi mente; sin ella no podría haber escrito este ni ningún otro texto. A Nilou y a Soli Gott- Rowshanaei, por mostrarme su forma de relacionarse con el mundo, por reenseñarme a jugar, a hacerme preguntas sobre cómo funcionan nuestros cuerpos y a recordarme la belleza de sorprenderme con lo extraordinario de lo cotidiano.

Sin los cuidados y el amor de la gente que me quiere yo no hubiera podido ni escribir ni dibujar estas páginas. Particularmente, quiero agradecer la enorme generosidad de mi mamá, que me ha acompañado durante los últimos meses. Agradecida siempre por el cariño y apoyo incondicional de Alfonso Flores, Martha Muñoz, D. D., Alina Schmidt, Percibald García, Marisol García Walls, Jimena Ávalos, Mónica Muñuzuri, Mónica Álvarez, Fernanda Álvarez Roldán, Rodrigo Illescas, Álex Argüelles, Jonás Derbez, Gabriel Borsotto, Marcela Medina, mis papás y mi abuela Peque. A mis amores felinos, Tomás y Absenta que, aunque no compartamos el mismo idioma, siempre saben leer cuando necesito de su cariño; agradezco también el esmero con el que su padre humano les cuida en mi ausencia.

A mis modelos de dibujo, gracias por la enorme confianza y el tiempo: Paloma Ruiz, Azul Castañeda, Martín Stacey, Pedro Caxade, Castaña Arango, Clara Asperilla y Gal Cohen.

Por último, quiero dedicar este libro a mis amigues y mis compañeres trans*. En un mundo donde el odio se organiza para quitar derechos y limitar la vida de las personas, mis amigues trans* me enseñan que la libertad se conquista. Sus cuerpos son la poesía de la resistencia a las narrativas binarias que son coloniales, racistas, misóginas y, sobre todo, en su rigidez insípida, carentes de imaginación y con ello profundamente aburridas.

BIBLIOGRAFÍA

"150. Gordofobia, Camila Serna". *Se Regalan Dudas*, 20 de abril de 2021. https://shows.acast.com/se-regalan-dudas/episodes/150-gordofobia-camila-serna.

"A través del olfato revisan la historia de México en la UNAM". Boletín UNAM-DGCS, 20 de julio de 2021. https://www.dgcs.unam.mx/boletin/bdboletin/2021_596.html.

Academia Española de Dermatología y Venerología. "Depilación integral, peligro de infección de ETS", s. f. https://aedv.es/comunicacion/notas-de-prensa/depilacion-integral-peligro-de-infeccion-de-ets/.

Ahmed, Sara. "A Phenomenology of Whiteness". *Feminist Theory* 8, núm. 2 (2007): 149-168.

Ahmed, Sara, y Jackie Stacey. *Thinking through Skin*. Londres/Nueva York: Routledge, 2004.

Alahmad, Ghiath, y Wim Dekkers. "Bodily Integrity and Male Circumcision: An Islamic Perspective". *Journal of the Islamic Medical Association of North America* 44, núm. 1 (2012).

Alfaro, Timoteo (trad.). *El cantar de los cantares de Salomón*. Madrid: Imprenta de José Morales y Rodríguez, 1862.

Aliaga, Juan Vicente. *Orden fálico*. Madrid: Akal, 2008.

"Alopecia: enfermedad angustiante". Fundación UNAM, 8 de junio de 2020. http://fundacionunam.org.mx/unam-al-dia/alopecia-enfermedad-angustiante/.

AlSayyad, Yasmine. "What We Still Don't Know about Periods". *The New Yorker*, 12 de abril de 2023. https://www.newyorker.com/books/under-review/what-we-still-dont-know-about-periods.

Álvarez Castillo, Constanza. *La cerda punk*. Chile: Trío, 2014.

Álvarez Hernández, Sandra. "Hablemos de menstruación digna". *Gaceta UNAM*, 26 de mayo de 2023. www.gaceta.unam.mx/hablemos-de-menstruacion-digna/.

Amiguet, Teresa. "El Negro de Banyoles: la exhibición de un 'animal exótico'". *La Vanguardia*, 22 de octubre de 2016. www.lavanguardia.com/hemeroteca/20161022/411000402862/negro-banyoles-exhibicion-animal-exotico.html%3ffacet=amp.

Amnistía Inernacional. "El Salvador: El presidente Bukele sumerge al país en una crisis de derechos humanos luego de tres años de gobierno", 2 de junio de 2022. https://www.amnesty.org/es/latest/news/2022/06/cl-salvador-president-bukele-human-rights-crisis/.

Amos, Valerie, y Pratibha Parmar. "Many Voices, One Chant: Black Feminist Perspectives". *Feminist Review* 17 (otoño de 1984): 3-19.

Anguiano, Minerva. *A capite ad calcem*. México: Facultad de Medicina-UNAM, 2017.

Aoi, Hana. "Escuchar a las voces intersexuales". *El Plural*, 26 de octubre de 2021. https://www.elplural.com/autonomias/andalucia/escuchar-voces-intersexuales_277417102.

Aramburú Villavisencio, Andrea. "Archival Wanderings: Reflections on Pictures of Wet Nurses Found in the Courret Archive". Affective and Immaterial Labour in Latin(x) American Culture, 24 de abril de 2023. https://affectivelabour.blogs.bristol.ac.uk/2023/04/24/archival-wanderings-reflections-on-pictures-of-wet-nurses-found-in-the-courret-archive/.

Arce-Segura, L. J., E. Rodríguez de Mingo, E. Díaz-Vera, V. García-Sánchez, e Y. Calle-Romero. "Síndrome de Mayer-Rokitansky-Küster-Hauser: a propósito de un caso". *Medicina de Familia. Semergen* 42, núm. 5 (2016): e50–e52.

Arellano Hernández, Margarita. "Epístola de Melchor Ocampo: machismo bruto". *Diario de Xalapa*, 19 de enero de 2018. https://www.diariodexalapa.com.mx/analisis/epistola-de-melchor-ocampo-machismo-bruto-983607.html.

Aristizábal Montes, Patricia. "Eros y la cabellera femenina". *El Hombre y la Máquina*, núm. 28 (junio de 2007): 117-129. red.uao.edu.co/handle/10614/256.

Arrizabalaga, Mónica. "La moda de los zapatos puntiagudos en la Edad Media multiplicó los juanetes". *ABC*, 11 de junio de 2021. www.abc.es/cultura/abci-moda-zapatos-puntiagudos-edad-media-multiplico-juanetes-202106111135_noticia.html.

Badillo, Alejandro. "Viaje alrededor de mi cabeza". *Literal*, 13 de septiembre de 2016. https://literalmagazine.com/viaje-alrededor-de-mi-cabeza-una-historia-de-mi-calvicie/.

Bak-Geller Corona, Sarah. "Los recetarios 'afrancesados' del siglo XIX en México". *Anthropology of Food* S6 (diciembre de 2009).

Bakker, Isabella. "Social Reproduction and the Constitution of a Gendered Political Economy". *New Political Economy* 12, núm. 4 (diciembre de 2007): 541-556.

Banco Mundial. "La inclusión de la discapacidad", s. f. https://www.bancomundial.org/es/topic/disability#:~:text=Unos%20 1000%20millones%20de%20habitantes,que%20las%20personas%20sin%20discapacidades.

Banksy. *Wall and Piece*. Londres: Century, 2006.

Barasch, Moshe. *Giotto y el lenguaje del gesto*. Madrid: Akal, 1999.

Bard, Christine. *Historia política del pantalón*. Buenos Aires: Tusquets, 2012.

Barr, Sabrina. "Instagram Bans Filters with 'Plastic Surgery' Effect". *The Independent*, 23 de octubre de 2019. https://www.independent.co.uk/life-style/instagram-filters-plastic-surgery-face-spark-ar-statement-facebook-a9167186.html.

Barthes, Roland. *El placer del texto*. México: Siglo XXI, 1993.

Bastida, Sacnicté. "Cuestión de color". *Expansión*, 20 de septiembre de 2011. https://expansion.mx/expansion/2011/09/14/cuestin-de-color.

Bateman, Kristen. "The Long History of Fishnet Stockings". *The Observer*, 19 de enero de 2017. http://observer.com/2017/01/the-long-history-of-fishnet-stockings/.

Bau, Andrea M. "Elogio de la mano: el tacto, la mano y la piel en el discurso médico de la primera modernidad". *Ingenium*, núm. 12 (2018): 101-126.

Baudrillard, Jean. *La sociedad del consumo*. Barcelona: Plaza & Janés, 1974.

Bellwood, Peter. *Migrants: Ancient Migration in Global Perspective*. Chichester: Wiley-Blackwell, 2013.

Benthien, Claudia. *Skin: On the Cultural Border between Self and the World*. Nueva York: Columbia University, 2002.

Berger, John. *Ways of Seeing*. Londres: British Broadcasting Corporation/Penguin Books, 1977.

Bernal Romero, Guillermo, y Erik Velásquez García. "Manos y pies en la iconografía y la escritura de los antiguos mayas". *Arqueología Mexicana*, núm. 71, enero-febrero de 2005, 20-27.

Berney, Adrienne. "Streamlining Breasts: The Exaltation of Form and Disguise of Function in 1930s Ideals". *Journal of Design History* 14, núm. 4 (2001): 327-342.

Birks, Beverly, y José María Unsain Azpiroz. *Trajes de baño y exposición corporal: Una historia alternativa del siglo xx*. Donostia, San Sebastián: Nerea/Fundación Cristóbal Balenciaga, 2012.

Bisbe, Carlota. "La aplaudida actuación de la intérprete de signos de Rihanna en la Super Bowl: 'Toda una estrella'" *La Vanguardia*, 13 de febrero de 2023. http://lavanguardia.com/cribeo/viral/20230213/8752929/impresionante-actuacion-interprete-signos-rihanna-superbowl-verdadera-estrella.html.

Blackman, Cally. *100 años de moda*. Barcelona: Blume, 2012.

Blechner, Mark J. "The Clitoris: Anatomical and Psychological Issues". *Studies in Gender and Sexuality* 18, núm. 3 (2017): 190-200.

Bleiberg, Edward. "Breaking the Noses on Egyptian Statues". The Harvard Museums of Sciencie & Culture, 26 de septiembre de 2019. hmsc.harvard.edu/2019/09/26/breaking-the-noses-on-egyptian-statues/.

Bloodstain Men. https://www.bloodstainedmen.com/about-us/.

Bonilla Reyna, Helia Emma. "El Calavera: la caricatura en tiempos de guerra". *Anales del Instituto de Investigaciones Estéticas*, núm. 79 (2001): 71-134.

Bordelois, Ivonne. "Médicos y pacientes: un diálogo con mucho ruido". *La Nación*, 11 de abril de 2009. http://lanacion.com.ar/cultura/medicos-y-pacientes-un-dialogo-con-mucho-ruido-nid1116234/.

Bornay, Erika. *La cabellera femenina*. Madrid: Cátedra, 1994.

Bourdieu, Pierre. "Segunda parte: el oficio aplicado a un campo". En *Capital cultural, escuela y campo social*. México: Siglo XXI, 1998.

Cosgrave, Bronwyn. *Historia de la moda: Desde Egipto hasta nuestros días*. Barcelona: Gustavo Gil, 2012.

Turner, Bryan S. *Regulating Bodies: Essays in Medical Sociology*. Londres: Routledge, 1992.

Bulle, Ericka. "Activismo gorde, y ¿gordofobia? O...". *Revista Hysteria*, mayo de 2023. hysteria.mx/activismo-gorde-y-gordofobia-o.

Bunzel, Joseph H. "Note on the History of a Concept—Gerontophobia". *The Gerontologist* 12, núm. 2 (julio de 1972): 116.

Bustos-Fernández, Luis María, e Ignacio Hanna-Jairala. "Eje cerebro intestino microbiota: importancia en la práctica clínica". *Revista de Gastroenterología del Perú* 42, núm. 2 (junio de 2022): 106-116.

Butler, Judith. *Cuerpos aliados y lucha política: Hacia una teoría performativa*. Bogotá: Paidós, 2017.

Butler, Robert N. "Age-Ism: Another Form of Bigotry". *The Gerontologist* 9, núm. 4 (diciembre de 1969): 243-246.

Radke, Heather. *Butts: A Backstory*. Nueva York: Avid Readers Press, 2022.

Bylsma, L. M., A. Gračanin, y Ad J. J. M. Vingerhoets. "The Neurobiology of Human Crying". *Clinical Autonomic Research* 29, núm. 1 (febrero de 2019): 63-73.

Bystrom, Emma Arvida. "There Will Be Blood". *Vice*, 17 de mayo de 2012. vice.com/en/article/kwn34w/there-will-be-blood.

Cabello, Cristian. "Silvia Rivera Cusicanqui: 'Lo indio es parte de la modernidad, no es una tradición estancada'", FACSO, 19 de octubre de 2012. http://www.facso.uchile.cl/noticias/85824/lo-indio-es-parte-de-la-modernidad-no-es-una-tradicion-estancada.

Calahan, April, y Cassidy Zachary. "Fashion Mistery #9. Don't Sweat it!". *Dressed: The History of Fashion*, abril de 2019. https://open.spotify.com/episode/1lEmJ5639t650jrGVdynS1.

_____. "Fashion Period. An Interview with Dr. Shannon Withycombe". *Dressed: The History of Fashion*, 3 de septiembre de 2019. podcasts.apple.com/no/podcast/fashion-period-an-interview-with-dr-shannon-withycombe/id1350850605?i=1000448457885.

_____. "Jewelry of Sentiment. Part 2". *Dressed :The History of Fashion*, junio de 2018. https://podcasts.apple.com/ca/podcast/jewelry-of-sentiment-pt-2-an-interview-with-courtney-lane/id1350850605?i=1000413053435.

Calasanti, Toni. "Bodacious Berry, Potency Wood and the Aging Monster: Gender and Age Relations in Anti-Aging Ads". *Social Forces* 86, núm. 1 (septiembre de 2007): 335-355.

California State University Northridge Library. "Margaret Sanger and the Women's Suffrage Movement", 18 de septiembre de 2018. https://library.csun.edu/SCA/Peek-in-the-Stacks/sanger#:~:text–Sanger%20writes%2C%20%22Eugenics%20is%20suggested,continues%20to%20be%20lively%20debate.

Cárdenas Guzmán, Guillermo. "El microbioma humano". *¿Cómo ves?*, núm. 167, octubre de 2012. https://www.comoves.unam.mx/numeros/articulo/167/el-microbioma-humano.

Careri, Francesco. *Walkspaces: El andar como práctica estética*. Barcelona: Gustavo Gili, 2002.

Carlisle, Rodney P. *Handbook to Life in America*, vol. 3. Nueva York: Infobase Publishing, 2009.

Carrasco Pueyo, María. *Guía práctica para elaborar informes sobre perfilamiento racial*. Panamá: OACNUDH, 2015.

Castellanos, Nazareth. "Neurociencia: eje intestino-cerebro", 21 de abril de 2021. youtube.com/watch?v=7bVs96dAfyM.

Cavanagh, Micaela. "La lucha por aceptar el cabello afrolatino". *Deutsche Welle*, 6 de enero de 2019. dw.com/es/la-lucha-por-la-aceptaci%C3%B3n-del-cabello-rizo-belleza-natural-afroamericana/a-46972853.

Centers for Disease Control and Prevention. "Trends in Circumcisions among Newborns", 6 de noviembre de 2015. https://www.cdc.gov/nchs/data/hestat/circumcisions/circumcisions.htm.

Cerqueda García, Daniel, y Luisa I. Falcón. "La construcción del nicho y el concepto de holobionte, hacia la reestructuración de un paradigma". *Revista Mexicana de Biodiversidad* 87, núm. 1 (marzo de 2016): 239-241.

Cerutti Guldberg, Horacio. "América, un continente por descubrir". En *Presagio y tópica del descubrimiento*. México: UNAM/CCYDEL, 2018.

Chauncey, Alcorn. "Band-Aid Will Make Black and Brown Flesh-Toned Bandages". CNN *Business*, 12 de junio de 2020. edition.cnn.com/2020/06/12/business/black-band-aids/index.html.

"Chuchumbé", 1776. Inquisición, vol. 1052. Archivo General de la Nación.

Ciccia, Lu. *La invención de los sexos*. México: Siglo XXI, 2022.

Classen, Constance. *The Book of Touch*. Nueva York: Routledge, 2020.

College of Liberal Arts and Sciences Wayne State University. "Grace Moore and the Truth about 'Bra Burners'", s. f. http://clas. wayne.edu/history/spotlight/grace-moore-and-the-truth-about-bra-burners-93306.

Colomina, Beatriz, y Mark Wigley. *Are We Human? Notes on Design and Anthropology*. Zúrich: Lars Müller Publishers, 2016.

Comisión Interamericana de Derechos Humanos. "Con el motivo del Día Internacional de la Visibilidad Transgénero, la CIDH y experto de la ONU urgen a los Estados a garantizar el ejercicio pleno de los derechos humanos de las personas transgénero", 29 de marzo de 2018. https://www.oas.org/es/cidh/prensa/comunicados/2018/069.asp.

Cooper Owens, Deirdre. *Medical Bondage: Race, Gender, and the Origins of American Gynecology*. Athens, Georgia: University of Georgia Press, 2017.

Crenshaw, Kimberle. "Demarginalizing the Intersection of Race and Sex: A Black Feminist Critique of Antidiscrimination Doctrine, Feminist Theory and Antiracist Politics". *University of Chicago Legal Forum* 1989, núm. 1 (1989): 139-167. chicagounbound.uchicago.edu/uclf/vol1989/iss1/8.

_____. "Mapping the Margins: Intersectionality, Identity Politics, and Violence against Women of Color". *Stanford Law Review* 43, núm. 6 (julio de 1991): 1241-1299.

Da Mota Gomes, Marleide, y Eliasz Engelhardt. "A Neurological Bias in the History of Hysteria: from the Womb to the Nervous System and Charcot". *Arquivos de Neuro-psiquiatria* 72, núm. 12 (diciembre de 2014): 972-975.

Davis, Angela. "Rape, Racism and the Capitalist Setting". *The Black Scholar* 9, no. 7 (abril de 1978): 24-30.

De Jong, Ype, Johannes Henricus Francisca Maria Pinckaers, Robin Marco ten Brinck, Augustinus Aizo Beent Lycklama à Nijeholt, y Olaf Matthijs Dekkers. "Urinating Standing versus Sitting: Position Is of Influence in Men with Prostate Enlargement. A Systematic Review and Meta-Analysis". *PLoS One* 9, núm. 7 (2014).

De los Santos Alamilla, Jimena Guadalupe. *Transitar nuevos caminos: voces de mujeres mayas en textos de Ana Patricia Martínez Huchim y Marisol Ceh Moo*. Tesis de maestría en Estudios de Género, El Colegio de México, 2018.

De Quevedo, Francisco. *Selected Poetry of Francisco de Quevedo: A Bilingual Edition*. Chicago: University of Chicago Press, 2009.

Deanda Camacho, Elena. "'El chuchumbé te he de soplar:' Sobre obscenidad, censura y memoria oral en el primer 'son de la tierra' novohispano". *Mester* 36, núm. 1 (2007): 53-71.

Dejean, Joan. *La esencia del estilo: Historia de la invención de la moda y el lujo contemporáneo*. San Sebastián: Nerea, 2008.

Delahay, Francisco, y Sergio de Régules. "El cerebro y la música". *¿Cómo ves?*, núm. 87, febrero de 2006, 13-14.

Delgado, Ana Karina. "Usar el cuerpo para pedir la tierra". *El País*, 19 de abril de 2016. http://elpais.com/elpais/2016/04/18/planeta_futuro/1460996958_515477.html.

Didi-Huberman, Georges. *Atlas: ¿Cómo llevar el mundo a cuestas?* Madrid: Museo Reina Sofía, 2010.

Diédhiou, Gina. "Cuerpos no normativos". *Opinión 51*, 8 de noviembre de 2021. https://www.opinion51.com/p/georgina-diedhiou-cuerpos-no-normativos?r=tezza&utm_campaign=post&utm_medium=web&utm_source=.

Domínguez Cherit, Judith. "El ABC de los lunares". *+ Salud,* Facultad de Medicina de la UNAM, 28 de noviembre de 2017. http://www.massaludfacmed.unam.mx/index.php/lunares-todos-tenemos-uno/.

Douglas, Mary. *Pureza y peligro: Un análisis de los conceptos de contaminación y tabú*. Madrid: Siglo XXI, 1973.

Douillet, Claudine. "Suzanne Noël: pionnière de la chirurgie esthétique elle aide les juifs pendant et après la Shoah". *Alliance*, 11 de noviembre de 2018. https://www1.alliancefr.com/actualites/suzanne-noel-pionniere-de-la-chirurgie-esthetique-elle-aide-les-juifs-pendant-et-apres-la-shoah-6071711.

"Ducha vaginal". Oficina para la Salud de la Mujer. http://espanol.womenshealth.gov/a-z-topics/douching.

E. M. "Obituarios. Alphonse Arcelín: El concejal benefactor del 'Negro de Bañolas'". *El Mundo*, 18 de septiembre de 2009. https://www.elmundo.es/elmundo/2009/08/18/opinion/18887618.html.

Echeverría, Bolívar. "Imágenes de la blanquitud". En *Sociedades icónicas: Historia, ideología y cultura en la imagen*. De Bolívar Echeverría, Diego Lizarazo Arias y Pablo Lazo Briones. México: Siglo XXI, 2007.

Edwards-Ingram, Ywone. Medicating Slavery: Motherhood, Health Care, and Cultural Practices in the African Diaspora. Tesis de doctorado, College of William & Mary-Arts & Sciences, 2005.

"El aborto en América Latina". Statista, 13 de marzo de 2023. es.statista.com/temas/10230/el-aborto-en-america-latina/#topicOverview.

"El Color de México". El Colegio de México, s. f. colordepiel.colmex.mx.

Ellington, Tameka N., y Joseph Underwood (eds.). *Textures: The History and Art of Black Hair*. Kent, Ohio: Kent State University/Hirmer Publishers, 2022.

"Endometriosis México", s. f. endometriosismexico.com.

Entwistle, Joanne. *El cuerpo y la moda: una visión sociológica*. Barcelona: Paidós, 2002.

Erhardt, Michelle A., y Amy M Morris. *Mary Magdalene, Iconographic Studies from the Middle Ages to the Baroque*. Leiden: Brill, 2012.

Escobedo Delgado, César Ernesto (ed.). *Diccionario de lengua de señas mexicanas de la Ciudad de México*. México: INDEPEDI, 2017.

ESPOL-FCV. "La leche materna, un tejido vivo", s. f. https://www.fcv.espol.edu.ec/es/la-leche-materna-un-tejido-vivo.

Everts, Sara. "How Advertisers Convinced Americans They Smelled Bad". *Smithsonian Magazine*, 2 de agosto de 2012. https://www.smithsonianmag.com/history/how-advertisers-convinced-americans-they-smelled-bad-12552404/.

Farris, Sara R. *In the Name of Women's Rights*. Durham: Duke University Press, 2017.

Farris Thompson, Robert. *Flash of the Spirit African & Afro-American Art & Philosophy*. Nueva York: Random House, 1984.

Favre, Camille. "The Pin-Up: American Eroticism and Patriotism during the Second World War". *Inflexions* 2018/2, núm. 38 (2018): 181-186.

Federici, Silvia. *Más allá de la periferia de la piel: Repensar, reconstruir y recuperar el cuerpo en el capitalismo contemporáneo.* México: Ediciones Corte y Confección, 2022.

Fernández, Claudia. "Encuesta: mayoría de los dominicanos se define como 'indio'". *Diario Libre*, 18 de marzo de 2022. diariolibre.com/actualidad/nacional/2022/03/18/diversidad-solo-el-8--de-los-dominicanos-dice-ser-negro/1716054.

Fernández Martín, Patricia. "Tenemos que hablar de alopecia". *El País Semanal*, 11 de mayo de 2022. http://elpais.com/eps/2022-05-12/tenemos-que-hablar-de-la-alopecia.htm.

Fields, Jill. *An Intimate Affair: Women, Lingerie and Sexuality.* California: University of California Press, 2007.

Finley, Harry. "What Did Women Use for Menstruation in Europe and America from 1700-1900, and Probably Earlier?". Museum of Menstruation, 2001. www.mum.org/whatwore.htm.

Flores, Francisco A. *El hímen en México: Estudio hecho con unas observaciones presentadas en la Cátedra de Medicina Legal en la Escuela de Medicina el año de 1882.* México: Secretaría de Fomento, 1885.

Foucault, Michel. *El nacimiento de la clínica: Una arqueología de la mirada médica.* México: Siglo XXI, 1980.

_____. "Right of Death and Power over Life". En *The History of Sexuality*, vol. 1. Londres/Nueva York: Penguin Books, 1998.

Frazer, James George. *The Golden Bough.* Nueva York: Macmillan, 1922.

Fredricks, David N. "Microbial Ecology of Human Skin in Health and Disease". *Journal of Investigative Dermatology Symposium Proceedings* 6, núm. 3 (diciembre de 2001): 167-169, https://doi.org/10.1046/j.0022-202x.2001.00039.x.

Free and Equal United Nations. "What Does It Mean to Be Intersex?", s. f. https://www.unfe.org/what-does-it-mean-to-be-intersex/.

Friedman, David. *A Mind of Its Own. A Cultural History of the Penis.* Nueva York: The Free Press, 2001.

Fundación Favaloro. "Por qué la microbiota intestinal afecta al estado de ánimo", 10 de junio de 2021. fundacionfavaloro.org/por-que-la-microbiota-intestinal-afecta-el-estado-de-animo.

Fusco, Coco. "The Other History of Intercultural Performance". *The Drama Review* 38, núm. 1 (primavera de 1994): 143-167.

Galicia, César. "Instrucciones para el placer: tener un cuerpo". *Revista de la Universidad de México*, noviembre de 2020, 90-95.

Gallardo, David. "Rozalén y otros artistas que utilizan lengua de signos". Rock sin Subtítulos, 19 de octubre de 2019. http://rocksinsubtitulos.uk/noticia/rozalen-y-otros-artistas-que-usan-lengua-de-signos.

García Bravo, María Haydeé. "La exhibición del cuerpo nacional: maniquíes, cráneos y tipos indígenas mexicanos en Madrid, 1892". En *Cuerpos mostrados: Regímenes de exhibición de lo humano*. Coordinado por José Pardo-Tomás, Alfons Zarzoso y Mauricio Sánchez Menchero. México: Siglo XXI/UNAM, 2019.

García, Ixchel. "Cuerpos desnudos que asustan a los algoritmos". Luchadoras, 23 de marzo de 2023. luchadoras.mx/internetfeminista/cuerpxs-desnudxs-que-asustan-a-los-algoritmos.

_____. "Suplantación de identidad: acciones y respuestas desde lo legal hasta el acuerpamiento colectivo". Luchadoras, 27 de septiembre de 2002. luchadoras.mx/internetfeminista/suplantacion-y-robo-de-identidad-entre-el-tecnosolucionismo-el-algoritmo-selectivo-y-la-censura.

García, Lorenza. "¿Quién dijo que los hombres no usan tacones?". *Harper's Bazaar*, 24 de septiembre de 2021. www.harpersbazaar.mx/moda/quien-dijo-que-los-hombres-no-usan-tacones.

García, Salomé. "Adiós al engaño de la piel perfecta: El Reino Unido prohíbe los filtros de belleza a los influencers en Instagram". *S Moda*, 9 de febrero de 2021. smoda.elpais.com/belleza/filtros-belleza-influencers-instagram.

García Walls, Marisol. "La línea del ombligo". *Revista de la Universidad de México*, febrero de 2019, 25-31.

Garfinkel, Sarah N., y Hugo Critchley. "Interoception, Emotion and Brain: New Insights Link Internal Physiology to Social Behaviour". *Social Cognitive and Affective Neuroscience* 8, núm. 3 (marzo de 2013): 231-234.

Garibay, Ángel María (ed.). *Bernardino de Sahagún: Historia general de las cosas de la Nueva España*. México: Porrúa, 2006.

Germon, Jennifer. "Researching masculinities, narrating sexual difference". *Qualitative Research Journal* 14, núm. 1 (2014): 50-63.

Gharib, Malaka. "Why Period Activists Think the 'Drop of Blood' Emoji Is a Huge Win". NPR, 8 de febrero de 2019. www.npr.org/sections/goatsandsoda/2019/02/08/692481425/why-period-activists-think-the-drop-of-blood-emoji-is-a-huge-win.

Ghorayshi, Azeen. "Cada vez más niñas son diagnosticadas con autismo". *The New York Times*, 15 de abril de 2023. https://www.nytimes.com/es/2023/04/15/espanol/autismo-ninas-mujeres.html.

Gil, Violeta. *Llego con tres heridas*. Barcelona: Caballo de Troya, 2022.

Giwa Onaiwu, Morénike. "'They Don't Know, Don't Show, or Don't Care': Autism's White Privilege Problem". *Autism in Adulthood* 2, núm. 4 (diciembre de 2020): 270-272.

Gobierno de Canadá. "Bill C-32: An Act Related to the Repeal of Section 159 of the Criminal Code Tabled in House of Commons", 21 de noviembre de 2016. www.justice.gc.ca/eng/csj-sjc/pl/charter-charte/cs_s159-ec_s159.html.

Gobierno de Escocia. "Free Period Products", 13 de junio de 2023. https://www.mygov.scot/free-period-products.

Goering, Sara. "Beyond the Medical Model? Disability, Formal Justice, and the Exception for the 'Profoundly Impaired'". *Kennedy Institute of Ethics Journal* 12, núm. 4 (diciembre de 2002): 373-388.

Golbin, Pamela (ed.). *Madeleine Vionnet*. Nueva York: Rizzoli, 2009.

Gombrich, Ernst. *Los usos de las imágenes: Estudios sobre la función social del arte y la comunicación social*. Barcelona: Debate, 2003.

Gómez Izquierdo, Jorge. "Ideología mestizante", 29 de agosto de 2018. https://www.youtube.com/watch?v=XZ5nhSIiink&feature=emb_logo.

González Casanova, Pablo. "Colonialismo interno (una redefinición)". Conceptos y Fenómenos Fundamentales de Nuestro Tiempo. Instituto de Investigaciones Sociales-UNAM, octubre de 2003. https://conceptos.sociales.unam.mx/conceptos_final/412trabajo.pdf.<

González Celdrán, José Alfredo. "Las orejas de asno del rey Midas". *Revista Murciana de Antropología* 13 (2006): 321-346.

González Crussí, Francisco. "Nuevo elogio de la calvicie". *Letras Libres*, 28 de febrero de 2011. letraslibres.com/revista-mexico/nuevo-elogio-de-la-calvicie.

González Reyes, Alba H. *Concupiscencia de los ojos: El desnudo femenino en México 1897-1927*. Xalapa: UV, 2009.

Gouin, J. P., C. S. Carter, H. Pournajafi-Nazarloo, R. Glaser, W. B. Malarkey, T. J. Loving, J. Stowell, y J. K. Kiecolt-Glaser. "Marital Behavior, Oxytocin, Vasopressin, and Wound Healing". *Psychoneuroendocrinology* 35, núm. 7 (agosto de 2010): 1082-1090.

Grønfeldt Winther, Rasmus. "¿El ombligo del mundo? Mapas y contramapas". *Revista de la Universidad de México*, noviembre de 2021, 60-69.

Gross, Rachel. "Half the World Has a Clitoris. Why Don't Doctors Study It?". *The New York Times*, 17 de octubre de 2022. https://www.nytimes.com/2022/10/17/health/clitoris-sex-doctors-surgery.html.

Gross, Samuel R., Maurice Possley, y Klara Stephens. "Race and Wrongful Convictions in the United States". National Registry of Exonerations/Newkirk Center for Science and Society/University of California Irvine, 7 de marzo de 2017. https://www.law.umich.edu/special/exoneration/Documents/Race_and_Wrongful_Convictions.pdf.

Guillén, Beatriz. "La marea verde en México: 'Las opciones son aborto legal o aborto clandestino'". *El País*, 29 de septiembre de 2022. http://elpais.com/mexico/2022-09-29/la-marea-verde-en-mexico-las-opciones-son-aborto-legal-o-aborto-clandestino.html.

Gutiérrez Alcalá, Roberto. "Interocepción y propiocepción: los otros sentidos que tenemos". *Gaceta UNAM*, 20 de febrero de 2023. gaceta.unam.mx/interocepcion-y-propiocepcion-los-otros-sentidos-que-tenemos.

Guzmán Aguilar, Fernando. "Entre lunares y verrugas te veas". *Gaceta UNAM*, 31 de julio de 2020. www.gaceta.unam.mx/entre-lunares-y-verrugas-te-veas/.

Guzmán Aguilar, Fernando. "¿Por qué solo los humanos lloramos con lágrimas?". *Gaceta UNAM*, 18 de agosto de 2021. www.gaceta.unam.mx/por-que-solo-los-humanos-lloramos-con-lagrimas/.

Guzmán, Fernando. "La grasa, banquete de ácaros de la piel humana". *Gaceta UNAM*, el 30 de septiembre de 2019. www.gaceta.unam.mx/la-grasa-banquete-de-acaros-de-la-piel-humana/.

Ha, Yae-Jin. "Cómo la cirugía de párpados se ha convertido en algo obligatorio para muchos jóvenes coreanos". *Vice*, 5 de abril de 2019. http://vice.com/es/article/8xyzag/cirugia-parpados-corea.

Haiken, Elizabeth. "The Making of the Modern Face: Cosmetic Surgery". *Social Research* 67, núm. 1 (primavera de 2000): 81-97.

Hall, Lesley A. "'I Have Never Met the Normal Woman': Stella Browne and the Politics of Womanhood". *Women's History Review* 6, núm. 2 (1997): 157-183.

Harvard Radcliffe Institute. "Judy Chicago: Through the Archives", 2014. https://www.radcliffe.harvard.edu/event/2014-judy-chicago-exhibition.

Haskell, Rob. "Bella From the Heart: On Health Struggles, Happiness, and Everything In Between". *Vogue USA*, 15 de marzo de 2022. https://www.vogue.com/article/bella-hadid-cover-april-2022.

Hedva, Johanna. "Sick Woman Theory", 2020.

Hern, Alex. "Fake Fingerprints Can Imitate Real Ones in Biometric Systems – Research". *The Guardian*, 15 de noviembre de 2018. https://www.theguardian.com/technology/2018/nov/15/fake-fingerprints-can-imitate-real-fingerprints-in-biometric-systems-research.

Hessel, Katy. *The Story of Art Without Men*. Londres: Hutchinson Heinemann, 2022.

Hill Collins, Patricia. "Black Feminist Epistemology". En *Black Feminist Thought: Knowledge, Consciousness, and the Politics of Empowerment*. Londres/Nueva York: Routledge, 2000.

Hiltz, Madeline M. *Going with the Flow: The Evolution of Menstrual Education in England, 1850 to 1930*. Tesis de maestría en Historia, The University of Western Ontario, 2021.

Hodges, Frederich M. "The Ideal Prepuce in Ancient Greece and Rome: Male Genital Aesthetics and Their Relation to Lipodermos, Circumcision, Foreskin Restoration, and the Kynodesme". *Bulletin of The History of Medicine* 75, núm. 3 (octubre de 2001): 375-405.

Hoffkling, A., J. Obedin-Maliver, y J. Sevelius. "From Erasure to Opportunity: A Qualitative Study of the Experiences of Transgender Men around Pregnancy and Recommendations for Providers". BMC *Pregnancy Childbirth* 17, sup. 2 (noviembre de 2017).

Holmes, Oliver. "Thai Ad With 'White Makes You Win' Message Lambasted for Racism". *The Guardian,* 8 de enero de 2016. https://www.theguardian.com/world/2016/jan/08/thai-advert-white-makes-you-win-skin-whitening-lambasted-for-racism.

hooks, bell. "The Oppositional Gaze". En *Black Looks: Race and Representation*. Londres: Routledge, 2015.

Human Dignity Trust. "Map of Countries that Criminalise LGBT People", 2023. https://www.humandignitytrust.org/lgbt-the-law/map-of-criminalisation/?type_filter_submitted=&type_filter%-5B%5D=crim_lgbt&type_filter%5B%5D=death_pen_applies.

Human Rights Watch y Advocates for Intersect Youth. "I Want to Be Like Nature Made Me" Medically Unnecessary Surgeries on Intersex Children in the US. Nueva York: HRW, 2017.

Hustvedt, Siri. *La mujer que mira a los hombres que miran a las mujeres*. México: Seix Barral, 2017.

Idoyaga Molina, Anatilde. "Las manifestaciones del mal de ojo en Iberoamérica: Reflexión crítica sobre la posibilidad de orígenes indoamericanos". *Scripta Ethonologica* XXXV (2013): 109-222.

Jablonka, Ivan. *A History of Masculinity*. Londres: Penguin Books, 2023.

Jácome, Elisa, Ilyana Kuziemko, y Suresh Naidu. "Mobility for All: Representative Intergenerational Mobility Estimates over the 20th Century". Documento de trabajo 29289. National Bureau of Economic Research, septiembre de 2021. https://www.nber.org/papers/w29289.

Jones, Greta. "Women and Eugenics in Britain: The Case of Mary Scharlieb, Elizabeth Sloan Chesser, and Stella Browne". *Annals of Science* 52, núm. 5 (1995): 481-502.

Keener, Katherine. "Researchers Suggest Venus Figurines Were Made to Help Women Survive Pregnancy in the Harshest of Climates". *Art Critique*, 7 de diciembre de 2020. https://www.art-critique.com/en/2020/12/venus-figurines-shaped-by-climate-to-help-women-survive-pregnancy/.

Ko, Dorothy. *Cinderella's Sisters: A Revisionist History of Footbinding*. Berkely/Los Ángeles: University of California Press, 2005.

Komaroff, Marina. "For Researchers on Obesity: Historical Review of Extra Body Weight Definitions". *Journal of Obesity* (2016).

Krieger, Peter. "Paisaje y arquitectura de Ciudad Universitaria: acercamientos y comprensiones". En *Tiempo Universitario: 100 años de la Universidad Nacional*, editado por Andrea Gálvez. México: UNAM, 2011.

Krutak, Lars, y Aaron Deter-Wolf (eds.). *Ancient Ink*. Seattle: University of Washington Press, 2020.

Kulczycki, Andrzej. "De eso no se habla: aceptando el aborto en México". *Estudios Demográficos y Urbanos* 18, núm. 2 (mayo de 2023): 353-386.

Kulski, J. K., P. E. Hartmann, y D. H. Gutteridge. "Composition of Breast Fluid of a Man with Galactorrhea and Hyperprolactinaemia". *The Journal of Clinical Endocrinology & Metabolism* 52, núm. 3 (marzo de 1981): 581-582.

Lawrence V. Texas. Certiorari to the Court of Appeals of Texas, Fourteenth District, No. 2-102, Suprema Corte de los Estados Unidos 26 de marzo de 2003.

Lehman, Peter. "More Penises Are Appearing on TV and in Film- but Why Are Nearly All of Them Prosthetic?". *The Conversation*, 9 de octubre de 2020. https://theconversation.com/more-penises-are-appearing-on-tv-and-in-film-but-why-are-nearly-all-of-them-prosthetic-146906.

Lencek, Lena, y Gideon Bosker. *Making Waves: Swimsuits and the Undressing of America*. San Francisco: Chronicle Books, 1989.

Levin, Jack, y William C. Levin. *Ageism: Prejudice and Discrimination Against the Elderly*. Belmont: Wadsworth Pub, 1980.

Lewis, Sophie. "Breast Cancer Ad Campaign Banned from Facebook for Violating Nudity Guidelines". *CBS News*, 3 de mayo de 2019. https://www.cbsnews.com/news/breast-cancer-ad-campaign-banned-from-facebook-for-violating-nudity-guidelines/.

Liebelt, Claudia. "Fragrant Desires, Perfume and the 'Smelly Immigrant Trope' in Berlin". Transformation, Hope and the Commons, 17.ª Conferencia Bienal EASA, Queen's University Belfast, 2022. http://nomadit.co.uk/conference/easa2022/paper/64982.

Lobell, Jarrett A., y Eric A. Powell. "Ancient Tattoos". *Archaeology* 66, núm. 6 (diciembre de 2012): 41-46.

López Austin, Alfredo. *Cuerpo humano e ideología: Las concepciones de los antiguos nahuas*. México: UNAM-Instituto de Investigaciones Antropológicas, 2004.

López Hernández, Miriam. "Desnudez y pudor entre los nahuas prehispánicos". *Indiana* 34, núm. 1 (2017): 255-180.

López Monsalvo, Arturo, y Ricardo Adame Pinacho. "Endometriosis", s. f.

Luckey, T. D. "Introduction to Intestinal Microecology". *The American Journal of Clinical Nutrition* 25, núm. 12 (1972): 1292-1294.

Lugones, María. "Colonialidad y género". *Tabula Rasa*, núm. 9 (julio-diciembre de 2008): 73-101.

Lurie, Alison. *El lenguaje de la moda*. Barcelona: Paidós, 1994.

Lynch, Susan V., y Oluf Pedersen. "The Human Intestinal Microbiome in Health and Disease". *The New England Journal of Medicine* 375, núm. 24 (diciembre de 2016): 2369-2379.

Madrazo-Navarro, Ignacio, Israel Grijalva-Otero, y Gabriel Guízar-Sahagún. "Huellas dactilares: origen, usos y desafíos que genera la incapacidad para su registro". *Revista Médica del Instituto Mexicano del Seguro Social* 59, núm. 6 (2001): 568-573.

Manjarrez, Héctor. *Útil y muy ameno vocabulario para entender a los mexicanos*. México: Grijalbo, 2011.

Mariscal, Ángeles. "INM se disculpa con chiapanecos torturados para que dijeran ser de Guatemala". *Pie de Página*, 10 de noviem-

bre de 2019. https://enelcamino.piedepagina.mx/inm-se-discul-
pa-con-chiapanecos-torturados-para-que-dijeran-ser-de-guate-
mala/.

Marita, Alonso. "¿Orinar de pie o sentados? Un dilema sobre el que
hasta Messi ha opinado". *El País*, 17 de marzo de 2023. http://
elpais.com/icon/2023-03-18/orinar-de-pie-u-orinar-sentados-
un-dilema-sobre-el-que-hasta-messi-ha-opinado.html.

Martí, Josep. "Modificaciones corporales en la tradición africana".
En *Introducción a los estudios africanos*. Editado por Yolanda
Aixelà, Lluís Mallart y Josep Martí. Barcelona: CEIBA, 2009.

Massó Guijarro, Ester. "Conjeturas (¿y refutaciones?) sobre amamantamiento: Teta decolonial". *Dilemata* 7, núm. 18 (mayo
de 2015): 185-223.

Mathieson, Charlotte. "Stimulated by These Agents to Vigorous Action: The Language of Suntanning And Materiality of Skin in
Victorian Culture". *European Journal of English Studies* 26,
núm. 1 (abril de 2022). https://doi.org/doi.org/10.1080/1382
5577.2022.2044146.

Matthews Grieco, Sara F. "El cuerpo, apariencia y sexualidad". En
*La historia de las mujeres: Del Renacimiento a la Edad Mo-
derna*, editado por Georges Duby y Michelle Perrot. Barcelona: Taurus, 2006.

Mattoscio, Mara. "What's in a Face?: Sara Baartman, the (Post)Co-
lonial Gaze and the Case of *Vénus Noire*". *Feminist Review*,
núm. 117 (2010): 56-78.

Mayo Clinic. "Cáncer mamario masculino", 28 de febrero de
2020. https://www.mayoclinic.org/es/diseases-conditions/ma-
le-breast-cancer/symptoms-causes/syc-20374740.

_____. "Depresión posparto", 24 de noviembre de 2022. https://
www.mayoclinic.org/es/diseases-conditions/postpartum-de-
pression/symptoms-causes/syc-20376617.

Maza Bustamante, Verónica. "Especial Día del Amor y la Amistad:
Historias de placer diverso". Yo También, 14 de febrero de
2022. https://www.yotambien.mx/actualidad/especial-dia-del-
amor-y-la-amistad-historias-de-placer-diverso/.

Mbembe, Achille. "Necropolitics". *Public Culture* 15, núm. 1 (invierno de 2003): 11-40.

McGill Office for Science and Society. "What Is The History of Tattoos?", 20 de marzo de 2017. www.mcgill.ca/oss/article/his-
tory-you-asked/what-history-tattoos.

McCormick, Hamilton. *Characterology: An Exact Science*. Chicago:
Rand McNally & Company, 1920.

McDowell, Linda. *Género, identidad y lugar. Un estudio de las geografías feministas*. Madrid: Cátedra, 2000.

McShane Jones, Angela. "Revealing Mary". *History Today* 54, núm.
3 (marzo de 2004): 40-46.

Medina Quintana, Silvia. "Oficios maternales: la imagen de las nodrizas en la literatura latina". *Dialogues D'histoire Ancienne*
S19 (2019): 193-203.

Mejía Núñez, Gerardo. "La blanquitud en México según Cosas de
Whitexicans". *Revista Mexicana de Sociología* 85, núm. 3
(julio-septiembre de 2022): 717-751.

Mendelson, Zoe, y María Conejo. *Pussypedia*. Nueva York: Hachette, 2021.

Mendívil, Jorge Luis. "Entrevista | Emilia Bryan y la violencia en el
mundo de la moda". *La Pared*, 3 de septiembre de 2019. https://laparednoticias.com/entrevista-emilia-bryan-y-la-violen-
cia-en-el-mundo-de-la-moda/.

"México, primer lugar en embarazos en adolescentes entre países in-
tegrantes de la OCDE". Boletín UNAM-DGCS, 3 de septiembre de
2021. http://www.dgcs.unam.mx/boletin/bdboletin/2021_729.
html.

"Mezquinos". Biblioteca Digital de la Medicina Tradicional Mexicana, UNAM, 2009. www.medicinatradicionalmexicana.unam.mx/
demtm/termino.php?l=1&t=mezquinos.

Milliken, Roberta (ed.). *A Cultural History of Hair in the Middle
Ages*. Londres: Bloomsbury, 2021.

Mitchell, David T., y Sharon L. Snyder. *Narrative Prosthesis*. Míchigan: University of Michigan Press, 2001.

Mofokeng, Tlaleng. "Sexual Pleasure Is a Human Right". *Teen Vogue*, 14 de septiembre de 2018. https://www.teenvogue.com/
story/sexual-pleasure-is-a-human-right.

Molina, Ana Pau. "¿Qué es la gordofobia?". Acuerpada, s. f. https://
www.acuerpada.com/post/que-es-la-gordofobia.

Moncó, Beatriz. "Beatas y posesión demoniaca: Contramodelos femeninos en la Inquisición". *Edad De Oro* 38 (octubre de 2019): 75-88.

Monroy Gómez Franco, Luis, Roberto Vélez Grajales, y Gastón Yalonetzky. "Unequal Gradients: Sex, Skin Tone and Intergenerational Economic Mobility". Documento de trabajo 01/2023. Centro de Estudios Espinosa Yglesias, enero de 2023. https://ceey.org.mx/wp-content/uploads/2023/01/01-Monroy-Gomez-Franco-Velez-y-Yalonetzky-2023.pdf.

Montañez, Amanda. "Beyond XX and XY". *Scientific American* 317, núm. 3 (septiembre de 2017): 50-51.

Monzón Pertejo, Elena. "La evolución de la imagen conceptual de María Magdalena". En *Emblemática trascendente: Hermenéutica de la imagen, iconología del texto*. Coordinado por Rafael Zafra Molina y José Javier Azanza López. Navarra: Universidad de Navarra, 2011.

Moonage Daydream, 2022.

Moreno Figueroa, Mónica. "Los límites de la discriminación racial". *Opinión 51*, 21 de marzo de 2022. https://www.opinion51.com/monica-moreno-limites-discriminacion-racial/?r=r1xsw.

————. "Racismo y belleza". El Colegio de México, 9 de julio de 2015. youtube.com/watch?v=A9zAsou7Id0.

"Mucho ojo con culpar al sexting". Luchadoras, 23 de abril de 2017. luchadoras.mx/internetfeminista/mucho-ojo-con-culpar-al-sexting/.

"Muere con 55 años Valdir 'Synthol' Segato, el Hulk brasileño". *Men's Health*, 30 de agosto de 2022. menshealth.com/es/noticias-deportivas-masculinas/a40759756/muere-culturista-valdir-shynthol-segato.

Mulvey, Laura. "Visual Pleasure and Narrative Cinema". *Screen* 16, núm. 3 (octubre de 1975): 6-18.

Muñiz, Elsa. *La cirugía cosmética: ¿un desafío a la "naturaleza"? Belleza y perfección como norma*. México: UAM-Azcapotzalco, 2011.

Murray, Gerald, y Marina Ortiz. *Pelo bueno/pelo malo: Estudio Antropológico de los salones de belleza en República Dominicana*. Santo Domingo: FondoMicro, 2012.

Museo del Objeto. "La historia del desodorante", 12 de marzo de 2018. www.elmodo.mx/2018/desodorante-noticia/.

Naciones Unidas México. "Gestión digna de la menstruación, una prioridad para el trabajo coordinado de UNICEF y sus aliados en México", 30 de mayo de 2023. http://mexico.un.org/es/233897-gesti%C3%B3n-digna-de-la-menstruaci%-C3%B3n-una-prioridad-para-el-trabajo-coordinado-de-unicef-y-sus.

Namer, M., E. Luporsi, J. Gligorov, F. Lokiev, y M Spielmann. "L'utilisation de déodorants/antitranspirants ne constitue pas un risque de cancer du sein". *Bulletin du Cancer* 95, núm. 9 (2008): 871-880.

Namiki, M., y E. Koh. "Disorders of Sex Chromosome". *Nihon Rinsho* 55, núm. 11 (noviembre de 1997): 2963-2968.

National Human Genome Research Insitute. "Eugenics and Scientific Racism", s. f. https://www.genome.gov/about-genomics/factsheets/Eugenics-and-Scientific-Racism#:~:text=Eugenics%20is%20the%20scientifically%20erroneous,bills%20through%20%20genetics%20and%20%20heredity.

Navarrete Cáceres, Carlos. "Acercamiento a la masturbación ritual en Mesoamérica". *Arqueología Mexicana*, núm. 104, julio-agosto de 2010, 46-50.

Navarrete, Federico. *La vida cotidiana en tiempos de los mayas*. México: Temas de Hoy, 1996.

_____. "Una conquista hecha a lomo de humano, los cargadores indígenas". *Noticonquista*, 2019. www.noticonquista.unam.mx/amoxtli/1512/1496.

Nead, Lynda. *El desnudo femenino: Arte, obscenidad y sexualidad*. Madrid: Tecnos, 2013.

Negrón-Muntaner, Frances. "El trasero de Jennifer López". *Nueva Sociedad*, núm. 201, febrero de 2006. nuso.org/articulo/el-trasero-de-jennifer-lopez.

NHS Race and Health Observatory. "Pulse Oximeter Bias Highlighted in Rapid Review", 14 de abril de 2021. https://www.nhsrho.org/publications/pulse-oximeter-bias-highlighted-in-rapid-review/.

Nossiter, Adam. "Riddle of a Scandalous French Painting Is Solved, Researcher Says". *The New York Times*, 1 de octubre de 2018.

https://www.nytimes.com/2018/10/01/arts/design/courbet-ori-gin-of-the-world.html.

Ogunbiyi, Ore. "'When Hair Is Such a Central Part of Who You Are, How Do You Live without It?': How Black Women Are Navigating Alopecia". *Glamour UK*, 28 de marzo de 2022. https://www.glamourmagazine.co.uk/article/black-women-alo-pecia?utm_source=twitter&utm_medium=social&utm_cam-paign=onsite-share&utm_brand=glamour-uk&utm_so-cial-type=earned.

Ollove, Michael. "Algunos estados capacitan a los médicos para que el prejuicio implícito no afecte a los pacientes". *Chicago Tribune*, 26 de abril de 2022. chicagotribune.com/espanol/sns-es-estados-capacitan-medicos-para-que-pre-juicio-no-afecte-pacientes-20220426-lb7jk2n5f5adzbhj-gak3dpqloy-story.html.

Olson, Amy. "A Brief History of Tattoos". Wellcome Collection, 13 de abril de 2010. wellcomecollection.org/articles/W9m2Qx-cAAF8AFvE5.

ONU Programa para el Medio Ambiente. "Microplásticos: conse-cuencias histórias de la contaminación por plásticos", 28 de abril de 2023. https://www.unep.org/es/noticias-y-reportajes/reportajes/microplasticos-consecuencias-historicas-de-la-conta-minacion-por.

ONU SIDA. "Circuncisión masculina y VIH: aquí y ahora (parte 2)", 28 de febrero de 2007. https://www.unaids.org/es/resources/press-centre/featurestories/2007/february/20070228mcpt2#:~:tex-t=Los%20cient%C3%ADficos%20afirman%20que%20la,cuan-do%20se%20mantienen%20relaciones%20sexuales.

_____. "Mujeres trans: sus vidas, sus derechos y el VIH", 1 de noviembre de 2020. http://onusidalac.org/1/images/ONUSI-DA-INFO-1NOV2020-MUJERES-TRANS-E.pdf.

Ortiz Gómez, Teresa. "LAQUEUR, Thomas: La construcción del sexo. Cuerpo y género desde los griegos hasta Freud". *Dyna-mis: Acta Hispanica ad Medicinae Scientiarumque Historiam Illustrandam* 15 (1995): 505-507.

Oyěwùmí, Oyèrónkẹ. "African Gender Scholarship: Concepts, Metho-dologies and Paradigms". En *Conceptualizing Gender: The Eu-*

rocentric *Foundations of Feminist Concepts and the Challenge of African Epistemologies*. Dakar, Senegal: Codesria, 2004.

_____. *La invención de las mujeres*. Bogotá: En la Frontera, 2018.

Patton, Michael S. "Twentieth-Century Attitudes Toward Masturbation". *Journal of Religion and Health* 25, núm. 4 (invierno de 1986): 291-302.

Pausé, Cat, George Parker, y Lesley Gray. "Resisting the Problematisation of Fatness in Covid-19: In Pursuit of Health Justice". *International Journal of Disaster Risk Reduction* 54 (2021).

Paz Torres, Margarita. "'Se llegó a mi oído y, con habla velocísima, me dijo...': Coloquios orales de monjas, demonios e inquisidores (Trujillo, Perú, 1674-1681)". *Boletín de Literatura Oral* 11, Universidad de Jaén (2021): 173-191.

Peña Vallejos, Rosa, y Rodrigo Colarte Olivares. "Mary Wollstonecraft y la vindicación de los derechos femeninos". *Revista de Filosofía ucsc* 18, núm. 1 (2019): 35-43.

Pérez, Juan Ignacio. "¿Cada cuánto tiempo se renuevan las células de nuestro cuerpo?". Cuaderno de Cultura Científica, Universidad del País Vasco, 11 de marzo de 2018. ulturacientifica. com/2018/03/11/cuanto-tiempo-se-renuevan-las-celulas-cuerpo.

"Personas zurdas se adaptan al mundo de los diestros". Boletín UNAM-DGCS, 12 de agosto de 2022. http://www.dgcs.unam.mx/boletin/bdboletin/2022_645.html.

Petruzzi, Dominique. "Hair Color/Dye Market in the U.S. - Statistics & Facts", 16 de febrero de 2022. https://www.statista.com/topics/6216/hair-color-dye-market-in-the-us/#topicHeader__wrapper.

Phelps, Elizabeth. *What to Wear*. Boston: J. R. Osgood & Company, 1873. https://archive.org/details/whattowear01phelgoog/page/n13/mode/2up.

Pigeonutt, Vania. "Vivir trans en México". *Pie de Página*, 4 de noviembre de 2019. https://piedepagina.mx/vivir-trans-en-mexico/.

Pineda, Esther. *Bellas para morir: Estereotipos de género y violencia estética contra la mujer*. Buenos Aires: Prometeo, 2020.

Pirozzi, Giacomo. "La prohibición de vestir el velo integral en Francia viola la libertad de religión". Noticias ONU, 23 de octubre de 2018. news.un.org/es/story/2018/10/1444152.

Planned Parenthood. "¿Qué sucede en el segundo mes de embarazo?", s. f. https://www.plannedparenthood.org/es/temas-de-salud/embarazo/etapas-del-embarazo/que-sucede-en-el-segundo-mes-de-embarazo.

Plinio el Viejo. "Capítulo VII". En *Libro XXVIII*, s. f.

Plumwood, Val. "Dualism: the Logic of Colonisation". En *Feminism and the mastery of nature*. Londres: Feminism for Today/Routledge, 2003.

Pollock, Griselda. "Modernidad y espacios de la femineidad". En *Crítica feminista en la teoría e historia del arte*. Editado por Karen Cordero e Inda Sáenz. México: Programa Universitario de Estudios de Género-UNAM/UIA/Conaculta/Fonca, 2007.

Portevin, Catherine. "Existir para la mirada masculina: la mujer ejecutiva, la secretaria y su falda: Entrevista a Pierre Bourdieu". *La Jornada*, 4 de mayo de 2000. http://jornada.com.mx/2000/05/04/ls-bourdieu.html.

Preciado, Paul B. *Manifiesto contrasexual*. Barcelona: Anagrama, 2020.

Pressly, Linda. "México: cómo la narcoestética está cambiando el cuerpo de las mujeres de Sinaloa". BBC *News*, 19 de agosto de 2021. https://www.bbc.com/mundo/noticias-america-latina-57942206?at_custom2=facebook_page&at_custom3=-BBC+News+Mundo&at_custom4=4A1D0EAC-0108-11EC-9F1B-84C796E8478F&at_custom1=%5Bpost+type%5D&at_campaign=64&at_medium=custom7&fbclid=IwAR2RRYgdGc2p5H9s6eUCXKupq67XO2uOVI5cawD9uOzADUrDqFaPUGxfEiY.

"Pubertad". Dicciomed. *Diccionario médico-biológico, histórico y etimológico* de la Universidad de Salamanca. https://dicciomed.usal.es/palabra/pubertad.

Ramírez, Natalia. "El marcador de las 'malas mujeres': por qué el culo es el símbolo que define la moral femenina". *El País*, 18 de febrero de 2023. http://elpais.com/cultura/2023-02-19/el-marcador-de-las-malas-mujeres-por-que-el-culo-es-el-simbolo-que-define-la-moral-femenina.html.

Rangel, Luz. "Fotos de Rosalía y Johanna Villalobos: qué es el 'fake porn' y por qué es peligroso". *Animal Político*, 29 de mayo de

2023. animalpolitico.com/genero-y-diversidad/fotos-de-rosalia-y-johanna-fake-porn-porno-falso.

Read, Sara. "'Thy Righteousness Is but a Menstrual Clout': Sanitary Practices and Prejudice in Early Modern England". *Early Modern Women* 3 (2008).

Ríos Saloma, Martin. "Las epidemias en la Edad Media: la peste de 1348, México". *Noticonquista*, s. f. noticonquista.unam.mx/amoxtli/1949/1947.

Robson, David. "Qué son los orgasmos de piel y quiénes los sienten". bbc *News*, 28 de julio de 2015. bbc.com/mundo/noticias/2015/07/150726_vert_fut_orgasmos_musicales_yv.

Robyn, Lee. *The Ethics and Politics of Breastfeeding: Power, Pleasure, Poetics*. Toronto: University of Toronto Press, 2018.

Rodilla León, María José. *De belleza y misoginia: Los afeites en las literaturas medieval, áurea y virreinal*. México: uam-Iztapalapa, 2021.

Rodríguez, Darinka. "Apapachar: el verdadero significado de una palabra de origen náhuatl". *El País*, 23 de julio de 2020. https://verne.elpais.com/verne/2020/07/23/mexico/1595481612_470684.html.

Rodríguez, J. M. "Cindy Crawford, la historia de su icónico lunar". *Elle*, 8 de abril de 2020. www.elle.com/es/star-style/noticias-famosos/a32080349/cindy-crawford-lunar-historia-belleza/.

Rosenberg, Eli. "In Weiner's Wake, a Brief History of the Word 'Sexting'". *The Atlantic*, 9 de junio de 2011. https://www.theatlantic.com/national/archive/2011/06/brief-history-sexting/351598/.

Rosenbloom, Stephanie. "Skin Deep: Can a Fragance Attract Romance". *The New York Times*, 13 de julio de 2011. www.nytimes.com/2011/07/14/fashion/skin-deep-can-a-fragrance-attract-romance.html.

Rottman, Raquel. *Corazón con leche*. Lima: Planeta, 2020.

Rousselle, Aline. *El cuerpo domado: el hombre, "El cuerpo dominado: la mujer"*. Barcelona: Península, 1989.

Rubenstein, Anne. "La guerra contra las pelonas". En *Género, poder y política en el México posrevolucionario*. Editado por Gabriela Cano Ortega. México: fce, 2012.

Ruddick, Sara. *Maternal Thinking: Towards a Politics of Peace*. Boston: Beacon Press, 1989.

Sáez, Javier, y Sejo Carrascosa. *Por el culo: Políticas anales*. Barcelona: Egales, 2011.

Salas, Javier. "Muchos científicos han estudiado penes, pero hay un vacío increíble en nuestro entendimiento de las vaginas". *El País*, 3 de marzo de 2022. https://elpais.com/ciencia/2022-03-05/muchos-cientificos-han-estudiado-penes-pero-hay-un-vacio-increible-en-nuestro-entendimiento-de-las-vaginas.html.

Sanyal, Mithu. *Vulva: La revelación del sexo femenino*. Barcelona: Anagrama, 2012.

Sarabia, Dalila. "Con papel de baño, calcetines y hasta cubrebocas, así viven las mujeres en prisión su menstruación". *Animal Político*, 20 de noviembre de 2021. animalpolitico.com/sociedad/mujeres-prision-menstruacion-papel-calcetines.

Schor, Mira. "Linaje paterno". En *Crítica feminista en la teoría e historia del arte*. Coordinado por Karen Cordero e Inda Sáenz. México: Programa Universitario de Estudios de Género-unam/uia/Conaculta/Fonca, 2007.

Secretaría de Salud. "En México, una de cada 10 mujeres en edad reproductiva puede padecer endometriosis", 14 de marzo de 2023. www.gob.mx/salud/prensa/068-en-mexico-una-de-cada-10-mujeres-en-edad-reproductiva-puede-padecer-endometriosis?idiom=es.

Seeling, Charlotte. *Moda: 150 años*. Barcelona: H. F. Ullmann, 2010.

Segato, Laura Rita. *Contra-pedagogías de la crueldad*. Buenos Aires: Prometeo, 2018.

Selby, Daniele. "8 Facts You Should Know About Racial Injustice in the Criminal Legal System". The Innocence Project, 5 de febrero de 2021. https://innocenceproject.org/facts-racial-discrimination-justice-system-wrongful-conviction-black-history-month/.

Semmelhack, Elizabeth. "Shoes that Put Women in Their Place". *The New York Times*, 23 de mayo de 2015. www.nytimes.com/2015/05/24/opinion/sunday/shoes-that-put-women-in-their-place.html.

Sender, Ron, Shai Fuchs, y Ron Milo. "Revised Estimates for the Number of Human and Bacteria Cells in the Body". *PLoS Biology* 14, núm. 8 (agosto de 2016).

Sennett, Richard. *El artesano*. Barcelona: Anagrama, 2009.

Shapiro, Suzanne E. *Nails: The Story of the Modern Manicure*. Londres/Nueva York: Prestel, 2014.

Shin, Yeongyo, y Selee Lee. "'Escape the Corset': How a Movement in South Korea Became a Fashion Statement through Social Media". *Sustainability* 14, núm. 18 (septiembre de 2022).

Siegel, Sarah. "She's Fast, They're Furious: What Caster Semenya's Story Teaches Us about Colonialism". *The Daily Calfornian*, 9 de marzo de 2022. https://www.dailycal.org/hot-dogs-homers-and-a-whole-lot-of-hope-mlb-postseason-shootaround/.

Simón, Ana Iris. "La dictadura franquista rapaba y daba laxantes a las mujeres para pasearlas en público". *Vice*, 28 de octubre de 2019. www.vice.com/es/article/gyz3kw/mujeres-rapadas-franquismo-guerra-civil-historia.

Sims, Michael. *Adam's Navel: A Natural and Cultural History of the Human Form*. Nueva York: Viking Penguin, 2003.

Smedley, Tim, "Por qué poco a poco estamos perdiendo el sentido del olfato". *BBC News*, 28 de febrero de 2023. https://www.bbc.com/mundo/vert-fut-64753201.

Snyder, Sharon L., y David T. Mitchell. *Cultural Locations of Disability*. Chicago: The University of Chicago Press, 2007.

Solnit, Rebecca. *Wanderlust*. Londres: Penguin Books, 2001.

Soto, Elisa, y Jonathan Grabinsky. "Tasa cero en productos de gestión menstrual, tema angular en la lucha por la equidad de género". *Animal Político*, 18 de agosto de 2022. animalpolitico.com/analisis/invitades/tasa-cero-en-productos-de-gestion-menstrual-y-equidad-de-genero.

Spillers, Hortense J. "Mama's Baby, Papa's Maybe: An American Grammar Book". *Diacritics* 17, núm. 2 (verano de 1987): 64-81.

Squicciarino, Nicola. *El vestido habla*. Madrid: Cátedra, 2012.

Steele, Valerie. "Arte y naturaleza: controversias decimonónicas en torno al corsé". En *Fashion Theory: Hacia una teoría cultural de la moda*. Buenos Aires: Ampersand, 2020.

———. "La obsesión por los zapatos". En *Fashion Theory: Hacia una teoría cultural de la moda*. Buenos Aires: Ampersand, 2020.

Stelarc. "Ear on Arm. Engineering Internet Organ", s. f. stelarc.org/?catID=20242.

Stern, Alexandra. "Forced Sterilization Policies in the US Targeted Minorities and Those with Disabilities – and Lasted into the 21st Century". Institute for Healthcare Policy and Innovation, University of Michigan, 30 de septiembre de 2020, https://ihpi.umich.edu/news/forced-sterilization-policies-us-targeted-minorities-and-those-disabilities-and-lasted-21st.

Stewart, Rozella. "Should We Insist on Eye Contact with People Who Have Autism Spectrum Disorders". Indiana Resource Center for Autism, s. f. https://www.iidc.indiana.edu/irca/articles/should-we-insist-on-eye-contact-with-people-who-have-autism-spectrum-disorders.html.

Strings, Sabrina. *Fearing the Black Body: The Racial Origins of Fat Phobia*. Nueva York: New York University Press, 2019.

Suess Schwend, Amets. "La perspectiva de despatologización trans: ¿una aportación para enfoques de salud pública y prácticas clínicas en salud mental?". *Gaceta Sanitaria* 34, núm. 1 (2020): 54-60.

Tamarit Conejerosa, José Manuel, Eduardo Ferrandis Cardona, Laura García-Parrado Vañó, y José Dalmau Galofre. "Nariz y sociedad: curiosidades y anécdotas sobre el apéndice nasal". *Therapeía* 4 (julio de 2012): 55-68.

"Tatuajes y números: el sistema para identificar prisioneros en Auschwitz". *Enciclopedia del Holocausto*, United States Holocaust Memorial Museum, s. f. encyclopedia.ushmm.org/content/es/article/tattoos-and-numbers-the-system-of-identifying-prisoners-at-auschwitz.

"The Economics of Thinness". *The Economist*, 20 de diciembre de 2022. https://www.economist.com/christmas-specials/2022/12/20/the-economics-of-thinness.

The Museum at FIT. "Shoes. Anatomy, Identity, Magic. Exhibition Conversation", 19 de diciembre de 2022. www.youtube.com/watch?v=CNn39TN444E.

The Santa Cruz Feminist of Color Collective. "Building on 'the Edge of Each Other's Battles': A Feminist of Color Multidimensional Lens". *Hypatia* 29, núm. 1 (2014): 23-40.

"This Woman Ran a Marathon on Her Period Without a Tampon". *Women's Running*, agosto de 2015. www.womensrunning.

com/culture/this-woman-ran-a-marathon-on-her-period-without-a-tampon/.

Tiesler Blos, Vera. "El aspecto físico de los mayas". *Arqueología Mexicana*, núm. 28, diciembre de 1997, 14-19.

Timerman, Jordana. "Tetazo contra el sexismo". *The New York Times*, 10 de febrero de 2017. nytimes.com/es/2017/02/10/espanol/opinion/tetazo-contra-el-sexismo.html.

Toler, Sarah. "Cómo se siente el embarazo para una persona transmasculina". *Clue*, 30 de marzo de 2021. https://helloclue.com/es/articulos/lgbtqia/como-se-siente-el-embarazo-para-una-persona-transmasculina.

Tomás, Josep. "El poder sexual de las piernas". *El Mundo*, 12 de mayo de 2010. elmundo.es/blogs/elmundo/camaredonda/2010/05/12/el-poder-sexual-de-las-piernas.html.

Tompkins, Avery. "Asterisk". *TSQ: Transgender Studies Quarterly* 1, núms. 1-2 (mayo de 2014): 26-27.

Trabay, Guy. "Scrawn to Brawn: Men Get Muscles, or Pray for Them". En *The Meaning of Dress*. Editado por Mary Lynn Damhorst, Kimberly A. Miller-Spillman y Susan O. Michelman. Nueva York: Fairchild Books, 2009.

Tseëlon, Efrat. *The Masque of Feminity*. Londres: Sage, 1997.

Uchoa, Pablo. "Esterilización forzosa en Perú: 'Me abrieron la barriga cuando aún no estaba dormida'". *BBC News*, 1 de marzo de 2021. https://www.bbc.com/mundo/noticias-america-latina-56243650.

Ueno, Hisako, y Daniel Victor. "Sin tacones: una petición para prohibir el uso de zapatos de taco en el trabajo". *The New York Times*, 5 de junio de 2019. www.nytimes.com/es/2019/06/05/espanol/zapatos-tacon-trabajo-japon.html.

UNICEF. "En todo el mundo, 77 millones de recién nacidos no reciben leche materna en su primera hora de vida, dice UNICEF", 29 de julio de 2006. unicef.org/es/comunicados-prensa/en-todo-el-mundo-77-millones-de-reci%C3%A9n-nacidos-no-reciben-leche-materna-en-su.

_____. "¿Qué es la mutilación genital femenina?", s. f. http://unicef.org/es/historias/lo-que-debes-saber-sobre-la-mutilacion-genital-femenina.

United Nations. "'Virginity testing': a Human Rights Violation, With No Scientific Basis". UN News, 17 de octubre de 2018. https://news.un.org/en/story/2018/10/1023401.

United Nations Environment Programme. *Food Waste Index Report*. Nairobi: UNEP, 2021.

_____. *Sustainability and Circularity in the Textile Value Chain: Global Stocktaking*. Nairobi: UNEP, 2020.

Ureña, Ana. "H&M pide disculpas por su moreno caribeño". *ABC*, 11 de mayo de 2005. https://www.abc.es/estilo/moda/abci-polemica-moreno-disculpas-201205110000_noticia.html.

"User Clip: Congressman Discussing The Dinner Party". C-SPAN, 26 de julio de 1990. https://www.c-span.org/video/?c4603955/user-clip-congressman-dicussing-dinner-party.

Valenti, Lauren. "Andie MacDowell on Why Embracing Her Gray Hair Is the Ultimate 'Power Move'". *Vogue*, 21 de julio de 2021. https://www.vogue.com/article/andie-macdowell-gray-salt-and-pepper-hair.

Vandenberg, Abigail. "Map of the Week: Female Cartographer Spotlight Ubique". American Geographic Society, 3 de marzo de 2022. http://ubique.americangeo.org/map-of-the-week/map-of-the-week-female-cartographer-spotlight/.

Vannini, Phillip, y Aaron McCright. "To Die For: The Semiotic Seductive Power of the Tanned Body". *Symbolic Interaction* 27, núm. 3 (verano de 2004): 309-332.

Vasconcelos, José. "Prólogo". En *La Raza Cósmica*. Baltimore/Londres: The John Hopkins University Press, 1997.

Velasco Martinez, Viviana Carola, y Gustavo Angeli. "Joana Nolais e o Enigma de Genero: Uma Discussao Psicanalitica da Transexualidade". *Estudos Feministas* 27, núm. 1 (2019).

Victoria and Albert Museum, "Madeleine Vionnet – an Introduction", s. f., https://www.vam.ac.uk/articles/madeleine-vionnet-an-introduction.

Vigarello, Georges. *Historia de la belleza: El cuerpo y el arte de embellecer desde el Renacimiento hasta nuestros días*. Buenos Aires: Nueva Visión, 2005.

_____. *Historia de la violación (siglos XVI-XX)*. Madrid: Cátedra, 1999.

Vivas, Esther. *Mamá desobediente*. México: Ediciones Godot, 2021.

Wailoo, Keith. "Whose Pain Matters? Reflections on Race, Social Justice, and Covid-19's Revealed Inequalities", 16 de noviembre de 2020. youtube.com/watch?time_continue=25&v=_arei42wnXc&embeds_referring_euri=http%3A%2F%2Fwww.keithwailoo.com%2F&source_ve_path=Mjg2NjY&feature=emb_logohttp.

Walker, Candice E., Eva G. Krumhuber, Steven Dayan, y Adrian Furnham. "Effects of Social Media Use on Desire for Cosmetic Surgery among Young Women". *Current Psychology* 40, núm. 7 (julio de 2021): 3355-3364.

Walker, Susannah, y Francis McGlone. "Four Health Benefits of Hugs – and Why They Feel So Good". *The Conversation*, 17 de mayo de 2021. https://theconversation.com/four-health-benefits-of-hugs-and-why-they-feel-so-good-160935.

Van Wersch, A., J. Eberhardt, y F. Stringer. "Attitudes towards the Male Contraceptive Pill: Psychosocial and Cultural Explanations For Delaying a Marketable Product". *Basic and Clinical Andrology* 22 (2012): 171-179.

Wetzel, G. M., R. A. Cultice, y D. T Sánchez. "Orgasm Frequency Predicts Desire and Expectation for Orgasm: Assessing the Orgasm Gap within Mixed-Sex Couples". *Sex Roles* 86 (2022): 456-470.

"What Percentage of the World Population Are Left Handed?", s. f. www.worldatlas.com/articles/what-percentage-of-the-world-population-are-left-handed.html.

Williams, Florence. *Breasts: A Natural and Unnatural History*. Londres/Nueva York: W.W. Norton & Company, 2012.

Winship, Lyndsey. "'That Took Long Enough!' Black Ballerinas Finally Get Shoes to Match Their Skin". *The Guardian*, 1 de abril de 2019. https://www.theguardian.com/stage/2019/apr/01/pointe-shoes-black-ballet-ballerinas-dancers.

Wolf, Naomi. *The Beauty Myth*. Nueva York: Harper Perennial, 2002.

World Health Organization. *Abortion Care Guideline*. Ginebra: WHO, 2022.

_____. "Endometriosis", 24 de marzo de 2023. https://www.who.int/news-room/fact-sheets/detail/endometriosis.

Wyman, Erin. "Becoming Human: The Evolution of Walking Upright". *Smithsonian Magazine,* 6 de agosto de 2012. mithsonianmag.com/science-nature/becoming-human-the-evolution-of-walking-upright-13837658/#:~:text=The%20earliest%20hominid%20with%20the,nearly%20complete%20skeleton%20called%20Ardi.

Yaeger, Lyynn. "Model Hanne Gaby Odiele on What It Means to Be Intersex—And Why She's Going Public". *Vogue,* 23 de enero de 2017. https://www.vogue.com/article/hanne-gaby-odiele-model-intersex-interview.

Yalom, Marilyn. *Historia del pecho.* Barcelona: Tusquets, 1997.

Zapata, Isabel. "Entre mujeres: apuntes hacia un parto libre". *Gatopardo,* 10 de mayo de 2022. https://gatopardo.com/noticias-actuales/parto-violencia-parteras-doulas/.

Zilber-Rosenberg, Ilana, y Eugene Rosenberg. "Role of Microorganisms in The Evolution of Animals and Plants: The Hologenome Theory of Evolution". *FEMS Microbiology Reviews* 32, núm. 5 (agosto de 2018): 723-735.

Mapas corporales de Claudia de la Garza y Eréndira Derbez
se terminó de imprimir en octubre de 2023
en los talleres de
Impresora Tauro, S.A. de C.V.
Av. Año de Juárez 343, col. Granjas San Antonio,
Ciudad de México